谨以此书献给我已故的父亲、母亲

司法部重点项目：《民法典》物权编中的设权
合同问题研究（项目批准号 18SFB1008）之成果

DEGUO BUDONGCHAN GUANXIFA

章正璋 ◎ 译

德国不动产关系法

（中德对照）

中国政法大学出版社

2021·北京

图书在版编目（ＣＩＰ）数据

德国不动产关系法/章正璋译. —北京：中国政法大学出版社，2021.7
ISBN 978-7-5764-0072-4

Ⅰ.①德… Ⅱ.①章… Ⅲ.①不动产－物权法－研究－德国 Ⅳ.①D951.632

中国版本图书馆CIP数据核字(2021)第178417号

出　版　者	中国政法大学出版社
地　　　址	北京市海淀区西土城路 25 号
邮寄地址	北京 100088 信箱 8034 分箱　邮编 100088
网　　　址	http://www.cuplpress.com (网络实名：中国政法大学出版社)
电　　　话	010-58908586(编辑部) 58908334(邮购部)
编辑邮箱	zhengfadch@126.com
承　　　印	固安华明印业有限公司
开　　　本	720mm×960mm　　1/16
印　　　张	21.5
字　　　数	350 千字
版　　　次	2021 年 7 月第 1 版
印　　　次	2021 年 7 月第 1 次印刷
定　　　价	89.00 元

自 序

　　2018 年秋，因为身体不适，与夫人在扬州瘦西湖公园闲聊散步。走在二十四桥驳岸边的青石板路上，犹在思考当时尚未完稿的《中德不动产登记制度比较》一文，对于自身的学术定位和学术进路问题亦感到有些茫然。作为读书人，亦曾漂洋过海，在语言上也曾经下过一番功夫。为了创作《中德不动产登记制度比较》一文，林林总总翻译了一些德国不动产以及德国不动产登记制度方面的立法资料，深感国内在此领域的资料较为匮乏并且陈旧。于是忽然心生一念，为何不借此机会将重要的德国不动产关系法全部翻译出来，虽然不是什么惊天伟业，对于国内学界相关之研究亦可以有些微的比较、修补和推动。文明之间需要对话和交流，学术之间需要砥砺和切磋，唯有对话、交流、砥砺和切磋，才会有理解、认同、尊重和提高。

　　感谢中国政法大学出版社对于学术事业之执念和初心，感谢丁春晖主任对于本人的关心和厚爱，使得本人的第一本学术专著《大陆法系无权处分制度比较研究》和第二本学术专著《占有保护疑难问题研究》均得以在中国政法大学出版社出版发行。今次作为第三次，亦是本人的第一本译作，亦有幸得到丁春晖主任以及中国政法大学出版社的认可，学术志业中能够遇见丁主任和中国政法大学出版社，甚有荣焉，甚有幸焉！

　　惟本人专业水平有限，德文功力尚有不逮之处，翻译中肯定存在舛误错讹，希望学界同行不吝批评指正。读法以来，对于学术巨擘们的丰功伟业和嘉言善行，心之所向，身之所往也。正可谓：高山仰止，景行行止。虽不能至，然心向往之。

　　是为序。

目　录

Grundbuchordnung（GBO）

Verordnung zur Durchführung der Grundbuchordnung

(Grundbuchverfügung – GBV)

Gesetz über das Wohnungseigentum und das Dauerwohnrecht（Wohnungseigentumsgesetz）

《住宅所有权和长期居住权法（住宅所有权法）》

《住宅所有权和长期居住权法（住宅所有权法）》［Gesetz über das Wohnungseigentum und das Dauerwohnrecht（Wohnungseigentumsgesetz）］颁布于1951年3月15日，最近一次修订于2014年12月5日。

住宅所有权

I. Teil Wohnungseigentum

§ 1 Begriffsbestimmungen

(1) Nach Maßgabe dieses Gesetzes kann an Wohnungen das Wohnungseigentum, an nicht zu Wohnzwecken dienenden Räumen eines Gebäudes das Teileigentum
begründet werden.

(2) Wohnungseigentum ist das Sondereigentum an einer Wohnung in Verbindung mit dem Miteigentumsanteil an dem gemeinschaftlichen Eigentum, zu dem
es gehört.

(3) Teileigentum ist das Sondereigentum an nicht zu Wohnzwecken dienenden
Räumen eines Gebäudes in Verbindung mit dem Miteigentumsanteil an dem gemeinschaftlichen Eigentum, zu dem es gehört.

(4) Wohnungseigentum und Teileigentum können nicht in der Weise begründet
werden, daß das Sondereigentum mit Miteigentum an mehreren Grundstücken
verbunden wird.

(5) Gemeinschaftliches Eigentum im Sinne dieses Gesetzes sind das Grundstück sowie die Teile, Anlagen und Einrichtungen des Gebäudes, die nicht im
Sondereigentum oder im Eigentum eines Dritten stehen.

(6) Für das Teileigentum gelten die Vorschriften über das Wohnungseigentum
entsprechend.

第1条 概念界定

(1) 按照本法之规定可于住宅之上设立住宅所有权，可于用作非居住目的之建筑物空间设立份额所有权。

（2）住宅所有权系就住宅所享有的、与共有所有权上之共有所有权份额密切相关并且归属于共有所有权之特别所有权。

（3）份额所有权系就非居住目的之建筑物空间所享有的、与共有所有权上之共有所有权份额密切相关并且归属于共有所有权之特别所有权。

（4）住宅所有权和份额所有权不可以该方式设立，即该特别所有权连同共有所有权设立于数宗土地之上。

（5）本法意义上之共有所有权系指不属于特别所有权或者第三人所有权之土地以及建筑物之部分、设备以及设施。

（6）对于份额所有权准用住宅所有权之规定。

1. Abschnitt Begründung des Wohnungseigentums
第一章　住宅所有权之设立

§ 2 Arten der Begründung

Wohnungseigentum wird durch die vertragliche Einräumung von Sondereigentum (§ 3) oder durch Teilung (§ 8) begründet.

第 2 条　设立之方式

住宅所有权通过特别所有权之合同让与（第 3 条）或者通过分割（第 8 条）设立。

§ 3 Vertragliche Einräumung von Sondereigentum

（1）Das Miteigentum (§ 1008 des Bürgerlichen Gesetzbuchs) an einem Grundstück kann durch Vertrag der Miteigentümer in der Weise beschränkt werden, daß jedem der Miteigentümer abweichend von § 93 des Bürgerlichen Gesetzbuchs das Sondereigentum an einer bestimmten Wohnung oder an nicht zu Wohnzwecken dienenden bestimmten Räumen in einem auf dem Grundstück errichteten oder zu errichtenden Gebäude eingeräumt wird.

（2）Sondereigentum soll nur eingeräumt werden, wenn die Wohnungen oder sonstigen Räume in sich abgeschlossen sind. Garagenstellplätze gelten als abgeschlossene Räume, wenn ihre Flächen durch dauerhafte Markierungen ersichtlich sind.

(3) (weggefallen)

第 3 条　特别所有权之合同设立

（1）对于土地之共有所有权（《德国民法典》第 1008 条）可通过共有所有权人之间之合同以该方式予以限制，即不按照《德国民法典》第 93 条、为每一共有所有权人针对土地上已建造或者拟建造之建筑物内之特定住宅或者不以居住为目的之特定建筑物空间设立特别所有权。

（2）特别所有权应该仅限于在住宅或者其他空间构成封闭单元时才能设立。

（3）已删除。

§ 4 Formvorschriften

（1）Zur Einräumung und zur Aufhebung des Sondereigentums ist die Einigung der Beteiligten über den Eintritt der Rechtsänderung und die Eintragung in das Grundbuch erforderlich.

（2）Die Einigung bedarf der für die Auflassung vorgeschriebenen Form. Sondereigentum kann nicht unter einer Bedingung oder Zeitbestimmung eingeräumt oder aufgehoben werden.

（3）Für einen Vertrag, durch den sich ein Teil verpflichtet, Sondereigentum einzuräumen, zu erwerben oder aufzuheben, gilt § 311b Abs. 1 des Bürgerlichen Gesetzbuchs entsprechend.

第 4 条　形式之规定

（1）特别所有权之设立及其废止需要当事人就权利变更达成一致并且需要在土地登记簿上登记。

（2）意思一致需要具备法律为土地所有权让与合意所规定之形式。特别所有权之设立或者废止不得附加条件或者期限。

（3）通过合同就不动产之一部设立负担，即设立、取得或者废止特别所有权的，准用《德国民法典》第 311b 条第 1 款。

§ 5 Gegenstand und Inhalt des Sondereigentums

(1) Gegenstand des Sondereigentums sind die gemäß § 3 Abs. 1 bestimmten Räume sowie die zu diesen Räumen gehörenden Bestandteile des Gebäudes, die verändert, beseitigt oder eingefügt werden können, ohne daß dadurch das gemeinschaftliche Eigentum oder ein auf Sondereigentum beruhendes Recht eines anderen Wohnungseigentümers über das nach § 14 zulässige Maß hinaus beeinträchtigt oder die äußere Gestaltung des Gebäudes verändert wird.

(2) Teile des Gebäudes, die für dessen Bestand oder Sicherheit erforderlich sind, sowie Anlagenund Einrichtungen, die dem gemeinschaftlichen Gebrauch der Wohnungseigentümer dienen, sind nicht Gegenstand des Sondereigentums, selbst wenn sie sich im Bereich der im Sondereigentum stehenden Räume befinden.

(3) Die Wohnungseigentümer können vereinbaren, daß Bestandteile des Gebäudes, die Gegenstand des Sondereigentums sein können, zum gemeinschaftlichen Eigentum gehören.

(4) Vereinbarungen über das Verhältnis der Wohnungseigentümer untereinander können nach den Vorschriften des 2. und 3. Abschnitts zum Inhalt des Sondereigentums gemacht werden. Ist das Wohnungseigentum mit der Hypothek, Grund−oder Rentenschuld oder der Reallast eines Dritten belastet, so ist dessen nach anderen Rechtsvorschriften notwendige Zustimmung zu der Vereinbarung nur erforderlich, wenn ein Sondernutzungsrecht begründet oder ein mit dem Wohnungseigentum verbundenes Sondernutzungsrecht aufgehoben, geändert oder übertragen wird. Bei der Begründung eines Sondernutzungsrechts ist die Zustimmung des Dritten nicht erforderlich, wenn durch die Vereinbarung gleichzeitig das zu seinen Gunsten belastete Wohnungseigentum mit einem Sondernutzungsrecht verbunden wird.

第 5 条　特别所有权之客体及内容

(1) 特别所有权之客体为按照第 3 条第 1 款所规定之空间以及附属于该空间之建筑物组成部分，其可以改变、拆除或者增补，只要不由此而损害共有所有权或者超出第 14 条所允许之限度而损害其他住宅所有权人基于特别所有权所享有之权利，或者改变建筑物之外形。

（2）建筑物之部分，为建筑物之存在或者安全所必需，以及服务于住宅所有权人共同使用之设备和设施，并非特别所有权之客体，尽管其位于特别所有权所在之空间范围内。

（3）住宅所有权人之间可约定，可以作为特别所有权客体之建筑物组成部分，属于共同所有之财产。

（4）针对住宅所有权人相互关系之协议，可以按照第2章和第3章之规定作为特别所有权之内容订立。住宅所有权之上设立有第三人之抵押权、土地债务、定期土地债务或者物上负担的，按照其他法律规定该协议仅限于此种情形必须征得第三人必要之同意，即如果由此设立特别使用权或者废止、变更抑或转让与住宅所有权有关之特别使用权。设立特别使用权无需该第三人之同意，如果通过协议同时为了该第三人之利益在住宅所有权之上设立特别使用权。

§ 6 Unselbständigkeit des Sondereigentums

（1）Das Sondereigentum kann ohne den Miteigentumsanteil, zu dem es gehört, nicht veräußert oder belastet werden.

（2）Rechte an dem Miteigentumsanteil erstrecken sich auf das zu ihm gehörende Sondereigentum.

第6条　特别所有权之非独立性

（1）特别所有权不得独立于其所归属之共有份额而转让或者设立负担。

（2）对于共有份额之权利延伸至归属于其之特别所有权。

§ 7 Grundbuchvorschriften

（1）Im Falle des § 3 Abs. 1 wird für jeden Miteigentumsanteil von Amts wegen ein besonderes Grundbuchblatt (Wohnungsgrundbuch, Teileigentumsgrundbuch) angelegt. Auf diesem ist das zu dem Miteigentumsanteil gehörende Sondereigentum und als Beschränkung des Miteigentums die Einräumung der zu den anderen Miteigentumsanteilen gehörenden Sondereigentumsrechte einzutragen. Das Grundbuchblatt des Grundstücks wird von Amts wegen geschlossen.

（2）（weggefallen）

（3）Zur näheren Bezeichnung des Gegenstands und des Inhalts des Sondereigentums kann auf die Eintragungsbewilligung Bezug genommen werden.

（4）Der Eintragungsbewilligung sind als Anlagen beizufügen：

1. eine von der Baubehörde mit Unterschrift und Siegel oder Stempel versehene Bauzeichnung, aus der die Aufteilung des Gebäudes sowie die Lage und Größe der im Sondereigentum und der im gemeinschaftlichen Eigentum stehenden Gebäudeteile ersichtlich ist（Aufteilungsplan）; alle zu demselben Wohnungseigentum gehörenden Einzelräume sind mit der jeweils gleichen Nummer zu kennzeichnen;

2. eine Bescheinigung der Baubehörde, daß die Voraussetzungen des § 3 Abs. 2 vorliegen.

Wenn in der Eintragungsbewilligung für die einzelnen Sondereigentumsrechte Nummern angegeben werden, sollen sie mit denen des Aufteilungsplans übereinstimmen. Die Landesregierungen können durch Rechtsverordnung bestimmen, dass und in welchen Fällen der Aufteilungsplan（Satz 1 Nr. 1）und die Abgeschlossenheit（Satz 1 Nr. 2）von einem öffentlich bestellten oder anerkannten Sachverständigen für das Bauwesen statt von der Baubehörde ausgefertigt und bescheinigt werden. Werden diese Aufgaben von dem Sachverständigen wahrgenommen, so gelten die Bestimmungen der Allgemeinen Verwaltungsvorschrift für die Ausstellung von Bescheinigungen gemäß § 7 Abs. 4 Nr. 2 und § 32 Abs. 2 Nr. 2 des Wohnungseigentumsgesetzes vom 19. März 1974（BAnz. Nr. 58 vom 23. März 1974）entsprechend. In diesem Fall bedürfen die Anlagen nicht der Form des § 29 der Grundbuchordnung. Die Landesregierungen können die Ermächtigung durch Rechtsverordnung auf die Landesbauverwaltungen übertragen.

（5）Für Teileigentumsgrundbücher gelten die Vorschriften über Wohnungsgrundbücher entsprechend.

第 7 条　土地登记簿之规定

（1）在第 3 条第 1 款之情形下为每个共有所有权份额依职权设置特别之土地登记簿册（住宅土地登记簿、份额所有权土地登记簿）。在该土地登记簿册上登入依附于共有份额之特别所有权以及作为共有财产之限制、依附于其他共有份额所设立之特别所有权。共有土地之土地登记簿册依职权关闭。

（2）已删除。

（3）对于特别所有权客体以及内容更详细之记载可以援引登记批准书。

（4）登记批准书应作为附件附入：

1. 出自建筑主管机关附加签名并且加盖公章或者图章之建筑图，该建筑图应清晰标注建筑物之分割及属于特别所有权建筑物部分之方位和面积以及属于共有所有权建筑物部分之方位和面积（分割方案）；属于同一住宅所有权之所有单一空间应该总是以相同编号标记；

2. 建筑主管机关对于具备第 3 条第 2 款前提条件之证明。

如果登记批准书载有每一特别所有权权利之编号，其应与分割方案中之编号一致。州政府可以行政规章加以规定，在何种情况下分割方案（第 1 句数字 1）以及封闭状态之报告（第 1 句数字 2）由官方任命或者认可之建筑业专家替代建筑主管机关出具或者证明。该任务由专家执行的，准用 1974 年 3 月 19 日施行之《住宅所有权法》第 7 条第 4 款数字 2 和第 32 条第 2 款数字 2 关于出具证明之一般管理规定（《联邦公报》1974 年 3 月 23 日第 58 号）。该情形下之附件不需具备《土地登记簿法》第 29 条所规定之形式。州政府可以行政规章将此授权转归州司法行政部门。

（5）对于份额所有权土地登记簿准用住宅土地登记簿之规定。

§ 8 Teilung durch den Eigentümer

（1）Der Eigentümer eines Grundstücks kann durch Erklärung gegenüber dem Grundbuchamt das Eigentum an dem Grundstück in Miteigentumsanteile in der Weise teilen, daß mit jedem Anteil das Sondereigentum an einer bestimmten Wohnung oder an nicht zu Wohnzwecken dienenden bestimmten Räumen in einem auf dem Grundstück errichteten oder zu errichtenden Gebäude verbunden ist.

（2）Im Falle des Absatzes 1 gelten die Vorschriften des § 3 Abs. 2 und der § § 5, 6, § 7 Abs. 1, 3 bis 5 entsprechend. Die Teilung wird mit der Anlegung der Wohnungsgrundbücher wirksam.

第 8 条　通过所有权人之分割

（1）土地所有权人可通过向土地登记局表意将其土地所有权以该方式分

割为共有所有权份额，即在土地上已建造或者拟建造之建筑物内之特定住宅或者不以居住为目的之特定空间所对应的每个共有所有权份额上设立特别所有权。

（2）于第1款情形下准用第3条第2款以及第5条，第6条，第7条第1款、第3款至第5款之规定。住宅土地登记簿设置时分割生效。

§ 9 Schließung der Wohnungsgrundbücher

（1）Die Wohnungsgrundbücher werden geschlossen：

1. von Amts wegen, wenn die Sondereigentumsrechte gemäß § 4 aufgehoben werden；

2. auf Antrag sämtlicher Wohnungseigentümer, wenn alle Sondereigentumsrechte durch völlige Zerstörung des Gebäudes gegenstandslos geworden sind und der Nachweis hierfür durch eine Bescheinigung der Baubehörde erbracht ist；

3. auf Antrag des Eigentümers, wenn sich sämtliche Wohnungseigentumsrechte in einer Person vereinigen.

（2）Ist ein Wohnungseigentum selbständig mit dem Recht eines Dritten belastet, so werden die allgemeinen Vorschriften, nach denen zur Aufhebung des Sondereigentums die Zustimmung des Dritten erforderlich ist, durch Absatz 1 nicht berührt.

（3）Werden die Wohnungsgrundbücher geschlossen, so wird für das Grundstück ein Grundbuchblatt nach den allgemeinen Vorschriften angelegt；die Sondereigentumsrechte erlöschen, soweit sie nicht bereits aufgehoben sind, mit der Anlegung des Grundbuchblatts.

第9条　住宅土地登记簿之关闭

（1）住宅土地登记簿于下列情形下关闭：

1. 依职权，如果特别所有权按照第4条被废止；

2. 基于所有住宅所有权人之申请，如果所有住宅所有权因建筑物完全毁损而变得没有客体并且提供了建筑主管机关为此所出具之证明；

3. 基于该所有权人之申请，如果所有住宅所有权统归于其一人所有。

（2）住宅所有权之上独立负担有第三人之权利，按照一般规定废止特别所有权必须征得第三人同意不受第 1 款规定之影响。

（3）住宅土地登记簿关闭的，应按照一般规定为该土地设置土地登记簿册；特别所有权尚未被废止的，随着土地登记簿册之设置，特别所有权消灭。

2. Abschnitt Gemeinschaft der Wohnungseigentümer
第二章 住宅所有权人共同体

§ 10 Allgemeine Grundsätze

(1) Inhaber der Rechte und Pflichten nach den Vorschriften dieses Gesetzes, insbesondere des Sondereigentums und des gemeinschaftlichen Eigentums, sind die Wohnungseigentümer, soweit nicht etwas anderes ausdrücklich bestimmt ist.

(2) Das Verhältnis der Wohnungseigentümer untereinander bestimmt sich nach den Vorschriften dieses Gesetzes und, soweit dieses Gesetz keine besonderen Bestimmungen enthält, nach den Vorschriften des Bürgerlichen Gesetzbuchs über die Gemeinschaft. Die Wohnungseigentümer können von den Vorschriften dieses Gesetzes abweichende Vereinbarungen treffen, soweit nicht etwas anderes ausdrücklich bestimmt ist. Jeder Wohnungseigentümer kann eine vom Gesetz abweichende Vereinbarung oder die Anpassung einer Vereinbarung verlangen, soweit ein Festhalten an der geltenden Regelung aus schwerwiegenden Gründen unter Berücksichtigung aller Umstände des Einzelfalles, insbesondere der Rechte und Interessen der anderen Wohnungseigentümer, unbillig erscheint.

(3) Vereinbarungen, durch die die Wohnungseigentümer ihr Verhältnis untereinander in Ergänzung oder Abweichung von Vorschriften dieses Gesetzes regeln, sowie die Abänderung oder Aufhebung solcher Vereinbarungen wirken gegen den Sondernachfolger eines Wohnungseigentümers nur, wenn sie als Inhalt des Sondereigentums im Grundbuch eingetragen sind.

(4) Beschlüsse der Wohnungseigentümer gemäß § 23 und gerichtliche Entscheidungen in einem Rechtsstreit gemäß § 43 bedürfen zu ihrer Wirksamkeit gegen den Sondernachfolger eines Wohnungseigentümers nicht der Eintragung in das Grundbuch. Dies gilt auch für die gemäß § 23 Abs. 1 aufgrund einer Vereinbarung gefassten Beschlüsse, die vom Gesetz abweichen oder eine Vereinbarung ändern.

(5) Rechtshandlungen in Angelegenheiten, über die nach diesem Gesetz oder

nach einer Vereinbarung der Wohnungseigentümer durch Stimmenmehrheit beschlossen werden kann, wirken, wenn sie auf Grund eines mit solcher Mehrheit gefaßten Beschlusses vorgenommen werden, auch für und gegen die Wohnungseigentümer, die gegen den Beschluß gestimmt oder an der Beschlußfassung nicht mitgewirkt haben.

（6）Die Gemeinschaft der Wohnungseigentümer kann im Rahmen der gesamten Verwaltung des gemeinschaftlichen Eigentums gegenüber Dritten und Wohnungseigentümern selbst Rechte erwerben und Pflichten eingehen. Sie ist Inhaberin der als Gemeinschaft gesetzlich begründeten und rechtsgeschäftlich erworbenen Rechte und Pflichten. Sie übt die gemeinschaftsbezogenen Rechte der Wohnungseigentümer aus und nimmt die gemeinschaftsbezogenen Pflichten der Wohnungseigentümer wahr, ebenso sonstige Rechte und Pflichten der Wohnungseigentümer, soweit diese gemeinschaftlich geltend gemacht werden können oder zu erfüllen sind. Die Gemeinschaft muss die Bezeichnung "Wohnungseigentümergemeinschaft" gefolgt von der bestimmten Angabe des gemeinschaftlichen Grundstücks führen. Sie kann vor Gericht klagen und verklagt werden.

（7）Das Verwaltungsvermögen gehört der Gemeinschaft der Wohnungseigentümer. Es besteht aus den im Rahmen der gesamten Verwaltung des gemeinschaftlichen Eigentums gesetzlich begründeten und rechtsgeschäftlich erworbenen Sachen und Rechten sowie den entstandenenVerbindlichkeiten. Zu dem Verwaltungsvermögen gehören insbesondere die Ansprüche und Befugnisse aus Rechtsverhältnissen mit Dritten und mit Wohnungseigentümern sowie die eingenommenen Gelder. Vereinigen sich sämtliche Wohnungseigentumsrechte in einer Person, geht das Verwaltungsvermögen auf den Eigentümer des Grundstücks über.

（8）Jeder Wohnungseigentümer haftet einem Gläubiger nach dem Verhältnis seines Miteigentumsanteils（§16 Abs. 1 Satz 2）für Verbindlichkeiten der Gemeinschaft der Wohnungseigentümer, die während seiner Zugehörigkeit zur Gemeinschaft entstanden oder während dieses Zeitraums fällig geworden sind; für die Haftung nach Veräußerung des Wohnungseigentums ist §160 des Handelsgesetzbuches entsprechend anzuwenden. Er kann gegenüber einem Gläubiger neben den in seiner Person begründeten auch die der Gemeinschaft zustehenden Einwendungen und Einreden geltend machen, nicht aber seine Einwendungen und Einreden gegenüber der Gemeinschaft. Für die Einrede der Anfechtbarkeit und Aufrechenbarkeit ist § 770 des Bürgerlichen Gesetzbuches entsprechend anzuwenden. Die Haftung eines Wohnungseigentümers gegenüber der Gemeinschaft wegen nicht ordnungsmäßiger Verwaltung bestimmt sich nach Satz 1.

第 10 条　一般原则

（1）按照本法规定，权利及义务之持有人，尤其是特别所有权和共有所有权之持有人为住宅所有权人，只要没有其他不同之明确规定。

（2）住宅所有权人相互间之关系按照本法之规定确定，本法未作特别规定的，按照《民法典》对于共同关系之规定确定。住宅所有权人可以不按照本法之规定签订协议，只要没有其他不同之明确规定。每一住宅所有权人均可要求签订与法律规定不同之协议或者对协议内容进行调整，只要考虑到个案所有之情节基于重要原因遵守现时之规定明显不公平，尤其是考虑到其他住宅所有权人所享有之权利及利益。

（3）住宅所有权人对于其相互之间的关系通过协议作补充或者作不同于本法之规定，以及变更或废止此类协议对于住宅所有权人之特别继受人仅限于该情形才发生效力，即如果此类协议作为特别所有权内容业已登入土地登记簿。

（4）住宅所有权人按照第 23 条所作之决议以及按照第 43 条法院针对法律诉讼所作之裁判对于住宅所有权人之特别继受人生效无需登入土地登记簿。该规定亦适用于按照第 23 条第 1 款基于协议所作之不同于法律规定或者变更协议内容之决议。

（5）以法律上之行为处理按照本法或者按照住宅所有权人之协议可通过多数决决议之事项的，该行为有效，如其系执行基于此类依多数决所作之决议，其有利或者不利对于投票反对该决议以及未参与投票之住宅所有权人亦发生效力。

（6）住宅所有权人共同体可在其管理之全部共有财产范围内对于第三人以及住宅所有权人自己取得权利并承担义务。住宅所有权人共同体是其作为共同体依法产生之权利及义务以及依照法律行为取得之权利及义务之持有人。住宅所有权人共同体行使与住宅所有权人共同体有关之权利、履行与住宅所有权人共同体有关之义务，住宅所有权人之其他权利及义务亦如此，只要这些权利可以共同体名义行使或者这些义务应以共同体名义履行。共同体必须使用"住宅所有权人共同体"之名称、随后对于共有土地作确定之说明。其可在法院起诉或者被诉。

（7）作管理用途之财产属于住宅所有权人共同体所有。该财产由住宅所有权人共同体在其管理之全部共有财产范围内依法设立，由依法律行为所取得之物及权利以及所产生之债务组成。基于与第三人以及住宅所有权人之法律关系所产生之请求权以及权利，以及所取得之金钱收入，尤其属于管理用途之财产。全部住宅所有权同归一人所有的，作管理用途之财产转归该土地所有权人所有。

（8）各住宅所有权人按其共有所有权份额关系（第 16 条第 1 款第 2 句）对于住宅所有权人共同体之债务向债权人负责，如果该债务在其属于共同体成员期间产生或者在此期间到期；转让住宅所有权后之责任准用《商法典》第 160 条。对于债权人住宅所有权人可主张基于自身原因所成立之各种抗辩，亦可主张属于共同体之各种抗辩，但是不得主张其对于共同体所享有之各种抗辩。对于可撤销或者可抵销之抗辩准用《民法典》第 770 条。住宅所有权人因为不按规定进行管理相对于共同体之责任按照第 1 句确定。

§ 11 Unauflöslichkeit der Gemeinschaft

（1） Kein Wohnungseigentümer kann die Aufhebung der Gemeinschaft verlangen. Dies gilt auch für eine Aufhebung aus wichtigem Grund. Eine abweichende Vereinbarung ist nur für den Fall zulässig, daß das Gebäude ganz oder teilweise zerstört wird und eine Verpflichtung zum Wiederaufbau nicht besteht.

（2）Das Recht eines Pfändungsgläubigers (§ 751 des Bürgerlichen Gesetzbuchs) sowie das im Insolvenzverfahren bestehende Recht (§ 84 Abs. 2 der Insolvenzordnung), die Aufhebung der Gemeinschaft zu verlangen, ist ausgeschlossen.

（3）Ein Insolvenzverfahren über das Verwaltungsvermögen der Gemeinschaft findet nicht statt.

第 11 条　共同体不得解散

（1）住宅所有权人不得请求解散共同体。基于重大理由亦不得解散之。

仅限于该情形才允许订立不同之协议，即建筑物全部或者部分毁损并且不存在重建之义务。

（2）扣押债权人（《民法典》第751条）之权利以及破产程序中产生之权利（《破产法》第84条第2款），其中请求解散共同体之权利予以排除。

（3）针对共同体作管理用途之财产不适用破产程序。

§ 12 Veräußerungsbeschränkung

（1）Als Inhalt des Sondereigentums kann vereinbart werden，daß ein Wohnungseigentümer zur Veräußerung seines Wohnungseigentums der Zustimmung anderer Wohnungseigentümer oder eines Dritten bedarf.

（2）Die Zustimmung darf nur aus einem wichtigen Grund versagt werden. Durch Vereinbarung gemäß Absatz 1 kann dem Wohnungseigentümer darüber hinaus für bestimmte Fälle ein Anspruch auf Erteilung der Zustimmung eingeräumt werden.

（3）Ist eine Vereinbarung gemäß Absatz 1 getroffen，so ist eine Veräußerung des Wohnungseigentums und ein Vertrag，durch den sich der Wohnungseigentümer zu einer solchen Veräußerung verpflichtet，unwirksam，solange nicht die erforderliche Zustimmung erteilt ist. Einer rechtsgeschäftlichen Veräußerung steht eine Veräußerung im Wege der Zwangsvollstreckung oder durch den Insolvenzverwalter gleich.

（4）Die Wohnungseigentümer können durch Stimmenmehrheit beschließen，dass eine Veräußerungsbeschränkung gemäß Absatz 1 aufgehoben wird. Diese Befugnis kann durch Vereinbarung der Wohnungseigentümer nicht eingeschränkt oder ausgeschlossen werden. Ist ein Beschluss gemäß Satz 1 gefasst，kann die Veräußerungsbeschränkung im Grundbuch gelöscht werden. Der Bewilligung gemäß § 19 der Grundbuchordnung bedarf es nicht，wenn der Beschluss gemäß Satz 1 nachgewiesen wird. Für diesen Nachweis ist § 26 Abs. 3 entsprechend anzuwenden.

第12条　转让之限制

（1）作为特别所有权之内容可以约定，住宅所有权人转让其住宅所有权需要征得其他住宅所有权人或者第三人之同意。

（2）仅限于存在重大理由时才可以拒绝同意。按照第1款通过协议可对于超出该款规定范围外其他住宅所有权人有权请求给予同意之特定情形作出约定。

（3）按照第 1 款签订了协议，那么转让住宅所有权以及通过契约使得住宅所有权人承担此种转让义务之约定无效，如其未征得必需之同意。以强制执行之方式转让或者通过破产管理人转让等同于依照法律行为之方式转让。

（4）住宅所有权人可通过多数决之方式决定废止按照第 1 款所作之转让限制。该权利不可以通过住宅所有权人之协议予以限制或排除。按照第 1 句作出了决定，土地登记簿中所登记之转让限制可予以注销。无需按照《土地登记簿法》第 19 条取得许可，如能证明存在按照第 1 句之决定。对于该证明准用第 26 条第 3 款。

§ 13 Rechte des Wohnungseigentümers

（1）Jeder Wohnungseigentümer kann, soweit nicht das Gesetz oder Rechte Dritter entgegenstehen, mit den im Sondereigentum stehenden Gebäudeteilen nach Belieben verfahren, insbesondere diese bewohnen, vermieten, verpachten oder in sonstiger Weise nutzen, und andere von Einwirkungen ausschließen.

（2）Jeder Wohnungseigentümer ist zum Mitgebrauch des gemeinschaftlichen Eigentums nach Maßgabe der § § 14, 15 berechtigt. An den sonstigen Nutzungen des gemeinschaftlichen Eigentums gebührt jedem Wohnungseigentümer ein Anteil nach Maßgabe des § 16.

第 13 条　住宅所有权人之权利

（1）只要不违反法律或者侵害第三人之权利，各住宅所有权人便可对处于其特别所有权范围内之建筑物部分予以任意处置，尤其对其进行居住、出租、用益出租或者以其他方式加以利用，并排除他人之影响。

（2）各住宅所有权人有权按照第 14 条、第 15 条之规定共同使用共有财产。对于各住宅所有权人就共有财产之其他收益所应得之份额按照第 16 条之规定确定之。

§ 14 Pflichten des Wohnungseigentümers

Jeder Wohnungseigentümer ist verpflichtet:

(1) die im Sondereigentum stehenden Gebäudeteile so instand zu halten und von diesen sowie von dem gemeinschaftlichen Eigentum nur in solcher Weise Gebrauch zu machen, daß dadurch keinem der anderen Wohnungseigentümer über das bei einem geordneten Zusammenleben unvermeidliche Maß hinaus ein Nachteil erwächst;

(2) für die Einhaltung der in Nummer 1 bezeichneten Pflichten durch Personen zu sorgen, die seinem Hausstand oder Geschäftsbetrieb angehören oder denen er sonst die Benutzung der im Sonder- oder Miteigentum stehenden Grundstücks- oder Gebäudeteile überläßt;

(3) Einwirkungen auf die im Sondereigentum stehenden Gebäudeteile und das gemeinschaftliche Eigentum zu dulden, soweit sie auf einem nach Nummer 1, 2 zulässigen Gebrauch beruhen;

(4) das Betreten und die Benutzung der im Sondereigentum stehenden Gebäudeteile zu gestatten, soweit dies zur Instandhaltung und Instandsetzung des gemeinschaftlichen Eigentums erforderlich ist; der hierdurch entstehende Schaden ist zu ersetzen.

第14条　住宅所有权人之义务

各住宅所有权人有义务:

(1) 对处于其特别所有权范围内之建筑物部分加以维护并且对于特别所有权部分以及共有财产仅限于以该方式加以使用, 即不由此逾越有序之共同生活所不可避免之程度而致其他住宅所有权人受到损害;

(2) 通过对属于其家庭或营业之人或者此外其将特别所有权范围内或共有所有权范围内之土地部分或建筑物部分交由其使用之人负责, 以遵守数字1所规定之义务;

(3) 容忍对于处于特别所有权范围内之建筑物部分以及共有财产之影响, 只要该影响乃基于数字1和数字2所允许之使用;

(4) 应允许进入及使用处于特别所有权范围内之建筑物部分, 只要该行为为维护及修缮共有财产所必需；由此产生之损害应予赔偿。

§ 15 Gebrauchsregelung

（1）Die Wohnungseigentümer können den Gebrauch des Sondereigentums und des gemeinschaftlichen Eigentums durch Vereinbarung regeln.

（2）Soweit nicht eine Vereinbarung nach Absatz 1 entgegensteht, können die Wohnungseigentümer durch Stimmenmehrheit einen der Beschaffenheit der im Sondereigentum stehenden Gebäudeteile und des gemeinschaftlichen Eigentums entsprechenden ordnungsmäßigen Gebrauch beschließen.

（3）Jeder Wohnungseigentümer kann einen Gebrauch der im Sondereigentum stehenden Gebäudeteile und des gemeinschaftlichen Eigentums verlangen, der dem Gesetz, den Vereinbarungen und Beschlüssen und, soweit sich die Regelung hieraus nicht ergibt, dem Interesse der Gesamtheit der Wohnungseigentümer nach billigem Ermessen entspricht.

第 15 条　使用之规定

（1）住宅所有权人可通过协议对特别所有权和共有财产之使用加以规定。

（2）除非根据第 1 款另有约定，否则住宅所有权人可通过多数决之方式决定对处于特别所有权范围内之建筑物部分以及共有财产按照其性质适当使用。

（3）各住宅所有权人可请求依照法律、协议以及决定使用处于特别所有权范围内之建筑物部分以及共有财产，如果其中未作规定，则按照公平考量以符合住宅所有权人全体利益之方式使用。

§ 16 Nutzungen, Lasten und Kosten

（1）Jedem Wohnungseigentümer gebührt ein seinem Anteil entsprechender Bruchteil der Nutzungen des gemeinschaftlichen Eigentums. Der Anteil bestimmt sich nach dem gemäß § 47 der Grundbuchordnung im Grundbuch eingetragenen Verhältnis der Miteigentumsanteile.

（2）Jeder Wohnungseigentümer ist den anderen Wohnungseigentümern gegenüber verpflichtet, die Lasten des gemeinschaftlichen Eigentums sowie die

Kosten der Instandhaltung, Instandsetzung, sonstigen Verwaltung und eines gemeinschaftlichen Gebrauchs des gemeinschaftlichen Eigentums nach dem Verhältnis seines Anteils (Absatz 1 Satz 2) zu tragen.

(3) Die Wohnungseigentümer können abweichend von Absatz 2 durch Stimmenmehrheit beschließen, dass die Betriebskosten des gemeinschaftlichen Eigentums oder des Sondereigentums im Sinne des § 556 Abs. 1 des Bürgerlichen Gesetzbuches, die nicht unmittelbar gegenüber Dritten abgerechnet werden, und die Kosten der Verwaltung nach Verbrauch oder Verursachung erfasst und nach diesem oder nach einem anderen Maßstab verteilt werden, soweit dies ordnungsmäßiger Verwaltung entspricht.

(4) Die Wohnungseigentümer können im Einzelfall zur Instandhaltung oder Instandsetzung im Sinne des § 21 Abs. 5 Nr. 2 oder zu baulichen Veränderungen oder Aufwendungen im Sinne des § 22 Abs. 1 und 2 durch Beschluss die Kostenverteilung abweichend von Absatz 2 regeln, wenn der abweichende Maßstab dem Gebrauch oder der Möglichkeit des Gebrauchs durch die Wohnungseigentümer Rechnung trägt. Der Beschluss zur Regelung der Kostenverteilung nach Satz 1 bedarf einer Mehrheit von drei Viertel aller stimmberechtigten Wohnungseigentümer im Sinne des § 25 Abs. 2 und mehr als der Hälfte aller Miteigentumsanteile.

(5) Die Befugnisse im Sinne der Absätze 3 und 4 können durch Vereinbarung der Wohnungseigentümer nicht eingeschränkt oder ausgeschlossen werden.

(6) Ein Wohnungseigentümer, der einer Maßnahme nach § 22 Abs. 1 nicht zugestimmt hat, ist nicht berechtigt, einen Anteil an Nutzungen, die auf einer solchen Maßnahme beruhen, zu beanspruchen; er ist nicht verpflichtet, Kosten, die durch eine solche Maßnahme verursacht sind, zu tragen. Satz 1 ist bei einer Kostenverteilung gemäß Absatz 4 nicht anzuwenden.

(7) Zu den Kosten der Verwaltung im Sinne des Absatzes 2 gehören insbesondere Kosten eines Rechtsstreits gemäß § 18 und der Ersatz des Schadens im Falle des § 14 Nr. 4.

(8) Kosten eines Rechtsstreits gemäß § 43 gehören nur dann zu den Kosten der Verwaltung im Sinne des Absatzes 2, wenn es sich um Mehrkosten gegenüber der gesetzlichen Vergütung eines Rechtsanwalts aufgrund einer Vereinbarung über die

Vergütung（§ 27 Abs. 2 Nr. 4，Abs. 3 Nr. 6）handelt.

第 16 条　用益、负担和费用

（1）各住宅所有权人按照其共有份额分享共有财产之用益。按照《土地登记簿法》第 47 条在土地登记簿中所登记之共有所有权份额关系乃确定各住宅所有权人份额之根据。

（2）相对于其他住宅所有权人各住宅所有权人按其份额（第 1 款第 2 句）负担义务，承担共有财产之负担以及维护、修缮、其他管理费用和共同使用共有财产。

（3）住宅所有权人可不按照第 2 款而是通过多数决之方式决定，《民法典》第 556 条第 1 款意义上的、不可直接针对第三人进行清算的共有财产或者特别所有权部分之运行费用以及管理费用，按照使用或者发生原因确定，并且按此规定或者按照其他规定进行分摊，只要该分摊与适当管理相符。

（4）个别情形下，为了第 21 条第 5 款数字 2 意义上之维护及修缮或者第 22 条第 1 款及第 2 款意义上之建筑改造或者支出住宅所有权人可通过决议不按照第 2 款进行费用分摊，如果该不同规定考虑到住宅所有权人之使用或者使用可能性。按照第 1 句规定费用分摊之决定需要获得第 25 条第 2 款意义上全体有权投票之住宅所有权人 3/4 多数通过且其所代表共有所有权份额需过半。

（5）第 3 款和第 4 款意义上之权利不可通过住宅所有权人决议进行限制或者排除。

（6）不同意采取按照第 22 条第 1 款所规定措施之住宅所有权人，无权请求按其份额享有基于该项措施所产生之用益；其不应负担因采取该项措施所发生之费用。第 1 句对于按照第 4 款分摊费用不适用。

（7）按照第 18 条进行法律诉讼之费用以及第 14 条数字 4 情形下之损害赔偿尤其属于第 2 款意义上之管理费用。

（8）按照第 43 条所产生之法律诉讼费用仅在下列情形下才属于第 2 款意义上之管理费用，如其涉及基于协议薪酬（第 27 条第 2 款数字 4、第 3 款数字 6）超出律师法定薪酬之额外费用。

§ 17 Anteil bei Aufhebung der Gemeinschaft

Im Falle der Aufhebung der Gemeinschaft bestimmt sich der Anteil der Miteigentümer nach dem Verhältnis des Wertes ihrer Wohnungseigentumsrechte zur Zeit der Aufhebung der Gemeinschaft. Hat sich der Wert eines Miteigentumsanteils durch Maßnahmen verändert, deren Kosten der Wohnungseigentümer nicht getragen hat, so bleibt eine solche Veränderung bei der Berechnung des Wertes dieses Anteils außer Betracht.

第17条 共同体废止时之份额

在共同体废止情形下按照共同体废止时其住宅所有权价值关系确定共有所有权人之份额。共有所有权份额之价值通过改造措施发生变化而住宅所有权人未承担有关费用的，在计算该共有所有权份额价值时对于价值变化部分不予考虑。

§ 18 Entziehung des Wohnungseigentums

(1) Hat ein Wohnungseigentümer sich einer so schweren Verletzung der ihm gegenüber anderen Wohnungseigentümern obliegenden Verpflichtungen schuldig gemacht, daß diesen die Fortsetzung der Gemeinschaft mit ihm nicht mehr zugemutet werden kann, so können die anderen Wohnungseigentümer von ihm die Veräußerung seines Wohnungseigentums verlangen. Die Ausübung des Entziehungsrechts steht der Gemeinschaft der Wohnungseigentümer zu, soweit es sich nicht um eine Gemeinschaft handelt, die nur aus zwei Wohnungseigentümern besteht.

(2) Die Voraussetzungen des Absatzes 1 liegen insbesondere vor, wenn

1. der Wohnungseigentümer trotz Abmahnung wiederholt gröblich gegen die ihm nach § 14 obliegenden Pflichten verstößt;

2. der Wohnungseigentümer sich mit der Erfüllung seiner Verpflichtungen zur Lasten- und Kostentragung (§ 16 Abs. 2) in Höhe eines Betrags, der drei vom Hundert des Einheitswerts seines Wohnungseigentums übersteigt, länger als drei Monate in Verzug befindet; in diesem Fall steht § 30 der Abgabenordnung einer Mitteilung des Einheitswerts an die Gemeinschaft der Wohnungseigentümer oder,

soweit die Gemeinschaft nur aus zwei Wohnungseigentümern besteht, an den anderen Wohnungseigentümer nicht entgegen.

(3) Über das Verlangen nach Absatz 1 beschließen die Wohnungseigentümer durch Stimmenmehrheit. Der Beschluß bedarf einer Mehrheit von mehr als der Hälfte der stimmberechtigten Wohnungseigentümer. Die Vorschriften des § 25 Abs. 3, 4 sind in diesem Fall nicht anzuwenden.

(4) Der in Absatz 1 bestimmte Anspruch kann durch Vereinbarung der Wohnungseigentümer nicht eingeschränkt oder ausgeschlossen werden.

第 18 条　住宅所有权之强制转让

（1）住宅所有权人因过失严重违反其相对于其他住宅所有权人所负之义务，无法期待其他住宅所有权人与其继续共同体关系的，其他住宅所有权人可请求该人转让其住宅所有权。只要住宅所有权共同体并非由两位住宅所有权人组成，即由住宅所有权人共同体行使强制转让权。

（2）尤其具备第 1 款之前提条件，如果：

1. 尽管经过恳切劝阻住宅所有权人仍然一再严重违反按照第 14 条其所负担之义务；

2. 住宅所有权人对于超过其住宅所有权单元价值 3% 数额之负担及费用（第 16 条第 2 款）之履行，陷于迟延超过 3 个月；在该情形下，《税法》第 30 条（关于税收保密原则之规定）并不排除向住宅所有权人共同体或者在住宅所有权共同体仅由两位住宅所有权人组成时向另一住宅所有权人通知出让所有权单元之价值。

（3）对于第 1 款所规定之请求权以住宅所有权人多数决之方式决定。该决定须有权投票之住宅所有权人过半数通过。对于该情形，第 25 条第 3 款、第 4 款不适用。

（4）第 1 款所规定之请求权不可以通过住宅所有权人之协议予以限制或排除。

§ 19 Wirkung des Urteils

(1) Das Urteil, durch das ein Wohnungseigentümer zur Veräußerung seines Wohnungseigentums verurteilt wird, berechtigt jeden Miteigentümer zur Zwangsvoll-

streckung entsprechend den Vorschriften des Ersten Abschnitts des Gesetzes über die Zwangsversteigerung und die Zwangsverwaltung. Die Ausübung dieses Rechts steht der Gemeinschaft der Wohnungseigentümer zu, soweit es sich nicht um eine Gemeinschaft handelt, die nur aus zwei Wohnungseigentümern besteht.

(2) Der Wohnungseigentümer kann im Falle des §18 Abs. 2 Nr. 2 bis zur Erteilung des Zuschlagsdie in Absatz 1 bezeichnete Wirkung des Urteils dadurch abwenden, daß er die Verpflichtungen, wegen deren Nichterfüllung er verurteilt ist, einschließlich der Verpflichtung zum Ersatz der durch den Rechtsstreit und das Versteigerungsverfahren entstandenen Kosten sowie die fälligen weiteren Verpflichtungen zur Lasten- und Kostentragung erfüllt.

(3) Ein gerichtlicher oder vor einer Gütestelle geschlossener Vergleich, durch den sich der Wohnungseigentümer zur Veräußerung seines Wohnungseigentums verpflichtet, steht dem in Absatz 1 bezeichneten Urteil gleich.

第 19 条　判决之效力

(1) 判决住宅所有权人转让其住宅所有权, 该判决使得各共有所有权人享有《强制拍卖及强制管理法》第一章 (以强制执行方式强制拍卖及强制管理土地) 所规定之有关强制执行之权利。该权利之行使属于住宅所有权人共同体, 只要其所涉及之住宅所有权共同体并非由两位住宅所有权人组成。

(2) 在第 18 条第 2 款数字 2 情形下直至拍卖成交, 住宅所有权人可以如此之方式避免第 1 款所规定判决效果之发生, 即履行因为债务不履行方才导致作出该判决之债务, 包括通过法律诉讼以及拍卖程序所产生费用之赔偿以及其他到期之负担及费用。

(3) 通过法院或者仲裁机构所作出之调解, 使得住宅所有权人有义务转让其住宅所有权的, 该调解等同于第 1 款所规定之判决。

3. Abschnitt Verwaltung
第三章 管理

§ 20 Gliederung der Verwaltung

（1） Die Verwaltung des gemeinschaftlichen Eigentums obliegt den Wohnungseigentümern nach Maßgabe der §§ 21 bis 25 und dem Verwalter nach Maßgabe der §§ 26 bis 28, im Falle der Bestellung eines Verwaltungsbeirats auch diesem nach Maßgabe des § 29.

（2） Die Bestellung eines Verwalters kann nicht ausgeschlossen werden.

第 20 条 管理之划分

（1） 住宅所有权人有义务按照第 21 条至第 25 条之规定、管理人有义务按照第 26 条至第 28 条之规定对于共有财产进行管理，在选任咨询委员会之情形下则遵照第 29 条之规定。

（2） 管理人之选任不得排除。

§ 21 Verwaltung durch die Wohnungseigentümer

（1） Soweit nicht in diesem Gesetz oder durch Vereinbarung der Wohnungseigentümer etwas anderes bestimmt ist, steht die Verwaltung des gemeinschaftlichen Eigentums den Wohnungseigentümern gemeinschaftlich zu.

（2） Jeder Wohnungseigentümer ist berechtigt, ohne Zustimmung der anderen Wohnungseigentümer die Maßnahmen zu treffen, die zur Abwendung eines dem gemeinschaftlichen Eigentum unmittelbar drohenden Schadens notwendig sind.

（3） Soweit die Verwaltung des gemeinschaftlichen Eigentums nicht durch Vereinbarung der Wohnungseigentümer geregelt ist, können die Wohnungseigentümer eine der Beschaffenheit des gemeinschaftlichen Eigentums entsprechende ordnungsmäßige Verwaltung durch Stimmenmehrheit beschließen.

（4） Jeder Wohnungseigentümer kann eine Verwaltung verlangen, die den

Vereinbarungen und Beschlüssen und, soweit solche nicht bestehen, dem Interesse der Gesamtheit der Wohnungseigentümer nach billigem Ermessen entspricht.

（5） Zu einer ordnungsmäßigen, dem Interesse der Gesamtheit der Wohnungseigentümer entsprechenden Verwaltung gehört insbesondere：

1. die Aufstellung einer Hausordnung；

2. die ordnungsmäßige Instandhaltung und Instandsetzung des gemeinschaftlichen Eigentums；

3. die Feuerversicherung des gemeinschaftlichen Eigentums zum Neuwert sowie die angemessene Versicherung der Wohnungseigentümer gegen Haus - und Grundbesitzerhaftpflicht；

4. die Ansammlung einer angemessenen Instandhaltungsrückstellung；

5. die Aufstellung eines Wirtschaftsplans （ § 28 ）；

6. die Duldung aller Maßnahmen, die zur Herstellung einer Fernsprechteilnehmereinrichtung, einer Rundfunkempfangsanlage oder eines Energieversorgungsanschlusses zugunsten eines Wohnungseigentümers erforderlich sind.

（6） Der Wohnungseigentümer, zu dessen Gunsten eine Maßnahme der in Absatz 5 Nr. 6 bezeichneten Art getroffen wird, ist zum Ersatz des hierdurch entstehenden Schadens verpflichtet.

（7） Die Wohnungseigentümer können die Regelung der Art und Weise von Zahlungen, der Fälligkeit und der Folgen des Verzugs sowie der Kosten für eine besondere Nutzung des gemeinschaftlichen Eigentums oder für einen besonderen Verwaltungsaufwand mit Stimmenmehrheit beschließen.

（8） Treffen die Wohnungseigentümer eine nach dem Gesetz erforderliche Maßnahme nicht, so kann an ihrer Stelle das Gericht in einem Rechtsstreit gemäß § 43 nach billigem Ermessen entscheiden, soweit sich die Maßnahme nicht aus dem Gesetz, einer Vereinbarung oder einem Beschluss der Wohnungseigentümer ergibt.

第 21 条　通过住宅所有权人之管理

（1） 只要本法没有其他规定或者住宅所有权人没有通过协议作出其他约定，共有财产即由住宅所有权人共同管理。

（2） 住宅所有权人有权不经其他住宅所有权人同意而采取必要之措施，

以避免共有财产直接面临之损害。

（3）如果住宅所有权人没有以协议对共有财产之管理作出规定，住宅所有权人可通过多数决之方式决定对共有财产按照其性质进行适当管理。

（4）各住宅所有权人均可以请求按照协议和决定进行管理，如果不存在协议和决定，则按照公平考量，以符合住宅所有权人全体利益之方式进行管理。

（5）尤其属于以符合住宅所有权人全体利益之方式进行适当管理者谓：

1. 制定居住规约；

2. 对共有财产进行适当维护及修缮；

3. 对共有财产按其原价值投保火灾险以及全体住宅所有权人对于房屋和土地所有权（可能发生）赔偿责任之适当保险；

4. 收取适当之住房维护储备金；

5. 制定经济计划（第28条）；

6. 容忍一切必要之措施，该措施之目的在于为某一住宅所有权人之利益而安装通讯设施、广播接收设施或者输能管线。

（6）为其利益而采取第5款数字6所规定措施之住宅所有权人，有义务赔偿由此而产生之损害。

（7）住宅所有权人可以多数决之方式决定付款之方式及方法、到期及迟延之后果，以及对于共有财产特别利用之支出或者特别管理支出之规定。

（8）住宅所有权人不依法采取必要措施的，法院可在法律诉讼中按照第43条依公平考量代其作出决定，如果法律、住宅所有权人之协议或者决定对于该措施没有规定。

§ 22 Besondere Aufwendungen, Wiederaufbau

（1）Bauliche Veränderungen und Aufwendungen, die über die ordnungsmäßige Instandhaltung oder Instandsetzung des gemeinschaftlichen Eigentums hinausgehen, können beschlossen oder verlangt werden, wenn jeder Wohnungseigentümer zustimmt, dessen Rechte durch die Maßnahmen über das in § 14 Nr. 1 bestimmte Maß hinaus beeinträchtigt werden. Die Zustimmung ist nicht erforderlich, soweit die Rechte eines Wohnungseigentümers nicht in der in Satz 1 bezeichneten Weise beeinträchtigt werden.

(2) Maßnahmen gemäß Absatz 1 Satz 1, die der Modernisierung entsprechend § 555b Nummer 1 bis 5 des Bürgerlichen Gesetzbuches oder der Anpassung des gemeinschaftlichen Eigentums an den Stand der Technik dienen, die Eigenart der Wohnanlage nicht ändern und keinen Wohnungseigentümer gegenüber anderen unbillig beeinträchtigen, können abweichend von Absatz 1 durch eine Mehrheit von drei Viertel aller stimmberechtigten Wohnungseigentümer im Sinne des § 25 Abs. 2 und mehr als der Hälfte aller Miteigentumsanteile beschlossen werden. Die Befugnis im Sinne des Satzes 1 kann durch Vereinbarung der Wohnungseigentümer nicht eingeschränkt oder ausgeschlossen werden.

(3) Für Maßnahmen der modernisierenden Instandsetzung im Sinne des § 21 Abs. 5 Nr. 2 verbleibt es bei den Vorschriften des § 21 Abs. 3 und 4.

(4) Ist das Gebäude zu mehr als der Hälfte seines Wertes zerstört und ist der Schaden nicht durch eine Versicherung oder in anderer Weise gedeckt, so kann der Wiederaufbau nicht gemäß § 21 Abs. 3 beschlossen oder gemäß § 21 Abs. 4 verlangt werden.

第 22 条　特别支出、重建

(1) 如果其权利被超出第 14 条数字 1 规定程度所采取措施损害的各住宅所有权人同意，则可以决定或者请求超出共有财产适当维护或者修缮范围之建筑改造和支出。只要某一住宅所有权人之权利不受第 1 句所规定方式之损害，则无需取得其同意。

(2) 按照第 1 款第 1 句之措施，服务于《民法典》第 555b 条数字 1 至数字 5 规定之现代化改造或者服务于对共有财产按技术现状进行改造，该改造措施不改变住宅设施之风格，亦不引发住宅所有权人相互之间不公平之损害的，可不按照第 1 款，而由第 25 条第 2 款意义上全体有权投票之住宅所有权人以 3/4 多数决方式且其所代表共有所有权份额需过半作出决定。第 1 句意义上之权利不可以通过住宅所有权人之协议予以限制或排除。

(3) 第 21 条第 5 款数字 2 意义上的使住宅现代化之改造措施须遵守第 21 条第 3 款和第 4 款之规定。

(4) 超出建筑物一半价值之部分已损毁且损害无法通过保险或者其他方式弥补的，不可按照第 21 条第 3 款决定重建或者按照第 21 条第 4 款提出请求。

§ 23 Wohnungseigentümerversammlung

（1）Angelegenheiten, über die nach diesem Gesetz oder nach einer Vereinbarung der Wohnungseigentümer die Wohnungseigentümer durch Beschluß entscheiden können, werden durch Beschlußfassung in einer Versammlung der Wohnungseigentümer geordnet.

（2）Zur Gültigkeit eines Beschlusses ist erforderlich, daß der Gegenstand bei der Einberufung bezeichnet ist.

（3）Auch ohne Versammlung ist ein Beschluß gültig, wenn alle Wohnungseigentümer ihre Zustimmung zu diesem Beschluß schriftlich erklären.

（4）Ein Beschluss, der gegen eine Rechtsvorschrift verstößt, auf deren Einhaltung rechtswirksam nicht verzichtet werden kann, ist nichtig. Im Übrigen ist ein Beschluss gültig, solange er nicht durch rechtskräftiges Urteil für ungültig erklärt ist.

第 23 条　住宅所有权人大会

（1）按照本法或者住宅所有权人之协议，住宅所有权人可以决议决定之事项，由住宅所有权人大会以决议规定之。

（2）决议之生效，以召集会议时告知会议议题为必要。

（3）未经召开大会该决议亦有效，如果全体住宅所有权人均以书面形式对于该决议表示同意。

（4）违反法律规定之决议，该规定之遵守对决议生效不可放弃的，则该决议无效。除此之外决议有效，只要该决议未被生效判决宣告无效。

§ 24 Einberufung, Vorsitz, Niederschrift

（1）Die Versammlung der Wohnungseigentümer wird von dem Verwalter mindestens einmal im Jahr einberufen.

（2）Die Versammlung der Wohnungseigentümer muß von dem Verwalter in den durch Vereinbarung der Wohnungseigentümer bestimmten Fällen, im übrigen dann einberufen werden, wenn dies schriftlich unter Angabe des Zweckes und der Gründe von mehr als einem Viertel der Wohnungseigentümer verlangt wird.

（3）Fehlt ein Verwalter oder weigert er sich pflichtwidrig, die Versammlung der Wohnungseigentümer einzuberufen, so kann die Versammlung auch, falls ein Verwaltungsbeirat bestellt ist, von dessen Vorsitzenden oder seinem Vertreter einberufen werden.

（4）Die Einberufung erfolgt in Textform. Die Frist der Einberufung soll, sofern nicht ein Fall besonderer Dringlichkeit vorliegt, mindestens zwei Wochen betragen.

（5）Den Vorsitz in der Wohnungseigentümerversammlung führt, sofern diese nichts anderes beschließt, der Verwalter.

（6）Über die in der Versammlung gefaßten Beschlüsse ist eine Niederschrift aufzunehmen. Die Niederschrift ist von dem Vorsitzenden und einem Wohnungseigentümer und, falls ein Verwaltungsbeirat bestellt ist, auch von dessen Vorsitzenden oder seinem Vertreter zu unterschreiben. Jeder Wohnungseigentümer ist berechtigt, die Niederschriften einzusehen.

（7）Es ist eine Beschluss – Sammlung zu führen. Die Beschluss – Sammlung enthält nur den Wortlaut:

1. der in der Versammlung der Wohnungseigentümer verkündeten Beschlüsse mit Angabe von Ort und Datum der Versammlung;

2. der schriftlichen Beschlüsse mit Angabe von Ort und Datum der Verkündung und

3. der Urteilsformeln der gerichtlichen Entscheidungen in einem Rechtsstreit gemäß § 43 mit Angabe ihres Datums, des Gerichts und der Parteien;

soweit diese Beschlüsse und gerichtlichen Entscheidungen nach dem 1. Juli 2007 ergangen sind. Die Beschlüsse und gerichtlichen Entscheidungen sind fortlaufend einzutragen und zu nummerieren. Sind sie angefochten oder aufgehoben worden, so ist dies anzumerken. Im Falle einer Aufhebung kann von einer Anmerkung abgesehen und die Eintragung gelöscht werden. Eine Eintragung kann auch gelöscht werden, wenn sie aus einem anderen Grund für die Wohnungseigentümer keine Bedeutung mehr hat. Die Eintragungen, Vermerke und Löschungen gemäß den Sätzen 3 bis 6 sind unverzüglich zu erledigen und mit Datum zu versehen. Einem Wohnungseigentümer oder einem Dritten, den ein Wohnungseigentümer ermächtigt hat, ist auf sein Verlangen Einsicht in die Beschluss-Sammlung zu geben.

(8) Die Beschluss – Sammlung ist von dem Verwalter zu führen. Fehlt ein Verwalter, so ist der Vorsitzende der Wohnungseigentümerversammlung verpflichtet, die Beschluss – Sammlung zu führen, sofern die Wohnungseigentümer durch Stimmenmehrheit keinen anderen für diese Aufgabe bestellt haben.

第 24 条　召集、主席、记录

（1）住宅所有权人大会由管理人至少每年召集一次。

（2）住宅所有权人大会必须由管理人在住宅所有权人协议所规定之情形下召集，除此之外，如果超过 1/4 住宅所有权人于书面说明目的及理由而提出请求，亦必须由管理人召集。

（3）没有管理人或者管理人违反义务拒绝召集住宅所有权人大会的，如果委任了咨询委员会，住宅所有权人大会亦可由其主席或者代表召集。

（4）召集以书面形式进行。除非存在特别之紧急情况，否则召集期间应该至少为 2 周。

（5）如果住宅所有权人大会没有不同决定，大会主席由管理人担任。

（6）对于住宅所有权人大会所作之决议应该予以记录。该记录由大会主席以及一位住宅所有权人签名，如果委任了咨询委员会，其主席或者代表亦应签名。各住宅所有权人均有权查阅全部记录。

（7）应制作住宅所有权人大会决议集。该决议集只收录下列原文：

1. 附大会召开地点及日期说明之住宅所有权人大会所宣布之决议；

2. 附宣布地点及日期说明之书面决议；

3. 附日期、裁判法院以及当事人之说明、按照第 43 条法院针对法律诉讼所作之裁判主文。

只要该决议以及法院裁判系在 2007 年 7 月 1 日之后作出。全部决议和法院裁判应连续登记和编号。决议或者裁判被撤销或者废止的，应对此作补充说明。在废止情形下可以不作补充说明而注销相关登记。基于其他原因登记对于住宅所有权人不再具有意义的，该登记亦可注销。按照第 3 句至第 6 句所作之登记、备注以及注销应不迟延予以办结且应注明日期。基于其请求，应允许某一住宅所有权人或受其委托之第三人查阅决议集。

（8）决议集应由管理人制作。没有管理人的，应由住宅所有权人大会主席负责制作决议集，如果住宅所有权人未以多数决之形式将此任务委任给其他人。

§ 25 Mehrheitsbeschluß

（1）Für die Beschlußfassung in Angelegenheiten, über die die Wohnungseigentümer durch Stimmenmehrheit beschließen, gelten die Vorschriften der Absätze 2 bis 5.

（2）Jeder Wohnungseigentümer hat eine Stimme. Steht ein Wohnungseigentum mehreren gemeinschaftlich zu, so können sie das Stimmrecht nur einheitlich ausüben.

（3）Die Versammlung ist nur beschlußfähig, wenn die erschienenen stimmberechtigten Wohnungseigentümer mehr als die Hälfte der Miteigentumsanteile, berechnet nach der im Grundbuch eingetragenen Größe dieser Anteile, vertreten.

（4）Ist eine Versammlung nicht gemäß Absatz 3 beschlußfähig, so beruft der Verwalter eine neue Versammlung mit dem gleichen Gegenstand ein. Diese Versammlung ist ohne Rücksicht auf die Höhe der vertretenen Anteile beschlußfähig; hierauf ist bei der Einberufung hinzuweisen.

（5）Ein Wohnungseigentümer ist nicht stimmberechtigt, wenn die Beschlußfassung die Vornahme eines auf die Verwaltung des gemeinschaftlichen Eigentums bezüglichen Rechtsgeschäfts mit ihm oder die Einleitung oder Erledigung eines Rechtsstreits der anderen Wohnungseigentümer gegen ihn betrifft oder wenn er nach § 18 rechtskräftig verurteilt ist.

第25条 多数决

（1）对于住宅所有权人通过多数决形式决议之事项，适用第2款至第5款之规定。

（2）每一住宅所有权人均有一票表决权。住宅所有权为数人共有的，其只能统一行使表决权。

（3）当出席会议有表决权之住宅所有权人代表过半之共有所有权份额时，住宅所有权人大会方具有表决能力，所代表之份额依照土地登记簿中所登记之面积计算。

（4）按照第3款住宅所有权人大会不具有表决能力的，管理人应就同一议题召集新的住宅所有权人大会。新的住宅所有权人大会不考虑代表份额之多寡而具有表决能力；对此应在召集中说明。

（5）住宅所有权人不具有表决权，如果决议系与其进行与共有所有权管理有关之法律行为或者与其他住宅所有权人针对其开始或者了结法律诉讼有关，或者按照第18条之规定针对其所作判决业已生效。

§ 26 Bestellung und Abberufung des Verwalters

（1）Über die Bestellung und Abberufung des Verwalters beschließen die Wohnungseigentümer mit Stimmenmehrheit. Die Bestellung darf auf höchstens fünf Jahre vorgenommen werden, im Falle der ersten Bestellung nach der Begründung von Wohnungseigentum aber auf höchstens drei Jahre. Die Abberufung des Verwalters kann auf das Vorliegen eines wichtigen Grundes beschränkt werden. Ein wichtiger Grund liegt regelmäßig vor, wenn der Verwalter die Beschluss – Sammlung nicht ordnungsmäßig führt. Andere Beschränkungen der Bestellung oderAbberufung des Verwalters sind nicht zulässig.

（2）Die wiederholte Bestellung ist zulässig; sie bedarf eines erneuten Beschlusses der Wohnungseigentümer, der frühestens ein Jahr vor Ablauf der Bestellungszeit gefaßt werden kann.

（3）Soweit die Verwaltereigenschaft durch eine öffentlich beglaubigte Urkunde nachgewiesen werden muß, genügt die Vorlage einer Niederschrift über den Bestellungsbeschluß, bei der die Unterschriften der in § 24 Abs. 6 bezeichneten Personen öffentlich beglaubigt sind.

第 26 条　管理人之选任和解聘

（1）管理人之选任和解聘以住宅所有权人之多数决决定。任期最长可达5年，但在设立住宅所有权之后首次选任之情形任期最长为3年。管理人之解聘可限于存在重要原因。管理人未适当制作决议集的，属于典型的存在重要原因。不允许其他选任或者解聘管理人之限制。

（2）允许多次选任；再次选任需住宅所有权人重新作出决议，该决议最早可于当前任期结束之前1年内作出。

（3）如果管理人身份必须通过官方认证文书予以证明，提交委任决定之记录，该记录中第 24 条第 6 款所规定人员之签名经过官方认证为已足。

§ 27 Aufgaben und Befugnisse des Verwalters

（1）Der Verwalter ist gegenüber den Wohnungseigentümern und gegenüber der Gemeinschaft der Wohnungseigentümer berechtigt und verpflichtet,

1. Beschlüsse der Wohnungseigentümer durchzuführen und für die Durchführung der Hausordnung zu sorgen;

2. die für die ordnungsmäßige Instandhaltung und Instandsetzung des gemeinschaftlichen Eigentums erforderlichen Maßnahmen zu treffen;

3. in dringenden Fällen sonstige zur Erhaltung des gemeinschaftlichen Eigentums erforderliche Maßnahmen zu treffen;

4. Lasten- und Kostenbeiträge, Tilgungsbeträge und Hypothekenzinsen anzufordern, in Empfang zu nehmen und abzuführen, soweit es sich um gemeinschaftliche Angelegenheiten der Wohnungseigentümer handelt;

5. alle Zahlungen und Leistungen zu bewirken und entgegenzunehmen, die mit der laufenden Verwaltung des gemeinschaftlichen Eigentums zusammenhängen;

6. eingenommene Gelder zu verwalten;

7. die Wohnungseigentümer unverzüglich darüber zu unterrichten, dass ein Rechtsstreit gemäß § 43 anhängig ist;

8. die Erklärungen abzugeben, die zur Vornahme der in § 21 Abs. 5 Nr. 6 bezeichneten Maßnahmen erforderlich sind.

（2）Der Verwalter ist berechtigt, im Namen aller Wohnungseigentümer und mit Wirkung für und gegen sie

1. Willenserklärungen und Zustellungen entgegenzunehmen, soweit sie an alle Wohnungseigentümer in dieser Eigenschaft gerichtet sind;

2. Maßnahmen zu treffen, die zur Wahrung einer Frist oder zur Abwendung eines sonstigen Rechtsnachteils erforderlich sind, insbesondere einen gegen die Wohnungseigentümer gerichteten Rechtsstreit gemäß § 43 Nr. 1, Nr. 4 oder Nr. 5 im Erkenntnis- und Vollstreckungsverfahren zu führen;

3. Ansprüche gerichtlich und außergerichtlich geltend zu machen, sofern er hierzu durchVereinbarung oder Beschluss mit Stimmenmehrheit der Wohnungseigent-

ümer ermächtigt ist;

4. mit einem Rechtsanwalt wegen eines Rechtsstreits gemäß § 43 Nr. 1, Nr. 4 oder Nr. 5 zu vereinbaren, dass sich die Gebühren nach einem höheren als dem gesetzlichen Streitwert, höchstens nach einem gemäß § 49a Abs. 1 Satz 1 des Gerichtskostengesetzes bestimmten Streitwert bemessen.

(3) Der Verwalter ist berechtigt, im Namen der Gemeinschaft der Wohnungseigentümer und mit Wirkung für und gegen sie

1. Willenserklärungen und Zustellungen entgegenzunehmen;

2. Maßnahmen zu treffen, die zur Wahrung einer Frist oder zur Abwendung eines sonstigen Rechtsnachteils erforderlich sind, insbesondere einen gegen die Gemeinschaft gerichteten Rechtsstreit gemäß § 43 Nr. 2 oder Nr. 5 im Erkenntnis- und Vollstreckungsverfahren zu führen;

3. die laufenden Maßnahmen der erforderlichen ordnungsmäßigen Instandhaltung und Instandsetzung gemäß Absatz 1 Nr. 2 zu treffen;

4. die Maßnahmen gemäß Absatz 1 Nr. 3 bis 5 und 8 zu treffen;

5. im Rahmen der Verwaltung der eingenommenen Gelder gemäß Absatz 1 Nr. 6 Konten zu führen;

6. mit einem Rechtsanwalt wegen eines Rechtsstreits gemäß § 43 Nr. 2 oder Nr. 5 eine Vergütung gemäß Absatz 2 Nr. 4 zu vereinbaren;

7. sonstige Rechtsgeschäfte und Rechtshandlungen vorzunehmen, soweit er hierzu durch Vereinbarung oder Beschluss der Wohnungseigentümer mit Stimmenmehrheit ermächtigt ist.

Fehlt ein Verwalter oder ist er zur Vertretung nicht berechtigt, so vertreten alle Wohnungseigentümer die Gemeinschaft. Die Wohnungseigentümer können durch Beschluss mit Stimmenmehrheit einen oder mehrere Wohnungseigentümer zur Vertretung ermächtigen.

(4) Die dem Verwalter nach den Absätzen 1 bis 3 zustehenden Aufgaben und Befugnisse können durch Vereinbarung der Wohnungseigentümer nicht eingeschränkt oder ausgeschlossen werden.

(5) Der Verwalter ist verpflichtet, eingenommene Gelder von seinem Vermögen gesondert zu halten. Die Verfügung über solche Gelder kann durch Vereinbarung oder

Beschluss der Wohnungseigentümer mit Stimmenmehrheit von der Zustimmung eines Wohnungseigentümers oder eines Dritten abhängig gemacht werden.

（6）Der Verwalter kann von den Wohnungseigentümern die Ausstellung einer Vollmachts – und Ermächtigungsurkunde verlangen, aus der der Umfang seiner Vertretungsmacht ersichtlich ist.

第 27 条　管理人之职责及权限

（1）相对于住宅所有权人以及住宅所有权人共同体管理人之权利和义务：

1. 负责执行住宅所有权人之决议以及居住规约；

2. 对共有所有物采取适当的、必要的维护及修缮措施；

3. 紧急情况下采取其他维护共有所有物所必要之措施；

4. 催收负担及费用分摊、分期还款、抵押权利息，收取及支付，只要其事关住宅所有权人共同事务；

5. 发起并受领与日常共有所有物管理有关之所有付款及清偿；

6. 管理所收取之资金；

7. 不迟延通知住宅所有权人按照第 43 条之法律诉讼已交由法院受理；

8. 作出采取第 21 条第 5 款数字 6 规定措施所必要之意思表示。

（2）管理人有权以全体住宅所有权人之名义行事，其效果有利或者不利均归属于所有住宅所有权人：

1. 受领意思表示及受领送达，只要其系面向全体住宅所有权人之身份而发出；

2. 采取必要之措施以遵守期限或者避免其他法律上之不利，尤其负责在承认和执行程序中按照第 43 条数字 1、数字 4 或者数字 5 针对住宅所有权人之法律诉讼；

3. 通过法院以及不通过法院行使请求权，如其对此经由协议或者住宅所有权人多数决获得授权；

4. 就第 43 条数字 1、数字 4 或者数字 5 所规定之法律诉讼与律师协商律师之报酬，该报酬可按照高于法定争议金额、最高按照《法院收费法》第 49a 条第 1 款第 1 句所规定之争议金额计算。

（3）管理人有权以住宅所有权人共同体之名义行事，其效果有利或者不利均归属于住宅所有权人共同体：

1. 受领意思表示及受领送达；

2. 采取必要之措施以遵守期限或者避免其他法律上之不利，尤其负责在承认和执行程序中按照第 43 条数字 2 或者数字 5 针对住宅所有权人共同体之法律诉讼；

3. 按照第 1 款数字 2 采取惯常必要之措施进行适当维护及修缮；

4. 按照第 1 款数字 3 至数字 5 以及数字 8 采取措施；

5. 按照第 1 款数字 6 于管理范围内掌管所收取资金之账户；

6. 就第 43 条数字 2 或者数字 5 所规定之法律诉讼按照第 2 款数字 4 与律师协商律师之报酬；

7. 实施其他法律行为以及法律举措，如其对此经由协议或者住宅所有权人多数决获得授权。

没有管理人或者管理人无权代表的，则由共同体代表全体住宅所有权人。住宅所有权人可以多数决方式决定授权一个或者数个住宅所有权人作为代表。

（4）按照第 1 款至第 3 款属于管理人之职责及权限不可通过住宅所有权人决议进行限制或者排除。

（5）管理人有义务将其收取之资金与其自有财产分别处理。可以通过协议或者住宅所有权人多数决之方式规定处分该资金须取得某一住宅所有权人或者第三人之同意。

（6）管理人可以请求住宅所有权人出具载明其代表权范围之授权委托书。

§ 28 Wirtschaftsplan，Rechnungslegung

（1）Der Verwalter hat jeweils für ein Kalenderjahr einen Wirtschaftsplan aufzustellen. Der Wirtschaftsplan enthält：

1. die voraussichtlichen Einnahmen und Ausgaben bei der Verwaltung des gemeinschaftlichen Eigentums；

2. die anteilmäßige Verpflichtung der Wohnungseigentümer zur Lasten – und Kostentragung；

3. die Beitragsleistung der Wohnungseigentümer zu der in § 21 Abs. 5 Nr. 4 vorgesehenen Instandhaltungsrückstellung.

（2）Die Wohnungseigentümer sind verpflichtet，nach Abruf durch den Verwalter dem beschlossenen Wirtschaftsplan entsprechende Vorschüsse zu leisten.

（3）Der Verwalter hat nach Ablauf des Kalenderjahrs eine Abrechnung aufzustellen.

（4）Die Wohnungseigentümer können durch Mehrheitsbeschluß jederzeit von dem Verwalter Rechnungslegung verlangen.

（5）Über den Wirtschaftsplan, die Abrechnung und die Rechnungslegung des Verwalters beschließen die Wohnungseigentümer durch Stimmenmehrheit.

第 28 条　经济计划、财务报告

（1）管理人应按日历年分别制定经济计划。经济计划包含：

1. 对于共有所有物管理预计之收入及支出；

2. 住宅所有权人按照其份额所应承担之负担及费用；

3. 住宅所有权人针对第 21 条第 5 款数字 4 所规定之住房维护储备金应负担之款项。

（2）住宅所有权人有义务随时应管理人之要求按照经济计划决议缴纳预支款项。

（3）管理人应于日历年度结束后进行结算。

（4）住宅所有权人可通过多数决随时要求管理人提供财务报告。

（5）对于管理人之经济计划、结算以及财务报告由住宅所有权人以多数决方式决定。

§ 29 Verwaltungsbeirat

（1）Die Wohnungseigentümer können durch Stimmenmehrheit die Bestellung eines Verwaltungsbeirats beschließen. Der Verwaltungsbeirat besteht aus einem Wohnungseigentümer als Vorsitzenden und zwei weiteren Wohnungseigentümern als Beisitzern.

（2）Der Verwaltungsbeirat unterstützt den Verwalter bei der Durchführung seiner Aufgaben.

（3）Der Wirtschaftsplan, die Abrechnung über den Wirtschaftsplan, Rechnungslegungen und Kostenanschläge sollen, bevor über sie die Wohnungseigentümerversammlung beschließt, vom Verwaltungsbeirat geprüft und mit dessen Stellungnahme versehen werden.

(4) Der Verwaltungsbeirat wird von dem Vorsitzenden nach Bedarf einberufen.

第 29 条　咨询委员会

（1）住宅所有权人可以多数决方式决定选任咨询委员会。咨询委员会之组成系由住宅所有权人之一担任主席，其他两名住宅所有权人担任顾问。

（2）咨询委员会支持管理人履职。

（3）经济计划、经济计划之结算、财务报告以及成本预算于交由住宅所有权人大会表决之前应该交由咨询委员会审核并签署意见。

（4）咨询委员会由主席根据需要召集。

4. Abschnitt Wohnungserbbaurecht
第四章 住宅地上权

§ 30

(1) Steht ein Erbbaurecht mehreren gemeinschaftlich nach Bruchteilen zu, so können die Anteile in der Weise beschränkt werden, daß jedem der Mitberechtigten das Sondereigentum an einer bestimmten Wohnung oder an nicht zu Wohnzwecken dienenden bestimmten Räumen in einem auf Grund des Erbbaurechts errichteten oder zu errichtenden Gebäude eingeräumt wird (Wohnungserbbaurecht, Teilerbbaurecht).

(2) Ein Erbbauberechtigter kann das Erbbaurecht in entsprechender Anwendung des § 8 teilen.

(3) Für jeden Anteil wird von Amts wegen ein besonderes Erbbaugrundbuchblatt angelegt (Wohnungserbbaugrundbuch, Teilerbbaugrundbuch). Im übrigen gelten für das Wohnungserbbaurecht (Teilerbbaurecht) die Vorschriften über das Wohnungseigentum (Teileigentum) entsprechend.

第 30 条

(1) 地上权为数人按照份额所共有的,该份额可以此方式予以限制,即为每一共有权利人针对基于地上权已建造或者拟建造之建筑物内之特定住宅或者不以居住为目的之特定建筑物空间设立特别所有权(住宅地上权、份额地上权)。

(2) 地上权权利人可以分割其地上权,对此准用第 8 条。

(3) 依职权为各个份额专门设置地上权土地登记簿(住宅地上权土地登记簿、份额地上权土地登记簿)。除此之外,对于住宅地上权(份额地上权)准用住宅所有权(份额所有权)之规定。

长期居住权

II. Teil Dauerwohnrecht

§ 31 Begriffsbestimmungen

(1) Ein Grundstück kann in der Weise belastet werden, daß derjenige, zu dessen Gunsten die Belastung erfolgt, berechtigt ist, unter Ausschluß des Eigentümers eine bestimmte Wohnung in einem auf dem Grundstück errichteten oder zu errichtenden Gebäude zu bewohnen oder in anderer Weise zu nutzen (Dauerwohnrecht). Das Dauerwohnrecht kann auf einen außerhalb des Gebäudes liegenden Teil des Grundstücks erstreckt werden, sofern die Wohnung wirtschaftlich die Hauptsache bleibt.

(2) Ein Grundstück kann in der Weise belastet werden, daß derjenige, zu dessen Gunsten die Belastung erfolgt, berechtigt ist, unter Ausschluß des Eigentümers nicht zu Wohnzwecken dienende bestimmte Räume in einem auf dem Grundstück errichteten oder zu errichtenden Gebäude zu nutzen (Dauernutzungsrecht).

(3) Für das Dauernutzungsrecht gelten die Vorschriften über das Dauerwohnrecht entsprechend.

第31条 概念界定

(1) 土地可以该方式设立负担，即为了其利益而设立该负担之人，有权排除所有权人，以居住或者其他方式使用该土地上已建造或者拟建造建筑物内之特定住宅（长期居住权）。长期居住权可以延伸至土地上该建筑物以外之其他部分，只要该住宅不改变其经济性上主物之地位。

（2）土地可以该方式设立负担，即为了其利益而设立该负担之人，有权排除所有权人，使用该土地上已建造或者拟建造不以居住为目的之特定建筑物空间（长期使用权）。

（3）对于长期使用权准用关于长期居住权之规定。

§ 32 Voraussetzungen der Eintragung

（1）Das Dauerwohnrecht soll nur bestellt werden, wenn die Wohnung in sich abgeschlossen ist.

（2）Zur näheren Bezeichnung des Gegenstands und des Inhalts des Dauerwohnrechts kann auf die Eintragungsbewilligung Bezug genommen werden. Der Eintragungsbewilligung sind als Anlagen beizufügen：

1. eine von der Baubehörde mit Unterschrift und Siegel oder Stempel versehene Bauzeichnung, aus der die Aufteilung des Gebäudes sowie die Lage und Größe der dem Dauerwohnrecht unterliegenden Gebäudeund Grundstücksteile ersichtlich ist（Aufteilungsplan）; alle zu demselben Dauerwohnrecht gehörenden Einzelräume sind mit der jeweils gleichen Nummer zu kennzeichnen；

2. eine Bescheinigung der Baubehörde, daß die Voraussetzungen des Absatzes 1 vorliegen.

Wenn in der Eintragungsbewilligung für die einzelnen Dauerwohnrechte Nummern angegeben werden, sollen sie mit denen des Aufteilungsplans übereinstimmen. Die Landesregierungen können durch Rechtsverordnung bestimmen, dass und in welchen Fällen der Aufteilungsplan（Satz 2 Nr. 1）und die Abgeschlossenheit（Satz 2 Nr. 2）von einem öffentlich bestellten oder anerkannten Sachverständigen für das Bauwesen statt von der Baubehörde ausgefertigt und bescheinigt werden. Werden diese Aufgaben von dem Sachverständigen wahrgenommen, so gelten die Bestimmungen der Allgemeinen Verwaltungsvorschrift für die Ausstellung von Bescheinigungen gemäß § 7 Abs. 4 Nr. 2 und § 32 Abs. 2 Nr. 2 des Wohnungseigentumsgesetzes vom 19. März 1974（BAnz. Nr. 58 vom 23. März 1974）entsprechend. In diesem Fall bedürfen die Anlagen nicht der Form des § 29 der Grundbuchordnung. Die Landesregierungen können die Ermächtigung durch Rechtsverordnung auf die Landesbauverwaltungen übertragen.

(3) Das Grundbuchamt soll die Eintragung des Dauerwohnrechts ablehnen, wenn über die in §33 Abs. 4 Nr. 1 bis 4 bezeichneten Angelegenheiten, über die Voraussetzungen des Heimfallanspruchs (§36 Abs. 1) und über die Entschädigung beim Heimfall (§36 Abs. 4) keine Vereinbarungen getroffen sind.

第 32 条　登记之前提条件

（1）长期居住权应该仅限于住宅构成封闭单元时才能设立。

（2）对于长期居住权客体以及内容更详细之记载可以援引登记批准书。登记批准书应作为附件附入：

1. 出自建筑主管机关附加签名并且加盖公章或者图章之建筑图，该建筑图应清晰标注建筑物之分割以及属于长期居住权范围内之建筑物部分及土地部分之方位和面积（分割方案）；属于同一长期居住权之所有单一空间应该总是以相同编号标记；

2. 建筑主管机关对于具备第 1 款前提条件之证明。

如果登记批准书载有每一长期居住权之编号，其应与分割方案中之编号一致。州政府可以行政规章加以规定，在何种情况下分割方案（第 2 句数字 1）以及封闭状态之报告（第 2 句数字 2）由官方任命或者认可之建筑业专家替代建筑主管机关出具或者证明。该任务由专家执行的，准用 1974 年 3 月 19 日施行之《住宅所有权法》第 7 条第 4 款数字 2 和第 32 条第 2 款数字 2 关于出具证明之一般管理规定（《联邦公报》1974 年 3 月 23 日第 58 号）。该情形下之附件不需具备《土地登记簿法》第 29 条所规定之形式。州政府可以行政规章将此授权转归州司法行政部门。

（3）土地登记局应该拒绝长期居住权登记，如果对于第 33 条第 4 款数字 1 至数字 4 规定之事项，对于回复请求权之前提条件（第 36 条第 1 款）以及对于回复情形下之补偿（第 36 条第 4 款）未达成协议。

§33 Inhalt des Dauerwohnrechts

(1) Das Dauerwohnrecht ist veräußerlich und vererblich. Es kann nicht unter einer Bedingung bestellt werden.

(2) Auf das Dauerwohnrecht sind, soweit nicht etwas anderes vereinbart ist, die Vorschriften des §14 entsprechend anzuwenden.

(3) Der Berechtigte kann die zum gemeinschaftlichen Gebrauch bestimmten Teile, Anlagen und Einrichtungen des Gebäudes und Grundstücks mitbenutzen, soweit nichts anderes vereinbart ist.

(4) Als Inhalt des Dauerwohnrechts können Vereinbarungen getroffen werden über:

1. Art und Umfang der Nutzungen;

2. Instandhaltung und Instandsetzung der dem Dauerwohnrecht unterliegenden Gebäudeteile;

3. die Pflicht des Berechtigten zur Tragung öffentlicher oder privatrechtlicher Lasten des Grundstücks;

4. die Versicherung des Gebäudes und seinen Wiederaufbau im Falle der Zerstörung;

5. das Recht des Eigentümers, bei Vorliegen bestimmter Voraussetzungen Sicherheitsleistung zu verlangen.

第 33 条　长期居住权之内容

(1) 长期居住权可以出让以及继承。设立长期居住权不可以附加条件。

(2) 对于长期居住权，如无其他约定，准用第 14 条之规定。

(3) 规定作为共同使用之建筑物以及土地之部分、设备和设施，如无其他约定，权利人可以共同使用。

(4) 可作为长期居住权之内容约定：

1. 使用之方式及范围；

2. 属于长期居住权范围内之建筑物部分之维护及修缮；

3. 权利人承担该土地公法上或者私法上负担之义务；

4. 建筑物毁损情形下之保险及其重建；

5. 所有权人于具备规定前提条件时有权请求提供担保。

§ 34 Ansprüche des Eigentümers und der Dauerwohnberechtigten

(1) Auf die Ersatzansprüche des Eigentümers wegen Veränderungen oder Verschlechterungen sowie auf die Ansprüche der Dauerwohnberechtigten auf Ersatz von Verwendungen oder auf Gestattung der Wegnahme einer Einrichtung sind die

§§ 1049, 1057 des Bürgerlichen Gesetzbuchs entsprechend anzuwenden.

（2）Wird das Dauerwohnrecht beeinträchtigt, so sind auf die Ansprüche des Berechtigten die für die Ansprüche aus dem Eigentum geltenden Vorschriften entsprechend anzuwenden.

第 34 条　所有权人以及长期居住权人之请求权

（1）对于所有权人由于变更或者毁损建筑物之赔偿请求权以及长期居住权人就使用或者同意移交设施之赔偿请求权，准用《民法典》第 1049 条、第 1057 条。

（2）长期居住权遭受侵害的，基于所有权所适用之请求权规定准用于权利人之请求权。

§ 35 Veräußerungsbeschränkung

Als Inhalt des Dauerwohnrechts kann vereinbart werden, daß der Berechtigte zur Veräußerung des Dauerwohnrechts der Zustimmung des Eigentümers oder eines Dritten bedarf. Die Vorschriften des § 12 gelten in diesem Fall entsprechend.

第 35 条　出让之限制

作为长期居住权之内容可以约定，权利人出让长期居住权须取得所有权人或者第三人之同意。于此情形准用第 12 条之规定。

§ 36 Heimfallanspruch

（1）Als Inhalt des Dauerwohnrechts kann vereinbart werden, daß der Berechtigte verpflichtet ist, das Dauerwohnrecht beim Eintritt bestimmter Voraussetzungen auf den Grundstückseigentümer oder einen von diesem zu bezeichnenden Dritten zu übertragen（Heimfallanspruch）. Der Heimfallanspruch kann nicht von dem Eigentum an dem Grundstück getrennt werden.

（2）Bezieht sich das Dauerwohnrecht auf Räume, die dem Mieterschutz unterliegen, so kann der Eigentümer von dem Heimfallanspruch nur Gebrauch machen, wenn ein Grund vorliegt, aus dem ein Vermieter die Aufhebung des Mietverhältnisses verlangen oder kündigen kann.

（3）Der Heimfallanspruch verjährt in sechs Monaten von dem Zeitpunkt an, in dem der Eigentümer von dem Eintritt der Voraussetzungen Kenntnis erlangt, ohne Rücksicht auf diese Kenntnis in zwei Jahren von dem Eintritt der Voraussetzungenan.

（4）Als Inhalt des Dauerwohnrechts kann vereinbart werden, daß der Eigentümer dem Berechtigten eine Entschädigung zu gewähren hat, wenn er von dem Heimfallanspruch Gebrauch macht. Als Inhalt des Dauerwohnrechts können Vereinbarungen über die Berechnung oder Höhe der Entschädigung oder die Art ihrer Zahlung getroffen werden.

第 36 条　回复请求权

（1）作为长期居住权之内容可以约定，满足特定前提条件时权利人有义务将长期居住权转让给土地所有权人或其指定之第三人（回复请求权）。回复请求权与土地所有权不可分离。

（2）长期居住权涉及承租人受法律保护之房屋的，仅限于存在出租人有权请求废止租赁关系或者终止合同之理由时，所有权人才可以行使回复请求权。

（3）回复请求权自所有权人知道满足前提条件时起满 6 个月时效届满，从满足前提条件时起 2 年内不考虑该知道。

（4）作为长期居住权之内容可以约定，如果所有权人行使回复请求权的，应对权利人予以补偿。作为长期居住权之内容可就补偿之计算或者补偿额以及支付方式进行约定。

§ 37 Vermietung

（1）Hat der Dauerwohnberechtigte die dem Dauerwohnrecht unterliegenden Gebäude- oder Grundstücksteile vermietet oder verpachtet, so erlischt das Miet - oder Pachtverhältnis, wenn das Dauerwohnrecht erlischt.

（2）Macht der Eigentümer von seinem Heimfallanspruch Gebrauch, so tritt er oder derjenige, auf den das Dauerwohnrecht zu übertragen ist, in das Miet - oder Pachtverhältnis ein; die Vorschriften der § § 566 bis 566e des Bürgerlichen Gesetzbuchs gelten entsprechend.

（3）Absatz 2 gilt entsprechend, wenn das Dauerwohnrecht veräußert wird. Wird das Dauerwohnrecht im Wege der Zwangsvollstreckung veräußert, so steht dem Erwerber ein Kündigungsrecht in entsprechender Anwendung des § 57a des Gesetzes über die Zwangsversteigerung und die Zwangsverwaltung zu.

第 37 条　出租

（1）权利人出租或者用益出租属于长期居住权范围内之建筑物或者土地之部分的，该出租或者用益出租关系于长期居住权消灭时消灭。

（2）所有权人行使回复请求权的，所有权人或者受让长期居住权之人承受该出租或者用益出租关系；准用《民法典》第 566 条至第 566e 条之规定。

（3）出让长期居住权的，准用第 2 款。以强制执行之方式出让长期居住权的，受让人享有相应适用《强制拍卖及强制管理法》第 57a 条终止合同之权利。

§ 38 Eintritt in das Rechtsverhältnis

（1）Wird das Dauerwohnrecht veräußert, so tritt der Erwerber an Stelle des Veräußerers in die sich während der Dauer seiner Berechtigung aus dem Rechtsverhältnis zu dem Eigentümer ergebenden Verpflichtungen ein.

（2）Wird das Grundstück veräußert, so tritt der Erwerber an Stelle des Veräußerers in die sich während der Dauer seines Eigentums aus dem Rechtsverhältnis zu dem Dauerwohnberechtigten ergebenden Rechte ein. Das gleiche gilt für den Erwerb auf Grund Zuschlages in der Zwangsversteigerung, wenn das Dauerwohnrecht durch den Zuschlag nicht erlischt.

第 38 条　法律关系之承受

（1）出让长期居住权的，由受让人取代出让人承受出让人在其权利存续期间基于相对所有权人之法律关系所产生之义务。

（2）出让该土地的，由受让人取代出让人享有出让人在其所有权存续期间基于相对长期居住权人之法律关系所产生之权利。基于强制拍卖程序中拍定行为而取得土地所有权适用相同之规定，如果通过拍定该长期居住权不消灭。

§ 39 Zwangsversteigerung

（1） Als Inhalt des Dauerwohnrechts kann vereinbart werden, daß das Dauerwohnrecht im Falle der Zwangsversteigerung des Grundstücks abweichend von § 44 des Gesetzes über die Zwangsversteigerung und die Zwangsverwaltung auch dann bestehen bleiben soll, wenn der Gläubiger einer dem Dauerwohnrecht im Range vorgehenden oder gleichstehenden Hypothek, Grundschuld, Rentenschuld oder Reallast die Zwangsversteigerung in das Grundstück betreibt.

（2） Eine Vereinbarung gemäß Absatz 1 bedarf zu ihrer Wirksamkeit der Zustimmung derjenigen, denen eine dem Dauerwohnrecht im Range vorgehende oder gleichstehende Hypothek, Grundschuld, Rentenschuld oder Reallast zusteht.

（3） Eine Vereinbarung gemäß Absatz 1 ist nur wirksam für den Fall, daß der Dauerwohnberechtigte im Zeitpunkt der Feststellung der Versteigerungsbedingungen seine fälligen Zahlungsverpflichtungen gegenüber dem Eigentümer erfüllt hat; in Ergänzung einer Vereinbarung nach Absatz 1 kann vereinbart werden, daß das Fortbestehen des Dauerwohnrechts vom Vorliegen weiterer Voraussetzungen abhängig ist.

第 39 条 强制拍卖

（1）作为长期居住权之内容可以约定，长期居住权在强制拍卖该土地之情形下不适用《强制拍卖及强制管理法》第 44 条而仍应继续存在，如果债权人通过强制拍卖致力于在该土地上设立顺位在先或者顺位相同之抵押权、土地债务、定期土地债务或者物上负担。

（2）按照第 1 款所作约定之生效须取得相对于长期居住权其顺位在先或者顺位相同之抵押权、土地债务、定期土地债务或者物上负担权利人之同意。

（3）按照第 1 款所作约定仅限于在该情形下才有效，即长期居住权人至强制拍卖条件确定时履行了其相对于所有权人之到期债务；作为按照第 1 款所作约定之补充可以约定，长期居住权之存续取决于其他前提条件之存在。

§ 40 Haftung des Entgelts

（1） Hypotheken, Grundschulden, Rentenschulden und Reallasten, die dem

Dauerwohnrecht im Range vorgehen oder gleichstehen, sowie öffentliche Lasten, die in wiederkehrenden Leistungen bestehen, erstrecken sich auf den Anspruch auf das Entgelt für das Dauerwohnrecht in gleicherWeise wie auf eine Mietforderung, soweit nicht in Absatz 2 etwas Abweichendes bestimmt ist. Im übrigen sind die für Mietforderungen geltenden Vorschriften nicht entsprechend anzuwenden.

(2) Als Inhalt des Dauerwohnrechts kann vereinbart werden, daß Verfügungen über den Anspruch auf das Entgelt, wenn es in wiederkehrenden Leistungen ausbedungen ist, gegenüber dem Gläubiger einer dem Dauerwohnrecht im Range vorgehenden oder gleichstehenden Hypothek, Grundschuld, Rentenschuld oder Reallast wirksam sind. Für eine solche Vereinbarung gilt § 39 Abs. 2 entsprechend.

第 40 条　补偿金责任

（1）相对于长期居住权顺位在先或者顺位相同以定期给付形式存在之抵押权、土地债务、定期土地债务和物上负担，以及公法上之负担，以与延伸至租金请求权相同之方式延伸至对于长期居住权所享有之补偿金请求权。

（2）作为长期居住权之内容可以约定，处分以定期给付为条件、对于长期居住权所享有之补偿金请求权的，该处分对于与长期居住权相比顺位在先或者顺位相同之抵押权、土地债务、定期土地债务或者物上负担之债权人有效。对于此类约定准用第 39 条第 2 款。

§ 41 Besondere Vorschriften für langfristige Dauerwohnrechte

(1) Für Dauerwohnrechte, die zeitlich unbegrenzt oder für einen Zeitraum von mehr als zehn Jahren eingeräumt sind, gelten die besonderen Vorschriften der Absätze 2 und 3.

(2) Der Eigentümer ist, sofern nicht etwas anderes vereinbart ist, dem Dauerwohnberechtigten gegenüber verpflichtet, eine dem Dauerwohnrecht im Range vorgehende oder gleichstehende Hypothek löschen zu lassen für den Fall, daß sie sich mit dem Eigentum in einer Person vereinigt, und die Eintragung einer entsprechenden Löschungsvormerkung in das Grundbuch zu bewilligen.

(3) Der Eigentümer ist verpflichtet, dem Dauerwohnberechtigten eine angemessene Entschädigung zu gewähren, wenn er von dem Heimfallanspruch

Gebrauch macht.

第 41 条　对于长时段长期居住权之特别规定

（1）设立不定期间或者长于 10 年期间长期居住权的，适用第 2 款和第 3 款之特别规定。

（2）如果没有其他约定，所有权人相对于长期居住权人有义务于该情形下消灭抵押权，即该抵押权与长期居住权相比顺位在先或者顺位相同且与所有权同归于一人，并且同意在土地登记簿中登入相应之消灭备注。

（3）所有权人有义务对长期居住权人予以适当补偿，如其行使回复请求权。

§ 42 Belastung eines Erbbaurechts

（1）Die Vorschriften der §§ 31 bis 41 gelten für die Belastung eines Erbbaurechts mit einem Dauerwohnrecht entsprechend.

（2）Beim Heimfall des Erbbaurechts bleibt das Dauerwohnrecht bestehen.

第 42 条　地上权之负担

（1）第 31 条至第 41 条之规定准用于地上权之上所设立之长期居住权负担。

（2）地上权回复的长期居住权仍然存在。

程序之规定

III. Teil Verfahrensvorschriften

§ 43 Zuständigkeit

Das Gericht, in dessen Bezirk das Grundstück liegt, ist ausschließlich zuständig für

1. Streitigkeiten über die sich aus der Gemeinschaft der Wohnungseigentümer und aus derVerwaltung des gemeinschaftlichen Eigentums ergebenden Rechte und Pflichten der Wohnungseigentümer untereinander；

2. Streitigkeiten über die Rechte und Pflichten zwischen der Gemeinschaft der Wohnungseigentümer und Wohnungseigentümern；

3. Streitigkeiten über die Rechte und Pflichten des Verwalters bei der Verwaltung des gemeinschaftlichen Eigentums；

4. Streitigkeiten über die Gültigkeit von Beschlüssen der Wohnungseigentümer；

5. Klagen Dritter, die sich gegen die Gemeinschaft der Wohnungseigentümer oder gegen Wohnungseigentümer richten und sich auf das gemeinschaftliche Eigentum, seine Verwaltung oder das Sondereigentum beziehen；

6. Mahnverfahren, wenn die Gemeinschaft der Wohnungseigentümer Antragstellerin ist. Insoweit ist § 689 Abs. 2 der Zivilprozessordnung nicht anzuwenden.

第43条 管辖权

土地位于其辖区之地方法院，有权专属管辖：

1. 对于住宅所有权人相互之间基于住宅所有权人共同体及共有所有物管

理所产生之权利和义务之纠纷；

2. 对于住宅所有权人共同体和住宅所有权人之间权利和义务之纠纷；

3. 对于管理人管理共有所有物权利义务之纠纷；

4. 对于住宅所有权人决议效力之纠纷；

5. 第三人针对住宅所有权人共同体或者针对住宅所有权人之诉讼，以及关于共有所有物、共有所有物之管理或者特别所有权之纠纷；

6. 督促程序，如果住宅所有权人共同体为申请人。在此范围内《民事诉讼法》第689条第2款不适用。

§ 44 Bezeichnung der Wohnungseigentümer in der Klageschrift

（1）Wird die Klage durch oder gegen alle Wohnungseigentümer mit Ausnahme des Gegners erhoben, so genügt für ihre nähere Bezeichnung in der Klageschrift die bestimmte Angabe des gemeinschaftlichen Grundstücks; wenn die Wohnungseigentümer Beklagte sind, sind in der Klageschrift außerdem der Verwalter und der gemäß § 45 Abs. 2 Satz 1 bestellte Ersatzzustellungsvertreter zu bezeichnen. Die namentliche Bezeichnung der Wohnungseigentümer hat spätestens bis zum Schluss der mündlichen Verhandlung zu erfolgen.

（2）Sind an dem Rechtsstreit nicht alle Wohnungseigentümer als Partei beteiligt, so sind die übrigen Wohnungseigentümer entsprechend Absatz 1 von dem Kläger zu bezeichnen. Der namentlichen Bezeichnung der übrigen Wohnungseigentümer bedarf es nicht, wenn das Gericht von ihrer Beiladung gemäß § 48 Abs. 1 Satz 1 absieht.

第44条　起诉状中住宅所有权人之开示

（1）通过除了诉讼相对人外之全体住宅所有权人提起诉讼或者针对除了诉讼相对人外之全体住宅所有权人提起诉讼的，对于全体住宅所有权人更详细之开示，以在起诉状中明确说明共有土地为已足；以某些住宅所有权人为被告的，除此之外还应在起诉状中开示管理人以及按照第45条第2款第1句所选任送达代表人之替代人。住宅所有权人姓名之开示至迟应在口头审理结束时完成。

（2）并非全体住宅所有权人均作为当事人参加法律诉讼的，原告应按照第 1 款开示其他未参加诉讼之住宅所有权人。如果法院按照第 48 条第 1 款第 1 句不考虑向存在利害关系之第三人发传票，则无需开示其他未参加诉讼住宅所有权人之姓名。

§ 45 Zustellung

（1） Der Verwalter ist Zustellungsvertreter der Wohnungseigentümer, wenn diese Beklagte oder gemäß § 48 Abs. 1 Satz 1 beizuladen sind, es sei denn, dass er als Gegner der Wohnungseigentümer an dem Verfahren beteiligt ist oder aufgrund des Streitgegenstandes die Gefahr besteht, der Verwalter werde die Wohnungseigentümer nicht sachgerecht unterrichten.

（2） Die Wohnungseigentümer haben für den Fall, dass der Verwalter als Zustellungsvertreter ausgeschlossen ist, durch Beschluss mit Stimmenmehrheit einen Ersatzzustellungsvertreter sowie dessen Vertreter zu bestellen, auch wenn ein Rechtsstreit noch nicht anhängig ist. Der Ersatzzustellungsvertreter tritt in die dem Verwalter als Zustellungsvertreter der Wohnungseigentümer zustehenden Aufgaben und Befugnisse ein, sofern das Gericht die Zustellung an ihn anordnet; Absatz 1 gilt entsprechend.

（3） Haben die Wohnungseigentümer entgegen Absatz 2 Satz 1 keinen Ersatzzustellungsvertreter bestellt oder ist die Zustellung nach den Absätzen 1 und 2 aus sonstigen Gründen nicht ausführbar, kann das Gericht einen Ersatzzustellungs-vertreter bestellen.

第 45 条　送达

（1） 住宅所有权人为被告或者按照第 48 条第 1 款第 1 句作为存在利害关系之第三人被传唤时，管理人是住宅所有权人之送达代表人，但是，管理人作为诉讼相对人参加诉讼程序或者基于诉讼标的之考量存在管理人不恰当向住宅所有权人通报信息之疑虑时除外。

（2） 对于排除将管理人作为送达代表人之情形，住宅所有权人应以多数决方式选任送达代表人之替代人以及替代人之代表人，即使法律诉讼尚未交由法院受理。法院指令向替代人送达时，替代人承担管理人作为住宅所有权人送达代表人之责任和权利；准用第 1 款。

（3）住宅所有权人不按照第 2 款第 1 句选任送达代表人之替代人或者按照第 1 款和第 2 款为送达由于其他原因无法执行的，法院可以选任一名送达代表人之替代人。

§ 46 Anfechtungsklage

（1）Die Klage eines oder mehrerer Wohnungseigentümer auf Erklärung der Ungültigkeit eines Beschlusses der Wohnungseigentümer ist gegen die übrigen Wohnungseigentümer und die Klage des Verwalters ist gegen die Wohnungseigentümer zu richten. Sie muss innerhalb eines Monats nach der Beschlussfassung erhoben und innerhalb zweier Monate nach der Beschlussfassung begründet werden. Die § § 233 bis 238 der Zivilprozessordnung gelten entsprechend.

（2）Hat der Kläger erkennbar eine Tatsache übersehen, aus der sich ergibt, dass der Beschluss nichtig ist, so hat das Gericht darauf hinzuweisen.

第 46 条　撤销之诉

（1）某一或者某些住宅所有权人就宣告住宅所有权人之决议无效而起诉该诉讼应以其他住宅所有权人为诉讼相对人，管理人之起诉应以住宅所有权人为诉讼相对人。起诉应该在决议作出之后 1 个月内提起并且应该在决议作出之后 2 个月内说明起诉理由。准用《民事诉讼法》第 233 条至第 238 条之规定。

（2）原告明显忽略可导致该决议无效之事实的，法院应对此予以释明。

§ 47 Prozessverbindung

Mehrere Prozesse, in denen Klagen auf Erklärung oder Feststellung der Ungültigkeit desselben Beschlusses der Wohnungseigentümer erhoben werden, sind zur gleichzeitigen Verhandlung und Entscheidung zu verbinden. Die Verbindung bewirkt, dass die Kläger der vorher selbständigen Prozesse als Streitgenossen anzusehen sind.

第 47 条　诉讼合并

在数个诉讼中针对同一住宅所有权人之决议诉请宣告无效或者确认无效

的，为了同时审理和判决之目的应将诉讼合并。原先独立之诉讼其原告被视为共同诉讼人的也应将诉讼合并。

§ 48 Beiladung, Wirkung des Urteils

（1） Richtet sich die Klage eines Wohnungseigentümers, der in einem Rechtsstreit gemäß § 43 Nr. 1 oder Nr. 3 einen ihm allein zustehenden Anspruch geltend macht, nur gegen einen oder einzelne Wohnungseigentümer oder nur gegen den Verwalter, so sind die übrigen Wohnungseigentümer beizuladen, es sei denn, dass ihre rechtlichen Interessen erkennbar nicht betroffen sind. Soweit in einem Rechtsstreit gemäß § 43 Nr. 3 oder Nr. 4 der Verwalter nicht Partei ist, ist er ebenfalls beizuladen.

（2） Die Beiladung erfolgt durch Zustellung der Klageschrift, der die Verfügungen des Vorsitzenden beizufügen sind. Die Beigeladenen können der einen oder anderen Partei zu deren Unterstützung beitreten. Veräußert ein beigeladener Wohnungseigentümer während des Prozesses sein Wohnungseigentum, ist § 265 Abs. 2 der Zivilprozessordnung entsprechend anzuwenden.

（3） Über die in § 325 der Zivilprozessordnung angeordneten Wirkungen hinaus wirkt das rechtskräftige Urteil auch für und gegen alle beigeladenen Wohnungseigentümer und ihre Rechtsnachfolger sowie den beigeladenen Verwalter.

（4） Wird durch das Urteil eine Anfechtungsklage als unbegründet abgewiesen, so kann auch nicht mehr geltend gemacht werden, der Beschluss sei nichtig.

第 48 条　传唤存在利害关系之第三人，判决之效力

（1） 某一住宅所有权人在法律诉讼中按照第 43 条数字 1 或者数字 3 仅针对某一或者个别住宅所有权人行使单属于他自身的请求权的，应将其他住宅所有权人作为存在利害关系之第三人传唤到庭，除非其法律上之利益明显与此无涉。如果在法律诉讼中按照第 43 条数字 3 或者数字 4 管理人并非当事人，同样将其作为存在利害关系之第三人传唤到庭。

（2） 通过送达起诉状之方式以实现传唤存在利害关系之第三人的，应在起诉状内附主审法官之决定。存在利害关系之第三人可以加入诉讼并支持一方或者另一方当事人。在诉讼过程中作为存在利害关系第三人之住宅所有权

人转让其住宅所有权的，准用《民事诉讼法》第265条第2款。

（3）除了《民事诉讼法》第325条所规定之效力外，有利或者不利之生效判决亦对于全体作为存在利害关系之第三人被传唤之住宅所有权人及其权利继受人以及作为存在利害关系之第三人被传唤之管理人发生效力。

（4）撤销之诉讼请求因为没有根据而通过判决予以驳回的，不可以再声称（住宅所有权人）该项决定是无效的。

§ 49 Kostenentscheidung

（1）Wird gemäß § 21 Abs. 8 nach billigem Ermessen entschieden, so können auch die Prozesskosten nach billigem Ermessen verteilt werden.

（2）Dem Verwalter können Prozesskosten auferlegt werden, soweit die Tätigkeit des Gerichts durch ihn veranlasst wurde und ihn ein grobes Verschulden trifft, auch wenn er nicht Partei des Rechtsstreits ist.

第49条 费用判决

（1）按照第21条第8款依公平考量进行判决的，亦可按照公平考量分摊诉讼费用。

（2）尽管管理人并非法律诉讼之当事人，如果法院行为系由其引发且其具有重大过错的，可以责成其承担诉讼费用。

§ 50 Kostenerstattung

Den Wohnungseigentümern sind als zur zweckentsprechenden Rechtsverfolgung oder Rechtsverteidigung notwendige Kosten nur die Kosten eines bevollmächtigten Rechtsanwalts zu erstatten, wenn nicht aus Gründen, die mit dem Gegenstand des Rechtsstreits zusammenhängen, eine Vertretung durch mehrere bevollmächtigte Rechtsanwälte geboten war.

第50条 费用补偿

作为与实现权利或者维护权利目的相符之必要费用，只应向住宅所有权人偿还其一名委托代理律师之费用，如果联系法律诉讼之客体没有理由通过委托数名律师提供代理。

§§ 51 und 52（weggefallen）

第 51 条和第 52 条

已删除。

§§ 53 bis 58（weggefallen）

第 53 条至第 58 条

已删除。

补充规定

IV. Teil Ergänzende Bestimmungen

§ 59 (weggefallen)

第 59 条

已删除。

§ 60 (weggefallen)

第 60 条

已删除。

§ 61

Fehlt eine nach § 12 erforderliche Zustimmung, so sind die Veräußerung und das zugrundeliegende Verpflichtungsgeschäft unbeschadet der sonstigen Voraussetzungen wirksam, wenn die Eintragung der Veräußerung oder einer Auflassungsvormerkung in das Grundbuch vor dem 15. Januar 1994 erfolgt ist und es sich um die erstmalige Veräußerung dieses Wohnungseigentums nach seiner Begründung handelt, es sei denn, daß eine rechtskräftige gerichtliche Entscheidung entgegensteht. Das Fehlen der Zustimmung steht in diesen Fällen dem Eintritt der Rechtsfolgen des § 878 Bürgerlichen Gesetzbuchs nicht entgegen. Die Sätze 1 und 2 gelten entsprechend in den Fällen der § § 30 und 35 des Wohnungseigentumsgesetzes.

第 61 条

未取得按照第 12 条为必要之同意，出让以及作为基础行为之负担行为于无害其他前提条件时有效，如果出让登记或者所有权让与合意之预告登记于 1994 年 1 月 15 日之前完成登入土地登记簿且系该住宅所有权于设立后首次出让，除非法院有相反之生效判决。该情形下未取得必要之同意不影响《民法典》第 878 条法律效果之发生。第 1 句和第 2 句准用于《住宅所有权法》第 30 条和第 35 条之情形。

§ 62 Übergangsvorschrift

（1）Für die am 1. Juli 2007 bei Gericht anhängigen Verfahren in Wohnungseigentums – oder in Zwangsversteigerungssachen oder für die bei einem Notar beantragten freiwilligen Versteigerungen sind die durch die Artikel 1 und 2 des Gesetzes vom 26. März 2007 (BGBl. I S. 370) geänderten Vorschriften des III. Teils dieses Gesetzes sowie die des Gesetzes über die Zwangsversteigerung und die Zwangsverwaltung in ihrer bis dahin geltenden Fassung weiter anzuwenden.

（2）In Wohnungseigentumssachen nach § 43 Nr. 1 bis 4 finden die Bestimmungen über dieNichtzulassungsbeschwerde (§ 543 Abs. 1 Nr. 2, § 544 der Zivilprozessordnung) keine Anwendung, soweit die anzufechtende Entscheidung vor dem 31. Dezember 2015 verkündet worden ist.

第 62 条　过渡规定

（1）对于在 2007 年 7 月 1 日属于法院未决诉讼之住宅所有权或者强制拍卖案件或者由公证人申请之自由拍卖案件，应继续适用已通过 2007 年 3 月 26 日法律（《联邦法律公报》第 1 卷第 370 页）第 1 条和第 2 条予以修订之本法第三部分之规定，以及继续适用《强制拍卖及强制管理法》直至彼时仍然有效之版本。

（2）在按照第 43 条数字 1 至数字 4 之住宅所有权案件中不适用不允许上诉之规定（《民事诉讼法》第 543 条第 1 款数字 2、第 544 条），如果拟撤销之判决于 2015 年 12 月 31 日之前宣告。

§ 63 Überleitung bestehender Rechtsverhältnisse

(1) Werden Rechtsverhältnisse, mit denen ein Rechtserfolg bezweckt wird, der den durch dieses Gesetz geschaffenen Rechtsformen entspricht, in solche Rechtsformen umgewandelt, so ist als Geschäftswert für die Berechnung der hierdurch veranlaßten Gebühren der Gerichte und Notare im Falle des Wohnungseigentums ein Fünfundzwanzigstel des Einheitswerts des Grundstücks, im Falle des Dauerwohnrechts ein Fünfundzwanzigstel des Wertes des Rechts anzunehmen.

(2) (weggefallen)

(3) Durch Landesgesetz können Vorschriften zur Überleitung bestehender, auf Landesrecht beruhender Rechtsverhältnisse in die durch dieses Gesetz geschaffenen Rechtsformen getroffen werden.

第 63 条 现有法律关系之转换

(1) 通过法律关系谋求某种法律效果，该关系符合本法所创设之权利形式的，转换为此种权利形式，作为计算法院费用以及公证人费用依据之交易价值，在住宅所有权情形下按照该土地无差别计税价值的 1/25 计算，在长期居住权情形下按照该权利价值的 1/25 计算。

(2) 已删除。

(3) 通过州法可以规定，将基于州法所设立现存之法律关系转换为通过本法所创设之权利形式。

§ 64 Inkrafttreten

Dieses Gesetz tritt am Tage nach seiner Verkündung in Kraft.

第 64 条 生效

本法自公布之日起施行。

Gesetz über das Erbbaurecht（Erbbaurechtsgesetz – ErbbauRG）

《地上权法》

《地上权法》［Gesetz über das Erbbaurecht（Erbbaurechtsgesetz–ErbbauRG）］颁布于 1919 年 1 月 15 日，最近一次修订于 2013 年 10 月 1 日。

Ⅰ. Begriff und Inhalt des Erbbaurechts
第一章 地上权之概念及内容

1. Gesetzlicher Inhalt
第一节 法定之内容

§ 1

（1）Ein Grundstück kann in der Weise belastet werden, daß demjenigen, zu dessen Gunsten die Belastung erfolgt, das veräußerliche und vererbliche Recht zusteht, auf oder unter der Oberfläche des Grundstücks ein Bauwerk zu haben（Erbbaurecht）.

（2）Das Erbbaurecht kann auf einen für das Bauwerk nicht erforderlichen Teil des Grundstücks erstreckt werden, sofern das Bauwerk wirtschaftlich die Hauptsache bleibt.

（3）Die Beschränkung des Erbbaurechts auf einen Teil eines Gebäudes, insbesondere ein Stockwerk ist unzulässig.

（4）Das Erbbaurecht kann nicht durch auflösende Bedingungen beschränkt werden. Auf eine Vereinbarung, durch die sich der Erbbauberechtigte verpflichtet, beim Eintreten bestimmter Voraussetzungen das Erbbaurecht aufzugeben und seine Löschung im Grundbuch zu bewilligen, kann sich der Grundstückseigentümer nicht berufen.

第1条

（1）土地可以该方式设立负担，即为了其利益而设立该负担之人，享有可出让以及继承、保有位于该土地地表之上或者地表之下建筑物之权利（地上权）。

（2）地上权可以延伸至对于该建筑物非属必要土地之部分，只要该建筑物不改变其经济性上主物之地位。

（3）不允许将地上权限制在建筑物之部分，尤其是限制在某一楼层上。

（4）地上权不得通过附加解除条件予以限制。通过协议地上权人有义务在满足特定前提条件时放弃地上权并且同意在土地登记簿上注销其权利的，土地所有权人不得援引该协议。

2. Vertragsmäßiger Inhalt
第二节　约定之内容

§ 2

Zum Inhalt des Erbbaurechts gehören auch Vereinbarungen des Grundstücks-eigentümers und des Erbbauberechtigten über：

1. die Errichtung, die Instandhaltung und die Verwendung des Bauwerks；

2. die Versicherung des Bauwerks und seinen Wiederaufbau im Falle der Zers-törung；

3. die Tragung der öffentlichen und privatrechtlichen Lasten und Abgaben；

4. eine Verpflichtung des Erbbauberechtigten, das Erbbaurecht beim Eintreten bestimmterVoraussetzungen auf den Grundstückseigentümer zu übertragen (Heimfall)；

5. eine Verpflichtung des Erbbauberechtigten zur Zahlung von Vertragsstrafen；

6. die Einräumung eines Vorrechts für den Erbbauberechtigten auf Erneuerung des Erbbaurechts nach dessen Ablauf；

7. eine Verpflichtung des Grundstückseigentümers, das Grundstück an den jeweiligen Erbbauberechtigten zu verkaufen.

第 2 条

土地所有权人和地上权人就下列事项所作之约定亦属于地上权之内容：

1. 建筑物之建造、维护及使用；

2. 建筑物之保险以及发生毁损时之重建；

3. 公法上以及私法上负担及税赋之承担；

4. 在满足特定前提条件时地上权人有义务将其地上权转让给土地所有权

人（回复）；

　　5. 地上权人支付违约金之义务；

　　6. 地上权期满后给予地上权人更新地上权之优先权；

　　7. 土地所有权人将土地出卖给现时地上权人之义务。

§3

Der Heimfallanspruch des Grundstückseigentümers kann nicht von dem Eigentum an dem Grundstück getrennt werden; der Eigentümer kann verlangen, daß das Erbbaurecht einem von ihm zu bezeichnenden Dritten übertragen wird.

第 3 条

土地所有权人之回复请求权不可与土地所有权分离；所有权人可以请求将地上权转让给由其指定之第三人。

§4

Der Heimfallanspruch sowie der Anspruch auf eine Vertragsstrafe (§2 Nr. 4 und 5) verjährt in sechs Monaten von dem Zeitpunkt an, in dem der Grundstückseigentümer von dem Vorhandensein der Voraussetzungen Kenntnis erlangt, ohne Rücksicht auf diese Kenntnis in zwei Jahren vom Eintreten der Voraussetzungen an.

第 4 条

回复请求权以及违约金请求权（第 2 条数字 4 和数字 5）自土地所有权人知道满足前提条件时起满 6 个月时效届满，从满足前提条件时起 2 年内不考虑该知道。

§5

（1） Als Inhalt des Erbbaurechts kann auch vereinbart werden, daß der Erbbauberechtigte zur Veräußerung des Erbbaurechts der Zustimmung des Grundstückseigentümers bedarf.

（2） Als Inhalt des Erbbaurechts kann ferner vereinbart werden, daß der

Erbbauberechtigte zur Belastung des Erbbaurechts mit einer Hypothek, Grund- oder Rentenschuld oder einer Reallast der Zustimmung des Grundstückseigentümers bedarf. Ist eine solche Vereinbarung getroffen, so kann auch eine Änderung des Inhalts der Hypothek, Grund- oder Rentenschuld oder der Reallast, die eine weitere Belastung des Erbbaurechts enthält, nicht ohne die Zustimmung des Grundstückseigentümers erfolgen.

第5条

(1) 作为地上权之内容亦可以约定,地上权人出让其地上权需要取得土地所有权人之同意。

(2) 此外作为地上权之内容可以约定,地上权人在其地上权上设立抵押权、土地债务、定期土地债务或者物上负担需要取得土地所有权人之同意。达成此种约定的,未经土地所有权人同意,亦不得加重地上权上所设负担而变更抵押权、土地债务、定期土地债务或者物上负担之内容。

§6

(1) Ist eine Vereinbarung gemäß § 5 getroffen, so ist eine Verfügung des Erbbauberechtigten über das Erbbaurecht und ein Vertrag, durch den er sich zu einer solchen Verfügung verpflichtet, unwirksam, solange nicht der Grundstückseigentümer die erforderliche Zustimmung erteilt hat.

(2) Auf eine Vereinbarung, daß ein Zuwiderhandeln des Erbbauberechtigten gegen eine nach § 5 übernommene Beschränkung einen Heimfallanspruch begründen soll, kann sich der Grundstückseigentümer nicht berufen.

第6条

(1) 按照第5条达成协议的,地上权人处分其地上权或者地上权人通过契约负担此种处分义务的,如未能取得必要的土地所有权人之同意则无效。

(2) 以协议约定地上权人违反按照第5条所接受限制之行为会导致成立回复请求权的,土地所有权人不得援引该协议。

§7

（1）Ist anzunehmen, daß durch die Veräußerung（§5 Abs.1）der mit der Bestellung des Erbbaurechts verfolgte Zweck nicht wesentlich beeinträchtigt oder gefährdet wird, und daß die Persönlichkeit des Erwerbers Gewähr für eine ordnungsmäßige Erfüllung der sich aus dem Erbbaurechtsinhalt ergebenden Verpflichtungen bietet, so kann der Erbbauberechtigte verlangen, daß der Grundstückseigentümer die Zustimmung zur Veräußerung erteilt. Dem Erbbauberechtigten kann auch für weitere Fälle ein Anspruch auf Erteilung der Zustimmung eingeräumt werden.

（2）Ist eine Belastung（§5 Abs.2）mit den Regeln einer ordnungsmäßigen Wirtschaft vereinbar, und wird der mit der Bestellung des Erbbaurechts verfolgte Zweck nicht wesentlich beeinträchtigt oder gefährdet, so kann der Erbbauberechtigte verlangen, daß der Grundstückseigentümer die Zustimmung zu der Belastung erteilt.

（3）Wird die Zustimmung des Grundstückseigentümers ohne ausreichenden Grund verweigert, so kann sie auf Antrag des Erbbauberechtigten durch das Amtsgericht ersetzt werden, in dessen Bezirk das Grundstück belegen ist. §40 Abs. 2 Satz 2 und Abs. 3 Satz 1, 3 und 4 und §63 Abs. 2 Nr. 2 des Gesetzes über das Verfahren in Familiensachen und in den Angelegenheiten der freiwilligen Gerichtsbarkeit gelten entsprechend.

第 7 条

（1）假定通过出让行为（第 5 条第 1 款）不会明显损害或者危及设立地上权所追求之目的，并且受让人以其人格保证将适当履行其基于地上权内容所产生之义务，则地上权人可以请求土地所有权人对于出让行为表示同意。亦可以给予地上权人其他情形下要求表示同意之请求权。

（2）某一负担（第 5 条第 2 款）与正常经济规则相一致，并且不会明显损害或者危及设立该地上权所追求之目的的，地上权人可以请求土地所有权人对于该负担表示同意。

（3）土地所有权人无充分理由拒绝表示同意的，基于地上权人之申请土地位于其辖区之地方法院可以代替表示同意。准用《家事及自由审判籍事务程序法》第 40 条第 2 款第 2 句以及第 3 款第 1 句、第 3 句和第 4 句以及第 63 条第 2 款数字 2。

§ 8

Verfügungen, die im Wege der Zwangsvollstreckung oder der Arrestvollziehung oder durch den Insolvenzverwalter erfolgen, sind insoweit unwirksam, als sie die Rechte desGrundstückseigentümers aus einer Vereinbarung gemäß § 5 vereiteln oder beeinträchtigen würden.

第 8 条

以强制执行或者假扣押之方式或者通过破产管理人所为之处分，在此范围内无效，如果其使得土地所有权人按照第 5 条所约定之权利落空或者遭受损害。

3. Erbbauzins
第三节　地上权租金

§ 9

(1) Wird für die Bestellung des Erbbaurechts ein Entgelt in wiederkehrenden Leistungen (Erbbauzins) ausbedungen, so finden die Vorschriften des Bürgerlichen Gesetzbuchs über die Reallasten entsprechende Anwendung. Die zugunsten der Landesgesetze bestehenden Vorbehalte über Reallasten finden keine Anwendung.

(2) Der Anspruch des Grundstückseigentümers auf Entrichtung des Erbbauzinses kann in Ansehung noch nicht fälliger Leistungen nicht von dem Eigentum an dem Grundstück getrennt werden.

(3) Als Inhalt des Erbbauzinses kann vereinbart werden, daß

1. die Reallast abweichend von § 52 Abs. 1 des Gesetzes über die Zwangsversteigerung und die Zwangsverwaltung mit ihrem Hauptanspruch bestehen bleibt, wenn der Grundstückseigentümer aus der Reallast oder der Inhaber eines im Range vorgehenden oder gleichstehenden dinglichen Rechts oder der Inhaber der in § 10

Abs. 1 Nr. 2 des Gesetzes über die Zwangsversteigerung und die Zwangsverwaltung genannten Ansprüche auf Zahlung der Beiträge zu den Lasten und Kosten des Wohnungserbbaurechts die Zwangsversteigerung des Erbbaurechts betreibt, und

2. der jeweilige Erbbauberechtigte dem jeweiligen Inhaber der Reallast gegenüber berechtigt ist, das Erbbaurecht in einem bestimmten Umfang mit einer der Reallast im Rang vorgehenden Grundschuld, Hypothek oder Rentenschuld im Erbbaugrundbuch zu belasten.

Ist das Erbbaurecht mit dinglichen Rechten belastet, ist für die Wirksamkeit der Vereinbarung die Zustimmung der Inhaber der der Erbbauzinsreallast im Rang vorgehenden oder gleichstehenden dinglichen Rechte erforderlich.

(4) Zahlungsverzug des Erbbauberechtigten kann den Heimfallanspruch nur dann begründen, wenn der Erbbauberechtigte mit dem Erbbauzinse mindestens in Höhe zweier Jahresbeträge im Rückstand ist.

第 9 条

（1）设立地上权以定期给付补偿金（地上权租金）作为先决条件的，准用《民法典》关于物上负担之规定。针对物上负担为了州法所作之保留不适用。

（2）土地所有权人要求支付地上权租金之请求权就尚未到期之给付而言不得与土地所有权分离。

（3）作为地上权租金之内容可以约定：

1. 物上负担不按照《强制拍卖及强制管理法》第 52 条第 1 款消灭而保留其主请求权之存在，如果土地所有权人由于物上负担而促使强制拍卖该地上权的，或者权利顺位在先或相同之物权人再或者《强制拍卖及强制管理法》第 10 条第 1 款数字 2 所规定请求权之权利人请求支付住宅地上权负担及费用而促使强制拍卖该地上权的；

2. 现时地上权人对于现时物上负担权利人有权就其地上权于特定范围内在地上权土地登记簿中设立与该物上负担相比权利顺位在先之土地债务、抵押权或者定期土地债务之负担。

以地上权设立物权负担的，该协议生效需要取得与地上权租金物上负担相比权利顺位在先或者同一顺位权利人之同意。

（4）地上权人支付迟延仅限于该种情形才可导致成立回复请求权，即地上权人迟延支付地上权租金之拖欠款项至少达到 2 年应付款金额。

§ 9a

（1）Dient das auf Grund eines Erbbaurechts errichtete Bauwerk Wohnzwecken, so begründet eine Vereinbarung, daß eine Änderung des Erbbauzinses verlangt werden kann, einen Anspruch auf Erhöhung des Erbbauzinses nur, soweit diese unter Berücksichtigung aller Umstände des Einzelfalles nicht unbillig ist. Ein Erhöhungsanspruch ist regelmäßig als unbillig anzusehen, wenn und soweit die nach der vereinbarten Bemessungsgrundlage zu errechnende Erhöhung über die seit Vertragsabschluß eingetretene Änderung der allgemeinen wirtschaftlichen Verhältnisse hinausgeht. Änderungen der Grundstückswertverhältnisse bleiben außer den in Satz 4 genannten Fällen außer Betracht. Im Einzelfall kann bei Berücksichtigung aller Umstände, insbesondere

1. einer Änderung des Grundstückswerts infolge eigener zulässigerweise bewirkter Aufwendungen des Grundstückseigentümers oder

2. der Vorteile, welche eine Änderung des Grundstückswerts oder die ihr zugrunde liegenden Umstände für den Erbbauberechtigten mit sich bringen, ein über diese Grenze hinausgehender Erhöhungsanspruch billig sein. Ein Anspruch auf Erhöhung des Erbbauzinses darf frühestens nach Ablauf von drei Jahren seit Vertragsabschluß und, wenn eine Erhöhung des Erbbauzinses bereits erfolgt ist, frühestens nach Ablauf von drei Jahren seit der jeweils letzten Erhöhung des Erbbauzinses geltend gemacht werden.

（2）Dient ein Teil des auf Grund des Erbbaurechts errichteten Bauwerks Wohnzwecken, so gilt Absatz 1 nur für den Anspruch auf Änderung eines angemessenen Teilbetrags des Erbbauzinses.

（3）Die Zulässigkeit einer Vormerkung zur Sicherung eines Anspruchs auf Erhöhung des Erbbauzinses wird durch die vorstehenden Vorschriften nicht berührt.

第 9a 条

（1）基于地上权建造之建筑用于居住目的的，可以请求变更地上权租金之协议仅限于该情形才成立提高地上权租金之请求权，即考虑到个案的所有情况请求提高地上权租金并非不公平。提高地上权租金之请求权通常应视为不公平，只要根据约定的衡量基础所计算之提高超出契约缔结以来一般经济关系所发生之变化。除第 4 句所规定之情形外，土地价值关系之变更不予考虑。个案情形下可以考虑所有情况，尤其是：

1. 由于土地所有权人在允许的方式内进行自我投入而改变土地价值；

2. 土地价值变更所带来的好处或者土地价值所依赖的基础情况对于地上权人来说，超出此范围提高地上权租金之请求权为公平。提高地上权租金请求权最早可以在契约缔结满 3 年之后，如果地上权租金已经提高过，最早可以在最后一次提高地上权租金满 3 年之后行使。

（2）基于地上权建造之建筑部分用于居住目的的，第 1 款只适用于要求变更相应部分地上权租金之请求权。

（3）上述规定对于为了保证提高地上权租金之请求权而允许预告登记不产生影响。

4. Rangstelle
第四节　顺位

§ 10

（1）Das Erbbaurecht kann nur zur ausschließlich ersten Rangstelle bestellt werden；der Rang kann nicht geändert werden. Rechte, die zur Erhaltung der Wirksamkeit gegenüber dem öffentlichen Glauben des Grundbuchs der Eintragung nicht bedürfen, bleiben außer Betracht.

（2）Die Landesregierungen werden ermächtigt, durch Rechtsverordnung zu bestimmen, dass bei der Bestellung des Erbbaurechts von dem Erfordernis der ersten Rangstelle abgewichen werden kann, wenn dies für die vorhergehenden Berechtigten und den Bestand des Erbbaurechts unschädlich ist.

第 10 条

（1）地上权只能以具有排他性的第一顺位设立；该顺位不得变更。相对于土地登记簿之公信力发生效力无需登记之权利，不予考虑。

（2）授权州政府以行政规章加以规定，设立地上权可不遵守第一顺位之要求，如果这样规定无害于以前的权利人以及存量之地上权。

5. Anwendung des Grundstücksrechts
第五节　土地权利之适用

§ 11

（1）Auf das Erbbaurecht finden die sich auf Grundstücke beziehenden Vorschriften mit Ausnahme der §§ 925, 927, 928 des Bürgerlichen Gesetzbuchs sowie die Vorschriften über Ansprüche aus dem Eigentum entsprechende Anwendung, soweit sich nicht aus diesem Gesetz ein anderes ergibt. Eine Übertragung des Erbbaurechts, die unter einer Bedingung oder einer Zeitbestimmung erfolgt, ist unwirksam.

（2）Auf einen Vertrag, durch den sich der eine Teil verpflichtet, ein Erbbaurecht zu bestellen oder zu erwerben, findet der § 311b Abs. 1 des Bürgerlichen Gesetzbuchs entsprechende Anwendung.

第 11 条

（1）对于地上权，准用除了第925条、第927条、第928条外《民法典》就土地有关之规定以及基于所有权之请求权，如果本法未作其他规定。附条件或者附期限转让地上权之行为无效。

（2）使当事人一方负有设立或取得地上权义务之契约，准用《民法典》第311b条第1款。

6. Bauwerk. Bestandteile
第六节　建筑物、成分

§ 12

（1）Das auf Grund des Erbbaurechts errichtete Bauwerk gilt als wesentlicher

Bestandteil des Erbbaurechts. Das gleiche gilt für ein Bauwerk, das bei der Bestellung des Erbbaurechts schon vorhanden ist. Die Haftung des Bauwerks für die Belastungen des Grundstücks erlischt mit der Eintragung des Erbbaurechts im Grundbuch.

（2）Die §§94 und 95 des Bürgerlichen Gesetzbuchs finden auf das Erbbaurecht entsprechende Anwendung; die Bestandteile des Erbbaurechts sind nicht zugleich Bestandteile des Grundstücks.

（3）Erlischt das Erbbaurecht, so werden die Bestandteile des Erbbaurechts Bestandteile des Grundstücks.

第 12 条

（1）基于地上权建造之建筑物视为地上权之重要成分。设立地上权时业已存在之建筑物，适用相同之规定。在土地登记簿上登入地上权时，该建筑物为土地上之负担所负之责任消灭。

（2）《民法典》第94条、第95条准用于地上权；地上权之重要成分并非同为土地之重要成分。

（3）地上权消灭时，地上权之重要成分成为土地之重要成分。

§13

Das Erbbaurecht erlischt nicht dadurch, daß das Bauwerk untergeht.

第 13 条

建筑物灭失的，地上权不由此而消灭。

II. Grundbuchvorschriften
第二章　土地登记簿之规定

§ 14

(1) Für das Erbbaurecht wird bei der Eintragung in das Grundbuch von Amts wegen ein besonderes Grundbuchblatt (Erbbaugrundbuch) angelegt. Im Erbbaugrundbuch sind auch der Eigentümer und jeder spätere Erwerber des Grundstücks zu vermerken. Zur näheren Bezeichnung des Inhalts des Erbbaurechts kann auf die Eintragungsbewilligung Bezug genommen werden.

(2) Bei der Eintragung im Grundbuch des Grundstücks ist zur näheren Bezeichnung des Inhalts des Erbbaurechts auf das Erbbaugrundbuch Bezug zu nehmen.

(3) Das Erbbaugrundbuch ist für das Erbbaurecht das Grundbuch im Sinne des Bürgerlichen Gesetzbuchs. Die Eintragung eines neuen Erbbauberechtigten ist unverzüglich auf dem Blatte des Grundstücks zu vermerken. Bei Wohnungs- und Teilerbbauberechtigten wird der Vermerk durch Bezugnahme auf die Wohnungs- und Teilerbbaugrundbücher ersetzt.

(4) Die Landesregierungen werden ermächtigt, durch Rechtsverordnung zu bestimmen, dass die Vermerke nach Absatz 1 Satz 2 und Absatz 3 Satz 2 automatisiert angebracht werden, wenn das Grundbuch und das Erbbaugrundbuch als Datenbankgrundbuch geführt werden. Die Anordnung kann auf einzelne Grundbuchämter sowie auf einzelne Grundbuchblätter beschränkt werden. Die Landesregierungen können die Ermächtigung durch Rechtsverordnung auf die Landesjustizverwaltungen übertragen.

第 14 条

(1) 对地上权进行土地登记簿登记时应依职权设置特别之土地登记簿册

（地上权土地登记簿）。在地上权土地登记簿中对于土地之所有权人以及每一后继取得人亦应进行备注。为了更详细地描述地上权之内容，可以援引登记之许可。

（2）在土地登记簿中登记该土地所有权时为了更详细地描述地上权之内容，应援引地上权土地登记簿。

（3）地上权土地登记簿对于地上权而言即为《民法典》意义上之土地登记簿。新地上权人之登记应不迟延地在土地所有权登记簿册上进行备注。在住宅及份额地上权权利人情形下，该备注可被援引住宅及份额地上权土地登记簿取代。

（4）授权州政府通过行政规章加以规定，以自动化方式填写第 1 款第 2 句以及第 3 款第 2 句所规定之备注，如果土地登记簿以及地上权土地登记簿系作为数据库土地登记簿而编制。指令可限于个别土地登记局以及限于个别土地登记簿册。州政府可通过行政规章将此授权转归州司法行政部门。

§ 15

In den Fällen des § 5 darf der Rechtsübergang und die Belastung erst eingetragen werden, wenn dem Grundbuchamte die Zustimmung des Grundstückseigentümers nachgewiesen ist.

第 15 条

在第 5 条情形下，只有向土地登记局证明了土地所有权人之同意，才可以进行权利转让以及权利上所设负担之登记。

§ 16

Bei der Löschung des Erbbaurechts wird das Erbbaugrundbuch von Amts wegen geschlossen.

第 16 条

地上权消灭时应依职权关闭地上权土地登记簿。

§17

（1）Jede Eintragung in das Erbbaugrundbuch soll auch dem Grundstückseigentümer, die Eintragung von Verfügungsbeschränkungen des Erbbauberechtigten den im Erbbaugrundbuch eingetragenen dinglich Berechtigten bekanntgemacht werden. Im übrigen sind §44 Abs. 2, 3, §55 Abs. 1 bis 3, 5 bis 8, §§55a und 55b der Grundbuchordnung entsprechend anzuwenden.

（2）Dem Erbbauberechtigten soll die Eintragung eines Grundstückseigentümers, die Eintragung von Verfügungsbeschränkungen des Grundstückseigentümers sowie die Eintragung eines Widerspruchs gegen die Eintragung des Eigentümers in das Grundbuch des Grundstücks bekanntgemacht werden.

（3）Auf die Bekanntmachung kann verzichtet werden.

第 17 条

（1）在地上权土地登记簿上进行的每一个登记亦应该告知土地所有权人，对地上权人处分限制之登记还应该告知地上权土地登记簿上所登记之其他物权人。除此之外，准用《土地登记簿法》第 44 条第 2 款、第 3 款，第 55 条第 1 款至第 3 款、第 5 款至第 8 款，第 55a 条和第 55b 条。

（2）土地所有权人之登记，土地所有权人处分限制之登记以及异议登记，该异议登记系针对土地登记簿上登入某一所有权人，均应该告知地上权人。

（3）受通知之权利可以放弃。

III. Beleihung
第三章　抵押借款

1. Mündelhypothek
第一节　被监护人抵押贷款（贷出）

§ 18

Eine Hypothek an einem Erbbaurecht auf einem inländischen Grundstück ist für die Anlegung von Mündelgeld als sicher anzusehen, wenn sie eine Tilgungshypothek ist und den Erfordernissen der §§ 19, 20 entspricht.

第 18 条

以被监护人之金钱投资于以国内土地上之地上权作抵押之债权应该被视为安全，如果该抵押贷款属于分期偿还抵押贷款并且符合第 19 条和第 20 条之要求。

§ 19

（1）Die Hypothek darf die Hälfte des Wertes des Erbbaurechts nicht übersteigen. Dieser ist anzunehmen gleich der halben Summe des Bauwerts und des kapitalisierten, durch sorgfältige Ermittlung festgestellten jährlichen Mietreinertrags, den das Bauwerk nebst den Bestandteilen des Erbbaurechts unter Berücksichtigung seiner Beschaffenheit bei ordnungsmäßiger Wirtschaft jedem Besitzer nachhaltig gewähren kann. Der angenommene Wert darf jedoch den kapitalisierten Mietreinertrag nicht übersteigen.

（2）Ein der Hypothek im Range vorgehender Erbbauzins ist zu kapitalisieren und von ihr in Abzug zu bringen. Dies gilt nicht, wenn eine Vereinbarung nach § 9 Abs. 3 Satz 1 getroffen worden ist.

第 19 条

（1）抵押贷款不可超出地上权价值的一半。经过细致核算所确定的该建筑物连同地上权之成分考虑，其性质在适当经营情况下经年能够给每个权利人带来的持续的租赁纯收益（之和），刚好是建筑价值连同（地上权）投资之一半。所接受之价值不得超过资本化之租赁纯收益。

（2）相对于抵押贷款，顺位在先之地上权租金属于投资并且应从抵押贷款中支付。如果按照第 9 条第 3 款第 1 句达成协议，该规定不适用。

§ 20

（1）Die planmäßige Tilgung der Hypothek muß

1. unter Zuwachs der ersparten Zinsen erfolgen,

2. spätestens mit dem Anfang des vierten auf die Gewährung des Hypothekenkapitals folgenden Kalenderjahrs beginnen,

3. spätestens zehn Jahre vor Ablauf des Erbbaurechts endigen und darf

4. nicht länger dauern, als zur buchmäßigen Abschreibung des Bauwerks nach wirtschaftlichen Grundsätzen erforderlich ist.

（2）Das Erbbaurecht muß mindestens noch so lange laufen, daß eine den Vorschriften des Absatzes 1 entsprechende Tilgung der Hypothek für jeden Erbbauberechtigten oder seine Rechtsnachfolger aus den Erträgen des Erbbaurechts möglich ist.

第 20 条

（1）按计划偿还抵押贷款必须：

1. 通过增加节省之租金进行；

2. 最迟在提供抵押贷款资金后第 4 个日历年年初开始；

3. 最迟在地上权届满 10 年前结束；

4. 不可以长于该建筑物按照经济原则必要之账面折旧时间。

（2）地上权至少在此期间必须仍然持续，即每一地上权人或者其权利继受人基于地上权之收益按照符合第 1 款之规定偿还抵押贷款为可能。

§ 21 (weggefallen)

第 21 条

已删除。

2. Landesrechtliche Vorschriften
第二节　州法之规定

§ 22

Die Landesgesetzgebung kann für die innerhalb ihres Geltungsbereichs belegenen Grundstücke

1. die Mündelsicherheit der Erbbaurechtshypotheken abweichend von den Vorschriften der § § 18 bis 20 regeln,

2. bestimmen, in welcher Weise festzustellen ist, ob die Voraussetzungen für die Mündelsicherheit (§ § 19, 20) vorliegen.

第 22 条

州法律可对位于其效力范围内之土地：

1. 就地上权抵押贷款中被监护人之保护作出不同于第 18 条至第 20 条之规定；

2. 规定，应予何种方式确定，是否存在被监护人保护（第 19 条、第 20 条）之前提条件。

IV. Feuerversicherung，Zwangsversteigerung
第四章　火灾保险、强制拍卖

1. Feuerversicherung
第一节　火灾保险

§ 23

Ist das Bauwerk gegen Feuer versichert，so hat der Versicherer den Grundstückseigentümer unverzüglich zu benachrichtigen，wenn ihm der Eintritt des Versicherungsfalls angezeigt wird.

第 23 条

建筑物投保了火灾险，保险人应在接报保险事故之后不迟延地通知土地所有权人。

2. Zwangsversteigerung
第二节　强制拍卖

a）des Erbbaurechts
a）地上权

§ 24

Bei einer Zwangsvollstreckung in das Erbbaurecht gilt auch der Grundstückseigentümer als Beteiligter im Sinne des § 9 des Gesetzes über die Zwangsversteigerung und die Zwangsverwaltung.

第 24 条

强制执行地上权时土地所有权人亦视为《强制拍卖及强制管理法》第 9

条意义上之当事人。

b) des Grundstücks

b）土地

§ 25

Wird das Grundstück zwangsweise versteigert, so bleibt das Erbbaurecht auch dann bestehen, wenn es bei der Feststellung des geringsten Gebots nicht berücksichtigt ist.

第 25 条

强制拍卖土地的，地上权仍然存在，如果在确定最低报价时对于地上权没有考虑。

V. Beendigung, Erneuerung, Heimfall
第五章 终止、更新、回复

1. Beendigung
第一节 终止

a) Aufhebung

a）废止

§ 26

Das Erbbaurecht kann nur mit Zustimmung des Grundstückseigentümers aufgehoben werden. Die Zustimmung ist dem Grundbuchamt oder dem Erbbauberechtigten gegenüber zu erklären; sie ist unwiderruflich.

第 26 条

地上权只有在土地所有权人同意时才可以废止。同意应该向土地登记局或者地上权人表示；同意不得撤回。

b) Zeitablauf

b）期间届满

§ 27

（1）Erlischt das Erbbaurecht durch Zeitablauf, so hat der Grundstückseigentümer dem Erbbauberechtigten eine Entschädigung für das Bauwerk zu leisten. Als Inhalt des Erbbaurechts können Vereinbarungen über die Höhe der Entschädigung und die Art ihrer Zahlung sowie über ihre Ausschließung getroffen werden.

（2）Ist das Erbbaurecht zur Befriedigung des Wohnbedürfnisses minderbemittelter Bevölkerungskreise bestellt, so muß die Entschädigung mindestens zwei Dritteile des gemeinen Wertes betragen, den das Bauwerk bei Ablauf des Erbbaurechts hat. Auf eine abweichende Vereinbarung kann sich der Grundstückseigentümer nicht berufen.

（3） Der Grundstückseigentümer kann seine Verpflichtung zur Zahlung der Entschädigung dadurch abwenden, daß er dem Erbbauberechtigten das Erbbaurecht vor dessen Ablauf für die voraussichtliche Standdauer des Bauwerks verlängert; lehnt der Erbbauberechtigte die Verlängerung ab, so erlischt der Anspruch auf Entschädigung. Das Erbbaurecht kann zur Abwendung der Entschädigungspflicht wiederholt verlängert werden.

（4） Vor Eintritt der Fälligkeit kann der Anspruch auf Entschädigung nicht abgetreten werden.

第 27 条

（1） 期间届满地上权消灭的，土地所有权人应就建筑物给予地上权人补偿。作为地上权之内容可以约定补偿额和补偿额支付方式以及排除支付补偿之情形。

（2） 设立地上权是为了解决贫困群体居住需要的，补偿额必须达到地上权期间届满时该建筑物所具有的通常价值的 2/3。就不同内容之协议土地所有权人不得援引该协议。

（3） 地上权期间届满之前土地所有权人就该建筑物的预期使用寿命延长地上权存续期间的，土地所有权人由此可不支付补偿金；地上权人拒绝延长的，支付补偿金之请求权消灭。为避免支付补偿金之义务可以再次延长地上权。

（4） 支付补偿金请求权在到期前不得转让。

§ 28

Die Entschädigungsforderung haftet auf dem Grundstück an Stelle des Erbbaurechts und mit dessen Range.

第 28 条

以土地取代地上权并按照地上权之顺位负担该补偿金债权请求权。

§ 29

Ist das Erbbaurecht bei Ablauf der Zeit, für die es bestellt war, noch mit einer Hypothek oder Grundschuld oder mit Rückständen aus Rentenschulden oder Reallasten belastet, so hat der Gläubiger der Hypothek, Grund- oder Rentenschuld oder Reallast an dem Entschädigungsanspruch dieselben Rechte, die ihm im Falle des Erlöschens seines Rechts durch Zwangsversteigerung an dem Erlöse zustehen.

第 29 条

地上权设立期间届满后，其上仍然存在抵押权或者土地债务之负担或者存在基于定期土地债务或者物上负担之尾欠款负担的，抵押权、土地债务、定期土地债务或者物上负担之债权人就补偿请求权，享有与通过强制拍卖就拍卖所得享有权利而原权利消灭之情形同样之权利。

§ 30

(1) Erlischt das Erbbaurecht, so finden auf Miet- und Pachtverträge, die der Erbbauberechtigte abgeschlossen hat, die im Falle der Übertragung des Eigentums geltenden Vorschriften entsprechende Anwendung.

(2) Erlischt das Erbbaurecht durch Zeitablauf, so ist der Grundstückseigentümer berechtigt, das Miet- oder Pachtverhältnis unter Einhaltung der gesetzlichen Frist zu kündigen. Die Kündigung kann nur für einen der beiden ersten Termine erfolgen, für die sie zulässig ist. Erlischt das Erbbaurecht vorzeitig, so kann der Grundstückseigentümer das Kündigungsrecht erst ausüben, wenn das Erbbaurecht auch durch Zeitablauf erlöschen würde.

(3) Der Mieter oder Pächter kann den Grundstückseigentümer unter Bestimmung einer angemessenen Frist zur Erklärung darüber auffordern, ob er von dem Kündigungsrecht Gebrauch mache. Die Kündigung kann nur bis zum Ablauf der Frist erfolgen.

第 30 条

(1) 地上权消灭的，对于地上权人订立之租赁以及用益租赁合同，准用所有权转让情形下所适用之规定。

（2）期间届满地上权消灭的，所有权人有权在遵守法定期限前提下终止该租赁或者用益租赁关系。允许终止的两个期限中只可以就其中在先到来之期限通知终止。地上权提前消灭的，只有该地上权在到期后亦应该消灭的，土地所有权人才可以行使终止权。

（3）承租人或者用益承租人可以规定合理期限要求土地所有权人就此表示，是否行使终止权。终止权只可以在该期限内行使。

2. Erneuerung
第二节　更新

§ 31

（1）Ist dem Erbbauberechtigten ein Vorrecht auf Erneuerung des Erbbaurechts eingeräumt（§2 Nr. 6），so kann er das Vorrecht ausüben，sobald der Eigentümer mit einem Dritten einen Vertrag über Bestellung eines Erbbaurechts an dem Grundstück geschlossen hat. Die Ausübung des Vorrechts ist ausgeschlossen，wenn das für den Dritten zu bestellende Erbbaurecht einem anderenwirtschaftlichen Zweck zu dienen bestimmt ist.

（2）Das Vorrecht erlischt drei Jahre nach Ablauf der Zeit，für die das Erbbaurecht bestellt war.

（3）Die Vorschriften der §§ 464 bis 469，472，473 des Bürgerlichen Gesetzbuches finden entsprechende Anwendung.

（4）Dritten gegenüber hat das Vorrecht die Wirkung einer Vormerkung zur Sicherung eines Anspruchs auf Einräumung des Erbbaurechts. Die §§ 1099 bis 1102 des Bürgerlichen Gesetzbuchs gelten entsprechend. Wird das Erbbaurecht vor Ablauf der drei Jahre（Abs. 2）im Grundbuch gelöscht，so ist zur Erhaltung des Vorrechts eine Vormerkung mit dem bisherigen Rang des Erbbaurechts von Amts wegen einzutragen.

（5）Soweit im Falle des §29 die Tilgung noch nicht erfolgt ist，hat der Gläubiger bei der Erneuerung an dem Erbbaurecht dieselben Rechte，die er zur Zeit des Ablaufs hatte. Die Rechte an der Entschädigungsforderung erlöschen.

第 31 条

（1）就更新地上权给予地上权人优先权的（第 2 条数字 6），地上权人可以行使该优先权，一旦所有权人与第三人就该土地设立地上权订立了契约。排除行使该优先权，如果为第三人设立之地上权确定服务于不同之经济目的。

（2）地上权期间届满后满 3 年，该优先权消灭。

（3）准用《民法典》第 464 条至第 469 条、第 472 条、第 473 条。

（4）相对于第三人该优先权具有确保请求设立地上权之预告登记效力。准用《民法典》第 1099 条至第 1102 条。地上权在 3 年优先权（第 2 款）届满前于土地登记簿内注销的，为了保护该优先权，应依职权按照地上权目前之顺位进行预告登记。

（5）只要是在第 29 条情形下尚未进行清偿的，债权人对于更新之地上权就享有与原地上权存续期间届满前同样之权利。要求补偿之债权请求权消灭。

3. Heimfall
第三节 回复

§ 32

（1）Macht der Grundstückseigentümer von seinem Heimfallanspruch Gebrauch, so hat er dem Erbbauberechtigten eine angemessene Vergütung für das Erbbaurecht zu gewähren. Als Inhalt des Erbbaurechts können Vereinbarungen über die Höhe dieser Vergütung und die Art ihrer Zahlung sowie ihre Ausschließung getroffen werden.

（2）Ist das Erbbaurecht zur Befriedigung des Wohnbedürfnisses minderbemittelter Bevölkerungskreise bestellt, so darf die Zahlung einer angemessenen Vergütung für das Erbbaurecht nicht ausgeschlossen werden. Auf eine abweichende Vereinbarung kann sich der Grundstückseigentümer nicht berufen. Die Vergütung ist nicht angemessen, wenn sie nicht mindestens zwei Drittel des gemeinen Wertes des Erbbaurechts zur Zeit der Übertragung beträgt.

第 32 条

（1）土地所有权人行使回复请求权的，其应向地上权人就地上权提供适当补偿。作为地上权之内容可以约定补偿额和补偿额支付方式以及排除支付补偿之情形。

（2）设立地上权是为了解决贫困群体的居住需要，不得排除为该地上权支付适当补偿金。就不同内容之协议土地所有权人不得援引该协议。如果补偿未达到权利移转时该地上权通常价值的至少 2/3，该补偿为不适当。

§ 33

（1）Beim Heimfall des Erbbaurechts bleiben die Hypotheken, Grund - und Rentenschulden und Reallasten bestehen, soweit sie nicht dem Erbbauberechtigten selbst zustehen. Dasselbe gilt für die Vormerkung eines gesetzlichen Anspruchs auf Eintragung einer Sicherungshypothek. Andere auf dem Erbbaurecht lastende Rechte erlöschen.

（2）Haftet bei einer Hypothek, die bestehen bleibt, der Erbbauberechtigte zugleich persönlich, so übernimmt der Grundstückseigentümer die Schuld in Höhe der Hypothek. Die Vorschriften des § 416 des Bürgerlichen Gesetzbuchs finden entsprechende Anwendung. Das gleiche gilt, wenn bei einer bestehenbleibenden Grundschuld oder bei Rückständen aus Rentenschulden oder Reallasten der Erbbauberechtigte zugleich persönlich haftet.

（3）Die Forderungen, die der Grundstückseigentümer nach Absatz 2 übernimmt, werden auf die Vergütung (§ 32) angerechnet.

第 33 条

（1）地上权回复的，抵押权、土地债务、定期土地债务以及物上负担继续存在，如其并非归属于地上权人自己。对于担保性抵押权登记之法定请求权预告登记适用同样之规定。该地上权所负担之其他权利消灭。

（2）地上权人本人对于继续存在之抵押（贷款）同时负担人的责任的，土地所有权人在抵押贷款数额范围内承继该债务。准用《民法典》第 416 条之规定。地上权人同时负担人的责任的，继续存在的土地债务或者定期土债务或者物上负担之尾欠款，适用同样之规定。

（3）土地所有权人按照第2款承继债务的，算入其补偿义务（第32条）。

4. Bauwerk
第四节　建筑物

§ 34

Der Erbbauberechtigte ist nicht berechtigt, beim Heimfall oder beim Erlöschen des Erbbaurechts das Bauwerk wegzunehmen oder sich Bestandteile des Bauwerks anzueignen.

第 34 条

地上权回复或者消灭时，地上权人无权将建筑物占为己有或者对建筑物之成分予以先占。

VI. Schlußbestimmungen
第六章　最终条款

§ 35

（1）Für nach dem Inkrafttreten des Gesetzes zur Änderung der Verordnung über das Erbbaurecht vom 8. Januar 1974（BGBl. I S. 41）am 23. Januar 1974 fällig werdende Erbbauzinsen ist § 9a auch bei Vereinbarungen des dort bezeichneten Inhalts anzuwenden, die vor dem 23. Januar 1974 geschlossen worden sind.

（2）Ist der Erbbauzins auf Grund einer Vereinbarung nach Absatz 1 vor dem 23. Januar 1974 erhöht worden, so behält es hierbei sein Bewenden. Der Erbbauberechtigte kann jedoch für die Zukunft eine bei entsprechender Anwendung der in Absatz 1 genannten Vorschrift gerechtfertigte Herabsetzung dann verlangen, wenn das Bestehenbleiben der Erhöhung für ihn angesichts der Umstände des Einzelfalles eine besondere Härte wäre.

第 35 条

（1）对于 1974 年 1 月 8 日《地上权指令修正法》（《联邦法律公报》第 1 卷第 41 页：Gesetz zur Änderung der Verordnung über das Erbbaurecht）生效后将于 1974 年 1 月 23 日到期之地上权租金，第 9a 条应适用于就该法所规定内容在 1974 年 1 月 23 日之前所签订之协议。

（2）基于协议按照第 1 款在 1974 年 1 月 23 日之前提高了地上权租金的，此事就此了结。然而，地上权人就将来之地上权租金可以请求准用第 1 款所指之规定合理下调，如果考虑到个案情况维持该提高了的地上权租金对其特别严苛。

§ 36

（weggefallen）

第 36 条

已删除。

§ 37

（weggefallen）

第 37 条

已删除。

§ 38

Für ein Erbbaurecht, mit dem ein Grundstück am 21. Januar 1919 belastet war, bleiben die bis dahin geltenden Gesetze maßgebend.

第 38 条

土地在 1919 年 1 月 21 日所负担之地上权，以当时适用之法律为准。

§ 39

Erwirbt ein Erbbauberechtigter auf Grund eines Vorkaufsrechts oder einer Kaufberechtigung im Sinne des § 2 Nr. 7 das mit dem Erbbaurecht belastete Grundstück oder wird ein bestehendes Erbbaurecht erneuert, sind die Kosten und sonstigen Abgaben nicht noch einmal zu erheben, die schon bei Begründung des Erbbaurechts entrichtet worden sind.

第 39 条

地上权人基于先买权或者第 2 条数字 7 意义上之购买权取得了负担该地上权之土地或者对于现存之地上权予以更新的，对于设立该地上权时业已交纳之费用以及其他税赋，不应再次征缴。

Grundbuchordnung（GBO）

《土地登记簿法》

　　《土地登记簿法》（Grundbuchordnung）施行于 1897 年 3 月 24 日，最近一次修订于 2017 年 7 月 18 日。

I. Erster Abschnitt Allgemeine Vorschriften
第一章 一般规定

§ 1

（1）Die Grundbücher, die auch als Loseblattgrundbuch geführt werden können, werden von den Amtsgerichten geführt（Grundbuchämter）. Diese sind für die in ihrem Bezirk liegenden Grundstücke zuständig. Die abweichenden Vorschriften des § 150 für das in Artikel 3 des Einigungsvertrages genannte Gebiet bleiben unberührt.

（2）Liegt ein Grundstück in dem Bezirk mehrerer Grundbuchämter, so ist das zuständige Grundbuchamt nach § 5 des Gesetzes über das Verfahren in Familiensachen und in den Angelegenheiten der freiwilligen Gerichtsbarkeit zu bestimmen.

（3）Die Landesregierungen werden ermächtigt, durch Rechtsverordnung die Führung des Grundbuchs einem Amtsgericht für die Bezirke mehrerer Amtsgerichte zuzuweisen, wenn dies einer schnelleren und rationelleren Grundbuchführung dient. Sie können die Ermächtigung durch Rechtsverordnung auf die Landesjustizverwaltungen übertragen.

（4）Das Bundesministerium der Justiz und für Verbraucherschutz wird ermächtigt, durch Rechtsverordnung, die der Zustimmung des Bundesrates bedarf, die näheren Vorschriften über die Einrichtung und die Führung der Grundbücher, die Hypotheken-, Grundschuld- und Rentenschuldbriefe und die Abschriften aus dem Grundbuch und den Grundakten sowie die Einsicht hierin zu erlassen sowie das Verfahren zur Beseitigung einer Doppelbuchung zu bestimmen. Es kann hierbei auch regeln, inwieweit Änderungen bei einem Grundbuch, die sich auf Grund von Vorschriften der Rechtsverordnung ergeben, den Beteiligten und der Behörde, die das in § 2 Abs. 2 bezeichnete amtliche Verzeichnis führt, bekanntzugeben sind.

第1条

（1）地方法院（土地登记局）编制土地登记簿，土地登记簿亦可以活页土地登记簿之方式编制。土地登记局对位于其辖区之土地享有管辖权。第150条之不同规定对于《两德统一条约》第3条所规定之地区不产生影响。

（2）一宗土地位于数个土地登记局辖区的，须按照《家事及自由审判籍事务程序法》第5条之规定确定有管辖权之土地登记局。

（3）授权州政府通过行政规章指派某一地方法院负责数个地方法院辖区土地登记簿之编制，如果此举有利于较快、较合理之土地登记簿编制。州政府可通过行政规章将此授权转归州司法行政部门。

（4）授权联邦司法和消费者保护部，通过颁布须经联邦参议院同意之行政规章，对于土地登记簿之设置和编制，对于抵押证书、土地债务证书和定期土地债务证书，对于土地登记簿和登记基础文件之复制以及对此之查阅作出更详细之规定，以及确定消除双重登记之程序。其亦可为此规定，于何种范围内将土地登记簿基于行政规章之规定而产生之变更告知当事人和第2条第2款所称官方目录之编制机关。

§2

（1）Die Grundbücher sind für Bezirke einzurichten.

（2）Die Grundstücke werden im Grundbuch nach den in den Ländern eingerichteten amtlichen Verzeichnissen benannt（Liegenschaftskataster）.

（3）Ein Teil eines Grundstücks darf von diesem nur abgeschrieben werden, wenn er im amtlichen Verzeichnis unter einer besonderen Nummer verzeichnet ist oder wenn die zur Führung des amtlichen Verzeichnisses zuständige Behörde bescheinigt, dass sie von der Buchung unter einer besonderen Nummer absieht, weil der Grundstücksteil mit einem benachbarten Grundstück oder einem Teil davon zusammengefasst wird.

（4）weggefallen

（5）weggefallen

第 2 条

（1）土地登记簿基于行政区而设置。

（2）于土地登记簿中按照各州设置之官方目录（不动产地籍册）为土地命名。

（3）一宗土地之一部仅限于其在官方目录中以特别编号记录，或者主管官方目录编制之机关证明于特别编号下登记该土地之一部不予考虑，因为该土地之一部与其邻近宗地或者宗地之一部合并的，方可划出。

（4）已删除。

（5）已删除。

§ 3

（1）Jedes Grundstück erhält im Grundbuch eine besondere Stelle（Grundbuchblatt）. Das Grundbuchblatt ist für das Grundstück als das Grundbuch im Sinne des Bürgerlichen Gesetzbuchs anzusehen.

（2）Die Grundstücke des Bundes, der Länder, der Gemeinden und anderer Kommunalverbände, der Kirchen, Klöster und Schulen, die Wasserläufe, die öffentlichen Wege, sowie die Grundstücke, welche einem dem öffentlichen Verkehr dienenden Bahnunternehmen gewidmet sind, erhalten ein Grundbuchblatt nur auf Antrag des Eigentümers oder eines Berechtigten.

（3）Ein Grundstück ist auf Antrag des Eigentümers aus dem Grundbuch auszuscheiden, wenn der Eigentümer nach Absatz 2 von der Verpflichtung zur Eintragung befreit und eine Eintragung, von der das Recht des Eigentümers betroffen wird, nicht vorhanden ist.

（4）Das Grundbuchamt kann, sofern hiervon nicht Verwirrung oder eine wesentliche Erschwerung des Rechtsverkehrs oder der Grundbuchführung zu besorgen ist, von der Führung eines Grundbuchblatts für ein Grundstück absehen, wenn das Grundstück den wirtschaftlichen Zwecken mehrerer anderer Grundstücke zu dienen bestimmt ist, zu diesen in einem dieser Bestimmung entsprechenden räumlichen Verhältnis und im Miteigentum der Eigentümer dieser Grundstücke steht（dienendes Grundstück）.

（5）In diesem Fall müssen an Stelle des ganzen Grundstücks die den Eigentümern zustehenden einzelnen Miteigentumsanteile an dem dienenden Grundstück auf dem Grundbuchblatt des dem einzelnen Eigentümer gehörenden Grundstücks eingetragen werden. Diese Eintragung gilt als Grundbuch für den einzelnen Miteigentumsanteil.

（6）Die Buchung nach den Absätzen 4 und 5 ist auch dann zulässig, wenn die beteiligten Grundstücke noch einem Eigentümer gehören, dieser aber die Teilung des Eigentums amdienenden Grundstück in Miteigentumsanteile und deren Zuordnung zu den herrschenden Grundstücken gegenüber dem Grundbuchamt erklärt hat; die Teilung wird mit der Buchung nach Absatz 5 wirksam.

（7）Werden die Miteigentumsanteile an dem dienenden Grundstück neu gebildet, so soll, wenn die Voraussetzungen des Absatzes 4 vorliegen, das Grundbuchamt in der Regel nach den vorstehenden Vorschriften verfahren.

（8）Stehen die Anteile an dem dienenden Grundstück nicht mehr den Eigentümern der herrschenden Grundstücke zu, so ist ein Grundbuchblatt anzulegen.

（9）Wird das dienende Grundstück als Ganzes belastet, so ist, sofern nicht ein besonderes Grundbuchblatt angelegt wird oder § 48 anwendbar ist, in allen beteiligten Grundbuchblättern kenntlich zu machen, daß das dienende Grundstück als Ganzes belastet ist; hierbei ist jeweils auf die übrigen Eintragungen zu verweisen.

第 3 条

（1）每一宗土地于土地登记簿中获得特定位置（土地登记簿册）。该宗土地土地登记簿册应被视为《民法典》意义上之土地登记簿。

（2）仅于所有权人或者权利人申请，联邦、州、乡镇（区）和其他城镇联合体、教堂、修道院和学校之土地，水道、公路以及铁路企业致力于公共交通之土地，（才能）获得土地登记簿册。

（3）基于所有权人之申请，一宗土地将被从土地登记簿中排除，如果按照第 2 款免除所有权人之登记义务并且不存在涉及所有权人权利之（其他）登记事项。

（4）土地登记局对于权利交易或者土地登记簿之编制无需担心会造成混

乱或者重大困难的，可不编制某宗土地之土地登记簿册，如果该宗土地被确定服务于其他若干宗土地之经济目的，相对于这些土地处于合乎用途之空间关系并且与这些土地之所有权人处于共有之状况（供役地）。

（5）于此情形，所有权人就供役地各自享有之共有份额须登记于属于各所有权人专有之土地之土地登记簿册内，以此取代全部土地之登记。该登记视为每一个共有所有权份额之土地登记簿。

（6）按照第4款和第5款之登记仍然允许，如果有关之土地尚属于某一所有权人，但其对于土地登记局业已表示将供役地所有权分割为共有所有权份额并且归入需役地的；按照第5款登记时分割生效。

（7）供役地之共有所有权份额重组的，如果具备第4款之前提条件，土地登记簿通常应按照上述规定处理。

（8）供役地之所有权份额不再属于需役地所有权人的，须设置（供役地）土地登记簿册。

（9）供役地作为整体设立负担，如果未设置特别土地登记簿册或者可适用第48条的，于所有有关土地登记簿册清晰标注的供役地作为整体已设立负担；为此须每次提示其余（各处）之登记。

§ 4

（1）Über mehrere Grundstücke desselben Eigentümers, deren Grundbücher von demselben Grundbuchamt geführt werden, kann ein gemeinschaftliches Grundbuchblatt geführt werden, solange hiervon Verwirrung nicht zu besorgen ist.

（2）Dasselbe gilt, wenn die Grundstücke zu einem Hof im Sinne der Höfeordnung gehören oder in ähnlicher Weise bundes – oder landesrechtlich miteinander verbunden sind, auch wenn ihre Grundbücher von verschiedenen Grundbuchämtern geführt werden. In diesen Fällen ist, wenn essich um einen Hof handelt, das Grundbuchamt zuständig, welches das Grundbuch über die Hofstelle führt; im übrigen ist das zuständige Grundbuchamt nach § 5 des Gesetzes über das Verfahren in Familiensachen und in den Angelegenheiten der freiwilligen Gerichtsbarkeit zu bestimmen.

第 4 条

（1）同一所有人之数宗土地，其土地登记簿由同一土地登记局编制的，可以编制共同土地登记簿册，如果无须为此担心造成混乱。

（2）如果数宗土地于《农场条例》意义上属于同一农场或者按照联邦法律或者州法律以类似方式相互连接，适用相同之规定，即使其土地登记簿由不同之土地登记局编制。于此情形，如果（仅）涉及一家农场，由编制农场机关土地登记簿之土地登记局管辖；其他情形下须按照《家事及自由审判籍事务程序法》第 5 条之规定确定有管辖权之土地登记局。

§5

（1）Ein Grundstück soll nur dann mit einem anderen Grundstück vereinigt werden, wenn hiervon Verwirrung nicht zu besorgen ist. Eine Vereinigung soll insbesondere dann unterbleiben, wenn die Grundstücke im Zeitpunkt der Vereinigung wie folgt belastet sind:

1. mit unterschiedlichen Grundpfandrechten oder Reallasten oder;

2. mit denselben Grundpfandrechten oder Reallasten in unterschiedlicher Rangfolge.

Werden die Grundbücher von verschiedenen Grundbuchämtern geführt, so ist das zuständige Grundbuchamt nach § 5 des Gesetzes über das Verfahren in Familiensachen und in den Angelegenheiten der freiwilligen Gerichtsbarkeit zu bestimmen.

（2）Die an der Vereinigung beteiligten Grundstücke sollen im Bezirk desselben Grundbuchamts und derselben für die Führung des amtlichen Verzeichnisses nach § 2 Abs. 2 zuständigen Stelle liegen und unmittelbar aneinandergrenzen. Von diesen Erfordernissen soll nur abgewichen werden, wenn hierfür, insbesondere wegen der Zusammengehörigkeit baulicher Anlagen und Nebenanlagen, ein erhebliches Bedürfnis entsteht. Die Lage der Grundstücke zueinander kann durch Bezugnahme auf das amtliche Verzeichnis nachgewiesen werden. Das erhebliche Bedürfnis ist glaubhaft zu machen; § 29 gilt hierfür nicht.

第 5 条

（1）一宗土地应该仅限于无须担心由此造成混乱时才与另一宗土地合并。合并尤其应该停止，如果合并时这些土地设有如下之负担：

1. 设有不同之土地质权或者物上负担；

2. 设有处于不同顺位相同之土地质权或者物上负担。

土地登记簿由不同土地登记局编制的，须按照《家事及自由审判籍事务程序法》第 5 条之规定确定有管辖权之土地登记局。

（2）参与合并之土地应该处于同一土地登记局辖区并处于同一按照第 2 条第 2 款主管官方目录编制之机关辖区并且直接彼此毗邻。应该仅限于为此产生重大需求，特别是由于建筑设施或者附属设施属于一个整体的，（方可）不遵照这些要求。土地之彼此方位可通过关联官方目录证明。重大需求须能够自圆其说；第 29 条为此不适用。

§ 6

（1）Ein Grundstück soll nur dann einem anderen Grundstück als Bestandteil zugeschrieben werden, wenn hiervon Verwirrung nicht zu besorgen ist. Werden die Grundbücher von verschiedenen Grundbuchämtern geführt, so ist für die Entscheidung über den Antrag auf Zuschreibung und, wenn dem Antrag stattgegeben wird, für die Führung des Grundbuchs über das ganze Grundstück das Grundbuchamt zuständig, das das Grundbuch über dasHauptgrundstück führt.

（2）§ 5 Absatz 1 Satz 2 und Absatz 2 ist entsprechend anzuwenden.

第 6 条

（1）一宗土地应该仅限于无须担心由此造成混乱时才可以作为组成部分划入另一宗土地。土地登记簿由不同土地登记局编制的，为主要部分土地编制土地登记簿之土地登记局决定是否批准划入申请，如果批准该申请，负责编制整宗土地之土地登记簿。

（2）准用第 5 条第 1 款第 2 句和第 2 款。

§ 6a

(1) Dem Antrag auf Eintragung eines Erbbaurechts an mehreren Grundstücken oder Erbbaurechten soll unbeschadet des Satzes 2 nur entsprochen werden, wenn hinsichtlich der zu belastenden Grundstücke die Voraussetzungen des § 5 Abs. 2 Satz 1 vorliegen. Von diesen Erfordernissen soll nur abgewichen werden, wenn die zu belastenden Grundstücke nahe beieinander liegen und entweder das Erbbaurecht in Wohnungs - oder Teilerbbaurechte aufgeteilt werden soll oder Gegenstand des Erbbaurechts ein einheitliches Bauwerk oder ein Bauwerk mit dazugehörenden Nebenanlagen auf den zu belastenden Grundstücken ist; § 5 Abs. 2 Satz 3 findet entsprechende Anwendung. Im übrigen sind die Voraussetzungen des Satzes 2 glaubhaft zu machen; § 29 gilt hierfür nicht.

(2) Dem Antrag auf Eintragung eines Erbbaurechts soll nicht entsprochen werden, wenn das Erbbaurecht sowohl an einem Grundstück als auch an einem anderen Erbbaurecht bestellt werden soll.

第 6a 条

(1) 在不影响第 2 句适用之前提下，于数宗土地或者数个地上权之上申请登记某一地上权的，鉴于设立地上权负担之土地，应该仅限于符合第 5 条第 2 款第 1 句前提条件之情形。欲设立地上权负担之土地相互毗邻，要么该地上权应该分割为住宅地上权或者区分（所有建筑物）地上权，要么该地上权客体为建筑物整体，要么建筑物及其附属设施均位于欲设立地上权负担之土地上，（方可）不遵照这些要求；准用第 5 条第 2 款第 3 句。此外，第 2 句所规定之前提条件须能自圆其说；第 29 条为此不适用。

(2) 地上权登记之申请不应准许，如果该地上权既要设立于土地，又要设立于另一地上权。

§ 7

(1) Soll ein Grundstücksteil mit einem Recht belastet werden, so ist er von dem Grundstück abzuschreiben und als selbständiges Grundstück einzutragen.

(2) Ist das Recht eine Dienstbarkeit, so kann die Abschreibung unterbleiben,

wenn hiervon Verwirrung nicht zu besorgen ist. In diesem Fall soll ein von der für die Führung des Liegenschaftskatasters zuständigen Behörde erteilter beglaubigter Auszug aus der amtlichen Karte vorgelegt werden, in dem der belastete Grundstücksteil gekennzeichnet ist. Die Vorlage eines solchen Auszugs ist nicht erforderlich, wenn der Grundstücksteil im Liegenschaftskataster unter einer besonderen Nummer verzeichnet ist.

（3）Die Landesregierungen werden ermächtigt, durch Rechtsverordnung zu bestimmen, dass der nach Absatz 2 vorzulegende Auszug aus der amtlichen Karte der Beglaubigung nicht bedarf, wenn der Auszug maschinell hergestellt wird und ein ausreichender Schutz gegen die Vorlage von nicht von der zuständigen Behörde hergestellten oder von verfälschten Auszügen besteht. Satz 1 gilt entsprechend für andere Fälle, in denen dem Grundbuchamt Angaben aus dem amtlichen Verzeichnis zu übermitteln sind. Die Landesregierungen können die Ermächtigung durch Rechtsverordnung auf die Landesjustizverwaltungen übertragen.

第 7 条

（1）欲以土地之部分设立某一权利负担的，须将此部分土地由该宗土地中划出并作为独立土地登记。

（2）设立役权负担的，可不予划出，如果无须为此担心造成混乱。于此情形，须提交地籍册编制主管机关出具、经过认证之官方地图摘录，摘录内须清晰标注设立役权负担之土地部分。如果土地之部分在地籍册内记录于一个特别编号下，则无须提交如此之摘录。

（3）授权州政府通过行政规章加以规定，无须提交按照第 2 款规定经过认证之官方地图摘录，如果摘录系由机器制作并且针对存在非主管机关制作摘录或者伪造摘录情况已有充分之保护。第 1 句准用于其他情形，这些情形下，官方目录之说明须被传送至土地登记局。州政府可通过行政规章将此授权转归州司法行政部门。

§8

（weggefallen）

第 8 条

已删除。

§ 9

（1）Rechte, die dem jeweiligen Eigentümer eines Grundstücks zustehen, sind auf Antrag auch auf dem Blatt dieses Grundstücks zu vermerken. Antragsberechtigt ist der Eigentümer des Grundstücks sowie jeder, dessen Zustimmung nach § 876 Satz 2 des Bürgerlichen Gesetzbuchs zur Aufhebung des Rechtes erforderlich ist.

（2）Der Vermerk ist von Amts wegen zu berichtigen, wenn das Recht geändert oder aufgehoben wird.

（3）Die Eintragung des Vermerks（Absatz 1）ist auf dem Blatt des belasteten Grundstücks von Amts wegen ersichtlich zu machen.

第 9 条

（1）土地当下所有权人所享有之各种权利，基于申请亦可备注于该土地之登记簿册内。有权申请人为该土地之所有权人，以及按照《民法典》第876 条第 2 句废止土地上之权利须征得其同意之人。

（2）备注须依职权予以更正，如果该权利有变或者被废止。

（3）备注之登记（第 1 款）须于设立权利负担之土地之登记簿册内依职权清晰记载。

§ 10

（1）Grundbücher und Urkunden, auf die eine Eintragung sich gründet oder Bezug nimmt, hat das Grundbuchamt dauernd aufzubewahren. Eine Urkunde nach Satz 1 darf nur herausgegeben werden, wenn statt der Urkunde eine beglaubigte Abschrift bei dem Grundbuchamt bleibt.

（2）Das Bundesministerium der Justiz und für Verbraucherschutz wird ermächtigt, durch Rechtsverordnung, die der Zustimmung des Bundesrates bedarf, zu bestimmen, daß statt einer beglaubigten Abschrift der Urkunde eine Verweisung auf die anderen Akten genügt, wenn eine der in Absatz 1 bezeichneten Urkunden in anderen Akten des das Grundbuch führenden Amtsgerichts enthalten ist.

（3）（weggefallen）

（4）（weggefallen）

第 10 条

（1）土地登记局须长期保存登记所基于或者所涉及之土地登记簿及各种证明文书。按照第 1 句，某一证明文书只有在土地登记局留存其经认证之复印件，以此取代该证明文书原件时，才可以退还。

（2）授权联邦司法和消费者保护部，通过须经联邦参议院同意之行政规章加以规定，如果第 1 款所谓之某一证明文书收录于编制土地登记簿之地方法院其他文件中的，指引该其他文件为已足，以此取代须经认证之复印件。

（3）已删除。

（4）已删除。

§ 10a

（1）Geschlossene Grundbücher können als Wiedergabe auf einem Bildträger oder auf anderen Datenträgern aufbewahrt werden, wenn sichergestellt ist, daß die Wiedergabe oder die Daten innerhalb angemessener Zeit lesbar gemacht werden können. Die Landesjustizverwaltungen bestimmen durch allgemeine Verwaltungsanordnung Zeitpunkt und Umfang dieser Art der Aufbewahrung und die Einzelheiten der Durchführung.

（2）Bei der Herstellung der Bild - oder sonstigen Datenträger ist ein schriftlicher Nachweis anzufertigen, dass die Wiedergabe mit dem Original des Grundbuchs übereinstimmt. Weist das Original farbliche Eintragungen auf, die in der Wiedergabe nicht als solche erkennbar sind, ist dies in dem schriftlichen Nachweis anzugeben. Die Originale der geschlossenen Grundbücher können ausgesondert werden.

（3）Durch Rechtsverordnung des Bundesministeriums der Justiz und für Verbraucherschutz mit Zustimmung des Bundesrates kann vorgesehen werden, daß für die Führung des Grundbuchs nicht mehr benötigte, bei den Grundakten befindliche Schriftstücke ausgesondert werden können. Welche Schriftstücke dies sind und unter welchen Voraussetzungen sie ausgesondert werden können, ist in der Rechtsverordnung nach Satz 1 zu bestimmen.

第 10a 条

（1）关闭之土地登记簿可通过将其内容再现于图像载体或者再现于其他数据载体之方式予以保存，如果能够确保再现或者数据于适当时间内可读。州司法行政部门通过一般行政指令确定该保存方式之时机和范围以及执行细节。

（2）于制作照相载体或者其他数据载体时须同时制作书面证明，证明该再现与土地登记簿之原件内容一致。原件中登记事项以彩色显示而于再现中无法识别出其为彩色的，须于书面证明中加以记载。关闭之土地登记簿原件可予以剔除。

（3）经联邦参议院同意，联邦司法和消费者保护部可通过行政规章加以规定，收录于基础文件中、对于土地登记簿之编制不再需要之文件可予以剔除。哪些文件属于此类可剔除文件以及于何种前提条件下可将其剔除，须按照第 1 句于行政规章中规定。

§ 11

Eine Eintragung in das Grundbuch ist nicht aus dem Grunde unwirksam, weil derjenige, der sie bewirkt hat, von der Mitwirkung kraft Gesetzes ausgeschlossen ist.

第 11 条

土地登记簿之登入事项不因登记经办人被依法排除参与登记工作而无效。

§ 12

（1）Die Einsicht des Grundbuchs ist jedem gestattet, der ein berechtigtes Interesse darlegt. Das gleiche gilt von Urkunden, auf die im Grundbuch zur Ergänzung einer Eintragung Bezug genommen ist, sowie von den noch nicht erledigten Eintragungsanträgen.

（2）Soweit die Einsicht des Grundbuchs, der im Absatz 1 bezeichneten Urkunden und der noch nicht erledigten Eintragungsanträge gestattet ist, kann eine

Abschrift gefordert werden; die Abschrift ist auf Verlangen zu beglaubigen.

（3）Das Bundesministerium der Justiz und für Verbraucherschutz kann durch Rechtsverordnung mit Zustimmung des Bundesrates bestimmen, dass

1. über die Absätze 1 und 2 hinaus die Einsicht in sonstige sich auf das Grundbuch beziehende Dokumente gestattet ist und Abschriften hiervon gefordert werden können;

2. bei Behörden von der Darlegung des berechtigten Interesses abgesehen werden kann, ebenso bei solchen Personen, bei denen es auf Grund ihres Amtes oder ihrer Tätigkeit gerechtfertigt ist.

（4）Über Einsichten in Grundbücher und Grundakten sowie über die Erteilung von Abschriften aus Grundbüchern und Grundakten ist ein Protokoll zu führen. Dem Eigentümer des betroffenen Grundstücks oder dem Inhaber eines grundstücksgleichen Rechts ist auf Verlangen Auskunft aus diesem Protokoll zu geben, es sei denn, die Bekanntgabe würde den Erfolg strafrechtlicher Ermittlungen oder die Aufgabenwahrnehmung einer Verfassungsschutzbehörde, des Bundesnachrichtendienstes oder des Militärischen Abschirmdienstes gefährden. Das Protokoll kann nach Ablauf von zwei Jahren vernichtet werden. Einer Protokollierung bedarf es nicht, wenn die Einsicht oder Abschrift dem Auskunftsberechtigten nach Satz 2 gewährt wird.

第 12 条

（1）任何存在正当利益之人均被允许查阅土地登记簿。补充土地登记簿登记事项所涉之证明文书以及尚未完成之登记申请，亦同。

（2）如果被允许查阅土地登记簿、第 1 款所谓之证明文书以及尚未完成之登记申请，则可以要求提供复印件；应当事人之请求须对复印件加以认证。

（3）经联邦参议院同意，联邦司法和消费者保护部可通过行政规章加以规定：

1. 超越第 1 款和第 2 款所规定之查阅范围允许查阅与土地登记簿有关之其他资料并可以要求提供复印件；

2. 政府机关之查阅可无须说明存在正当利益，基于其职务或者职业而具有合法性之人，亦同。

（4）对于查阅土地登记簿和基础文件以及提供土地登记簿和基础文件之复印件，须制作记录。须于有关土地之所有权人或者类似土地权利之持有人请求之情形下就该记录给予答复，除非公开此记录可能妨害刑事司法调查之成功或者可能妨害宪法保卫机构、联邦情报机构及军事防卫机构之履职行为。记录可于 2 年后销毁。按照第 2 句准许答复权利人之查阅或者复印无需记录。

§ 12a

（1）Die Grundbuchämter dürfen auch ein Verzeichnis der Eigentümer und der Grundstücke sowie mit Genehmigung der Landesjustizverwaltung weitere, für die Führung des Grundbuchs erforderliche Verzeichnisse einrichten und, auch in maschineller Form, führen. Eine Verpflichtung, diese Verzeichnisse auf dem neuesten Stand zu halten, besteht nicht; eine Haftung bei nicht richtiger Auskunft besteht nicht. Aus öffentlich zugänglich gemachten Verzeichnissen dieser Art sind Auskünfte zu erteilen, soweit ein solches Verzeichnis der Auffindung der Grundbuchblätter dient, zur Einsicht in das Grundbuch oder für den Antrag auf Erteilung von Abschriften erforderlich ist und die Voraussetzungen für die Einsicht in das Grundbuch gegeben sind. Unter den Voraussetzungen des § 12 kann Auskunft aus Verzeichnissen nach Satz 1 auch gewährt werden, wenn damit die Einsicht in das Grundbuch entbehrlich wird. Inländischen Gerichten, Behörden und Notaren kann auch die Einsicht in den entsprechenden Teil des Verzeichnisses gewährt werden. Ein Anspruch auf Erteilung von Abschriften aus dem Verzeichnis besteht nicht. Für maschinell geführte Verzeichnisse gelten § 126 Abs. 2 und § 133 entsprechend.

（2）Als Verzeichnis im Sinne des Absatzes 1 kann mit Genehmigung der Landesjustizverwaltungauch das Liegenschaftskataster verwendet werden.

（3）Über Einsichten in Verzeichnisse nach Absatz 1 oder die Erteilung von Auskünften aus solchen Verzeichnissen, durch die personenbezogene Daten bekanntgegeben werden, ist ein Protokoll zu führen. § 12 Absatz 4 Satz 2 bis 4 gilt entsprechend.

第 12a 条

（1）土地登记局亦可就所有权人和土地设置目录，以及征得州司法行政部门之同意设置其他编制土地登记簿所必要之目录，该目录亦可以机器制作形式编制。该目录与最新登记状态保持一致之义务无由产生；不发生不正确答复之责任。须基于对公众开放之此类目录提供答复，如果此类目录服务于土地登记簿册之查找，为查阅土地登记簿或者申请提供复印件所必需并且符合查阅土地登记簿之前提条件。于第 12 条之前提条件下，亦可基于目录按照第 1 句之规定给予答复，如果由此而无需查阅土地登记簿。亦可准许国内之法院、政府机关和公证员查阅目录之相应部分。不发生复印目录之请求权。对于机器编制之目录准用第 126 条第 2 款和第 133 条。

（2）经州司法行政部门之批准，不动产地籍册亦可作为第 1 款意义之目录使用。

（3）按照第 1 款查阅目录或者本于此类目录给予答复，由此造成有关个人资料被公开的，须制作记录。准用第 12 条第 4 款第 2 句至第 4 句。

§12b

（1）Nach der Übertragung von geschlossenen Grundbüchern und Grundakten auf einen Bild- oder sonstigen Datenträger in einem Verfahren nach §10a Absatz 1 und 2, §128 Absatz 3 oder §138 Absatz 1 kann eine Einsicht in die vom Grundbuchamt weiter aufbewahrten Originale nicht mehr verlangt werden. Werden die Originale nach ihrer Aussonderung durch eine andere Stelle als das Grundbuchamt aufbewahrt, bestimmt sich die Einsicht nach Landesrecht.

（2）Soweit in dem in Artikel 3 des Einigungsvertrages genannten Gebiet Grundakten und frühere Grundbücher von anderen als den grundbuchführenden Stellen aufbewahrt werden, gilt §12 entsprechend.

第 12b 条

（1）关闭之土地登记簿和基础文件按照第 10a 条第 1 款和第 2 款、第 128 条第 3 款或者第 138 条第 1 款所规定之某一程序转化为图像或者其他数据载体的，不可以请求查阅由土地登记局继续保存之原件。原件经剔除后由土地登记局以外之机构保存的，按照州法律确定其查阅。

（2）如果《两德统一条约》第 3 条指定之地区基础文件和以前之土地登记簿由土地登记簿编制机关以外之机关保存的，准用第 12 条。

§ 12c

(1) Der Urkundsbeamte der Geschäftsstelle entscheidet über:

1. die Gestattung der Einsicht in das Grundbuch oder die in § 12 bezeichneten Akten und Anträge sowie die Erteilung von Abschriften hieraus, soweit nicht Einsicht zu wissenschaftlichen oder Forschungszwecken begehrt wird;

2. die Erteilung von Auskünften nach § 12a oder die Gewährung der Einsicht in ein dort bezeichnetes Verzeichnis;

3. die Erteilung von Auskünften in den sonstigen gesetzlich vorgesehenen Fällen;

4. die Anträge auf Rückgabe von Urkunden und Versendung von Grundakten an inländische Gerichte oder Behörden.

(2) Der Urkundsbeamte der Geschäftsstelle ist ferner zuständig für

1. die Beglaubigung von Abschriften (Absatz 1 Nr. 1), auch soweit ihm die Entscheidung über dieErteilung nicht zusteht; jedoch kann statt des Urkundsbeamten ein von der Leitung des Amtsgerichts ermächtigter Justizangestellter die Beglaubigung vornehmen;

2. die Verfügungen und Eintragungen zur Erhaltung der Übereinstimmung zwischen dem Grundbuch und dem amtlichen Verzeichnis nach § 2 Abs. 2 oder einem sonstigen, hiermit in Verbindung stehenden Verzeichnis, mit Ausnahme der Verfügungen und Eintragungen, die zugleich eine Berichtigung rechtlicher Art oder eine Berichtigung eines Irrtums über das Eigentum betreffen;

3. die Entscheidungen über Ersuchen des Gerichts um Eintragung oder Löschung des Vermerks über die Eröffnung des Insolvenzverfahrens und über die Verfügungsbeschränkungen nach der Insolvenzordnung oder des Vermerks über die Einleitung eines Zwangsversteigerungs- und Zwangsverwaltungsverfahrens;

3a. die Entscheidungen über Ersuchen um Eintragung und Löschung von Anmeldevermerken gemäß § 30b Absatz 1 des Vermögensgesetzes;

4. die Berichtigung der Eintragung des Namens, des Berufs oder des Wohnortes natürlicher Personen im Grundbuch;

5. die Anfertigung der Nachweise nach § 10a Abs. 2.

(3) Die Vorschrift des § 6 des Gesetzes über das Verfahren in Familiensachen

und in den Angelegenheiten der freiwilligen Gerichtsbarkeit ist auf den Urkundsbeamten der Geschäftsstelle sinngemäß anzuwenden. Handlungen des Urkundsbeamten der Geschäftsstelle sind nicht aus dem Grunde unwirksam，weil sie von einem örtlich unzuständigen oder von der Ausübung seines Amtes kraft Gesetzes ausgeschlossenen Urkundsbeamten vorgenommen worden sind.

（4） Wird die Änderung einer Entscheidung des Urkundsbeamten der Geschäftsstelle verlangt，so entscheidet，wenn dieser dem Verlangen nicht entspricht，die für die Führung des Grundbuchs zuständige Person. Die Beschwerde findet erst gegen ihre Entscheidung statt.

（5） In den Fällen des § 12b Absatz 2 entscheidet über die Gewährung von Einsicht oder die Erteilung von Abschriften die Leitung der Stelle oder ein von ihm hierzu ermächtigter Bediensteter. Gegen die Entscheidung ist die Beschwerde nach dem Vierten Abschnitt gegeben. Örtlich zuständig ist das Gericht，in dessen Bezirk die Stelle ihren Sitz hat.

第 12c 条

（1） 业务处文书决定下列事项：

1. 允许查阅土地登记簿或者第 12 条所谓之基础文件和登记申请以及由此提供复印件，只要查阅并非为了追求科学或者研究之目的；

2. 按照第 12a 条给予答复或者准许查阅该条所谓之目录；

3. 于其他法律所规定之情形给予答复；

4. 证书资料之返还申请以及向国内法院或者政府机构寄发基础文件。

（2） 此外，业务处文书负责管辖：

1. 复印件之认证（第 1 款数字 1），即使给予复印件并非由其决定；然而，地方法院之领导可授权某一司法工作人员取代文书进行认证；

2. 各种处分和登记事项与土地登记簿和按照第 2 条第 2 款之官方目录或者其他与此相关之目录保持一致，但是同时涉及权利方式之更正或者所有权错误之更正之处分和登记事项除外；

3. 决定法院登入或者消灭有关备注之申请，该备注关系破产程序之启动以及按照《破产法》对于处分之限制，或者关系强制拍卖及强制管理程序之引入；

3a. 决定登入或者消灭按照《财产法》第 30b 条第 1 款预约备注之申请；

4. 土地登记簿登记之自然人姓名、职业或者住所地之更正；

5. 按照第 10a 条第 2 款之规定制作证明。

（3）《家事及自由审判籍事务程序法》第 6 条之规定按其意义适用于业务处文书。业务处文书之行为不因为该文书无地域管辖权或者被依法排除履职而无效。

（4）请求变更业务处文书之决定，如该文书不同意该请求，由负责有关土地登记簿编制之人决定是否变更。对该决定始得申诉。

（5）于第 12b 条第 2 款之情形下对于允许查阅或者提供复印件由登记处领导或者登记处领导授权之某一公务员决定。针对该决定之申诉按照第四章之规定执行。登记处所在地位于其辖区之法院具有地域管辖权。

II. Zweiter Abschnitt Eintragungen in das Grundbuch
第二章 登簿

§13

（1）Eine Eintragung soll, soweit nicht das Gesetz etwas anderes vorschreibt, nur auf Antrag erfolgen. Antragsberechtigt ist jeder, dessen Recht von der Eintragung betroffen wird oder zu dessen Gunsten die Eintragung erfolgen soll.

（2）Der genaue Zeitpunkt, in dem ein Antrag beim Grundbuchamt eingeht, soll auf dem Antrag vermerkt werden. Der Antrag ist beim Grundbuchamt eingegangen, wenn er einer zur Entgegennahme zuständigen Person vorgelegt ist. Wird er zur Niederschrift einer solchen Person gestellt, so ist er mit Abschluß der Niederschrift eingegangen.

（3）Für die Entgegennahme eines auf eine Eintragung gerichteten Antrags oder Ersuchens und die Beurkundung des Zeitpunkts, in welchem der Antrag oder das Ersuchen beim Grundbuchamt eingeht, sind nur die für die Führung des Grundbuchs über das betroffene Grundstück zuständige Person und der von der Leitung des Amtsgerichts für das ganze Grundbuchamt oder einzelne Abteilungen hierzu bestellte Beamte（Angestellte）der Geschäftsstelle zuständig. Bezieht sich der Antrag oder das Ersuchen auf mehrere Grundstücke in verschiedenen Geschäftsbereichen desselben Grundbuchamts, so ist jeder zuständig, der nach Satz 1 in Betracht kommt.

第13条

（1）以法律没有不同规定为限，登记应该只限于应申请而为之。登记涉及其权利或者为了其利益应该进行登记之人为申请权利人。

（2）应于登记申请上备注某一登记申请到达土地登记局之准确时间。如果登记申请被提交给某一负责收件之人，则该登记申请到达土地登记局。须由该人作签收记录（回执）的，于完成记录时到达。

（3）证明文件与申请或者官方申请同时到达土地登记局的，只有负责有关土地土地登记簿编制之人以及地方法院领导为整个土地登记局或者单个部门任命之土地登记处公务员（雇员），才有权管辖针对登记所提交之申请或者官方申请。申请或者官方申请涉及同一土地登记局不同业务领域之数宗土地的，按照第 1 句，在考虑之列之每个人均有管辖权。

§ 14

Die Berichtigung des Grundbuchs durch Eintragung eines Berechtigten darf auch von demjenigen beantragt werden, welcher auf Grund eines gegen den Berechtigten vollstreckbaren Titels eine Eintragung in das Grundbuch verlangen kann, sofern die Zulässigkeit dieser Eintragung von der vorgängigen Berichtigung des Grundbuchs abhängt.

第 14 条

通过权利人之申请而更正土地登记簿亦可由该人提出申请，其基于可执行之文书针对权利人可以请求于土地登记簿上进行某项登记，如果该登记之许可依赖于此前土地登记簿之更正。

§ 15

（1）Für die Eintragungsbewilligung und die sonstigen Erklärungen, die zu der Eintragung erforderlich sind und in öffentlicher oder öffentlich beglaubigter Form abgegeben werden, können sich die Beteiligten auch durch Personen vertreten lassen, die nicht nach § 10 Abs. 2 des Gesetzes über das Verfahren in Familiensachen und in den Angelegenheiten der freiwilligen Gerichtsbarkeit vertretungsbefugt sind. Dies gilt auch für die Entgegennahme vonEintragungsmitteilungen und Verfügungen des Grundbuchamtes nach § 18.

（2）Ist die zu einer Eintragung erforderliche Erklärung von einem Notar beurkundet oder beglaubigt, so gilt dieser als ermächtigt, im Namen eines Antragsberechtigten die Eintragung zu beantragen.

（3）Die zu einer Eintragung erforderlichen Erklärungen sind vor ihrer Einreichung für das Grundbuchamt von einem Notar auf Eintragungsfähigkeit zu prüfen. Dies gilt nicht, wenn die Erklärung von einer öffentlichen Behörde abgegeben wird.

第 15 条

（1）以官方或者官方认证之形式所作出且为登记所必要之登记许可以及其他声明，当事人亦可通过并非按照《家事及自由审判籍事务程序法》第 10 条第 2 款具有代理权限之人代理为之。该规定同样适用于接收土地登记局按照第 18 条所作之登记通知和其他处分。

（2）登记所需之声明由某一公证人制作成公证文书或者认证的，视为授权该公证人以申请权利人之名义申请该登记。

（3）登记所需之声明于递交土地登记局之前须由某一公证人审核其是否具有登簿能力。如果声明系由国家机关作出则不适用该规定。

§ 16

（1）Einem Eintragungsantrag, dessen Erledigung an einen Vorbehalt geknüpft wird, soll nicht stattgegeben werden.

（2）Werden mehrere Eintragungen beantragt, so kann von dem Antragsteller bestimmt werden, daß die eine Eintragung nicht ohne die andere erfolgen soll.

第 16 条

（1）登记申请之完成附加保留条件的不应批准。

（2）申请数项登记的，申请人可以规定，某一登记不应于没有其他登记之情形下进行。

§ 17

Werden mehrere Eintragungen beantragt, durch die dasselbe Recht betroffen wird, so darf die später beantragte Eintragung nicht vor der Erledigung des früher gestellten Antrags erfolgen.

第 17 条

申请数项涉及同一权利之登记，在后申请之登记不可于在先递交之申请完成前进行。

§ 18

（1） Steht einer beantragten Eintragung ein Hindernis entgegen, so hat das Grundbuchamt entweder den Antrag unter Angabe der Gründe zurückzuweisen oder dem Antragsteller eine angemessene Frist zur Hebung des Hindernisses zu bestimmen. Im letzteren Fall ist der Antrag nach dem Ablauf der Frist zurückzuweisen, wenn nicht inzwischen die Hebung des Hindernisses nachgewiesen ist.

（2） Wird vor der Erledigung des Antrags eine andere Eintragung beantragt, durch die dasselbe Recht betroffen wird, so ist zugunsten des früher gestellten Antrags von Amts wegen eine Vormerkung oder ein Widerspruch einzutragen; die Eintragung gilt im Sinne des § 17 als Erledigung dieses Antrags. Die Vormerkung oder der Widerspruch wird von Amts wegen gelöscht, wenn der früher gestellte Antrag zurückgewiesen wird.

第 18 条

（1） 申请之登记面临障碍，土地登记局要么于说明理由之情形下拒绝该申请，要么为申请人规定一个合理期间以消除障碍。于后一情形如果无法在此期间证明障碍被消除的，期间届满后须拒绝该申请。

（2） 涉及同一权利之另一登记申请于该申请办结之前提出的，须按照有利于在先之申请依职权进行预告登记或者异议登记；在第 17 条意义上该在先申请之登记视为已完成。如果在先提出之申请被拒绝的，依职权注销该预告登记或者异议登记。

§ 19

Eine Eintragung erfolgt, wenn derjenige sie bewilligt, dessen Recht von ihr betroffen wird.

第 19 条

遂行某一登记，如果其权利受登记影响之人许可之。

§ 20

Im Falle der Auflassung eines Grundstücks sowie im Falle der Bestellung, Änderung des Inhalts oder Übertragung eines Erbbaurechts darf die Eintragung nur erfolgen, wenn die erforderliche Einigung des Berechtigten und des anderen Teils erklärt ist.

第 20 条

于转让土地之情形以及设立地上权、变更地上权之内容或者转让地上权之情形，只有权利人和他方当事人表示必要之物权合意，登记才可以进行。

§ 21

Steht ein Recht, das durch die Eintragung betroffen wird, dem jeweiligen Eigentümer eines Grundstücks zu, so bedarf es der Bewilligung der Personen, deren Zustimmung nach § 876 Satz 2 des Bürgerlichen Gesetzbuchs zur Aufhebung des Rechtes erforderlich ist, nur dann, wenn das Recht auf dem Blatt des Grundstücks vermerkt ist.

第 21 条

属于土地现时所有权人之某一权利受到登记之影响，仅在该权利于土地登记簿册内具有备注时，才需取得按照《民法典》第 876 条第 2 句废止该权利须征得其同意之人之许可。

§ 22

（1）Zur Berichtigung des Grundbuchs bedarf es der Bewilligung nach § 19 nicht, wenn die Unrichtigkeit nachgewiesen wird. Dies gilt insbesondere für die Eintragung oder Löschung einer Verfügungsbeschränkung.

（2）Die Berichtigung des Grundbuchs durch Eintragung eines Eigentümers oder eines Erbbauberechtigten darf, sofern nicht der Fall des § 14 vorliegt oder die Unrichtigkeit nachgewiesen wird, nur mit Zustimmung des Eigentümers oder des Erbbauberechtigten erfolgen.

第 22 条

（1）土地登记簿之更正无需按照第 19 条取得许可，如果不正确性被证实。该规定尤其适用于某一处分限制之登记或者注销。

（2）通过登入某一所有权人或者某一地上权人以更正土地登记簿，如果不存在第 14 条所规定之情形或者土地登记簿之不正确性被证实，则仅在征得所有权人或者地上权人同意之前提下才可进行。

§ 23

(1) Ein Recht, das auf die Lebenszeit des Berechtigten beschränkt ist, darf nach dessen Tod, falls Rückstände von Leistungen nicht ausgeschlossen sind, nur mit Bewilligung des Rechtsnachfolgers gelöscht werden, wenn die Löschung vor dem Ablauf eines Jahres nach dem Tod des Berechtigten erfolgen soll oder wenn der Rechtsnachfolger der Löschung bei dem Grundbuchamt widersprochen hat; der Widerspruch ist von Amts wegen in das Grundbuch einzutragen. Ist der Berechtigte für tot erklärt, so beginnt die einjährige Frist mit dem Erlaß des die Todeserklärung aussprechenden Urteils.

(2) Der im Absatz 1 vorgesehenen Bewilligung des Rechtsnachfolgers bedarf es nicht, wenn im Grundbuch eingetragen ist, daß zur Löschung des Rechtes der Nachweis des Todes desBerechtigten genügen soll.

第 23 条

（1）某一权利以权利人终生为限的，如果不排除拖欠给付，于权利人死亡后仅于取得权利继受人允许之前提下才可以注销，如果该注销想要在权利人死亡后满 1 年之前进行或者权利继受人对于注销已向土地登记局表示过异议；须依职权在土地登记簿中登记该项异议。权利人被宣告死亡的，1 年期间开始于宣告死亡判决之公告。

（2）无需第 1 款所规定权利继受人之允许，如果土地登记簿中业已登记该权利之注销以证明权利人死亡为已足。

§ 24

Die Vorschriften des §23 sind entsprechend anzuwenden, wenn das Recht mit der Erreichung eines bestimmten Lebensalters des Berechtigten oder mit dem Eintritt eines sonstigen bestimmten Zeitpunkts oder Ereignisses erlischt.

第 24 条

伴随到达某一规定年龄，或者伴随其他确定时刻之到来或事件之发生而致权利消灭的，准用第 23 条之规定。

§ 25

Ist eine Vormerkung oder ein Widerspruch auf Grund einer einstweiligen Verfügung eingetragen, so bedarf es zur Löschung nicht der Bewilligung des Berechtigten, wenn die einstweilige Verfügung durch eine vollstreckbare Entscheidung aufgehoben ist. Diese Vorschrift ist entsprechend anzuwenden, wenn auf Grund eines vorläufig vollstreckbaren Urteils nach den Vorschriften der Zivilprozeßordnung oder auf Grund eines Bescheides nach dem Vermögensgesetz eine Vormerkung oder ein Widerspruch eingetragen ist.

第 25 条

基于临时处分而登记之某一预告登记或者异议登记，如果通过裁定该临时处分被废止，其注销无须权利人之许可。按照《民事诉讼法》之规定基于临时可执行之判决或者基于按照《财产法》所作之决定而登记之预告登记或者异议登记，准用该规定。

§ 26

（1）Soll die Übertragung einer Hypothek, Grundschuld oder Rentenschuld, über die ein Brief erteilt ist, eingetragen werden, so genügt es, wenn an Stelle der Eintragungsbewilligung die Abtretungserklärung des bisherigen Gläubigers vorgelegt wird.

（2）Diese Vorschrift ist entsprechend anzuwenden, wenn eine Belastung der

Hypothek, Grundschuld oder Rentenschuld oder die Übertragung oder Belastung einer Forderung, für die ein eingetragenes Recht als Pfand haftet, eingetragen werden soll.

第 26 条

（1）转让交付了证书之抵押权、土地债务和定期土地债务应该登记的，只需提交迄今之债权人让与之声明，以此取代登记许可。

（2）设立于抵押权、土地债务或者定期土地债务上之负担，或者债权之转让或设立负担，为此某一登记之权利作为抵押而担保之，上述负担或转让应该登记的，准用该规定。

§ 27

Eine Hypothek, eine Grundschuld oder eine Rentenschuld darf nur mit Zustimmung des Eigentümers des Grundstücks gelöscht werden. Für eine Löschung zur Berichtigung des Grundbuchs ist die Zustimmung nicht erforderlich, wenn die Unrichtigkeit nachgewiesen wird.

第 27 条

只有征得土地所有权人之同意才可以注销抵押权、土地债务及定期土地债务。为更正土地登记簿而注销无需征得土地所有权人之同意，如果土地登记簿之不正确性被证实。

§ 28

In der Eintragungsbewilligung oder, wenn eine solche nicht erforderlich ist, in dem Eintragungsantrag ist das Grundstück übereinstimmend mit dem Grundbuch oder durch Hinweis auf das Grundbuchblatt zu bezeichnen. Einzutragende Geldbeträge sind in inländischer Währung anzugeben; durch Rechtsverordnung des Bundesministeriums der Justiz und für Verbraucherschutz im Einvernehmen mit dem Bundesministerium der Finanzen kann die Angabe in einer einheitlichen europäischen Währung, in der Währung eines Mitgliedstaats der Europäischen Union oder des Europäischen Wirtschaftsraums oder einer anderen Währung, gegen die währungspolitische

Bedenken nicht zu erheben sind, zugelassen und, wenn gegen die Fortdauer dieser Zulassung währungspolitische Bedenken bestehen, wieder eingeschränkt werden.

第 28 条

于登记许可内或者无需此类登记许可时于登记申请内，对于地名之使用须与土地登记簿一致或者提示土地登记簿册以指称之。以国内货币记载拟登记金额；联邦司法和消费者保护部在与联邦财政部意见一致之前提下通过行政规章可以准许以欧洲单一货币、以欧盟某一成员国货币、以欧洲经济区某一成员国货币或者以某一其他货币确定拟登记金额，只要对此不会产生货币政策疑虑，如果对于准许之持续产生了货币政策疑虑，复限制之。

§ 29

（1）Eine Eintragung soll nur vorgenommen werden, wenn die Eintragungsbewilligung oder die sonstigen zu der Eintragung erforderlichen Erklärungen durch öffentliche oder öffentlich beglaubigte Urkunden nachgewiesen werden. Andere Voraussetzungen der Eintragung bedürfen, soweit sie nicht bei dem Grundbuchamt offenkundig sind, des Nachweises durch öffentliche Urkunden.

（2）（weggefallen）

（3）Erklärungen oder Ersuchen einer Behörde, auf Grund deren eine Eintragung vorgenommen werden soll, sind zu unterschreiben und mit Siegel oder Stempel zu versehen. Anstelle der Siegelung kann maschinell ein Abdruck des Dienstsiegels eingedruckt oder aufgedruckt werden.

第 29 条

（1）只有当登记许可或者其他为登记所必需之声明经官方文件或者官方认证之文件证明的，才能进行某一登记。登记所需具备之其他前提条件，如其不为土地登记局所明知，需要通过官方文件予以证明。

（2）已删除。

（3）基于政府机关所作之声明或者请求应进行某一登记的，载有该声明或者请求之公文须附加签名并且加盖公章或者图章。可通过机器将政府部门公章印迹压入或者加盖于有关公文中，以此取代加盖印章。

§ 29a

Die Voraussetzungen des § 1179 Nr. 2 des Bürgerlichen Gesetzbuchs sind glaubhaft zu machen; § 29 gilt hierfür nicht.

第 29a 条

具备《民法典》第1179条数字2所规定之前提条件应能自圆其说；第29条为此不适用。

§ 30

Für den Eintragungsantrag sowie für die Vollmacht zur Stellung eines solchen gelten die Vorschriften des § 29 nur, wenn durch den Antrag zugleich eine zu der Eintragung erforderlicheErklärung ersetzt werden soll.

第 30 条

对于登记申请以及代理登记申请之提交，如果通过该申请同时想要以之代替登记所必需之声明，才适用第29条之规定。

§ 31

Eine Erklärung, durch die ein Eintragungsantrag zurückgenommen wird, bedarf der in § 29 Abs. 1 Satz 1 und Abs. 3 vorgeschriebenen Form. Dies gilt nicht, sofern der Antrag auf eine Berichtigung des Grundbuchs gerichtet ist. Satz 1 gilt für eine Erklärung, durch die eine zur Stellung des Eintragungsantrags erteilte Vollmacht widerrufen wird, entsprechend.

第 31 条

通过声明撤回某一登记申请的，须具备第29条第1款第1句以及第3款所规定之形式。如果申请系针对土地登记簿之更正而提出，该规定不适用。第1句准用于某一声明，通过该声明将目的在于提交登记申请而授予之代理权撤销。

§ 32

（1）Die im Handels-, Genossenschafts-, Partnerschafts- oder Vereinsregister eingetragenen Vertretungsberechtigungen, Sitzverlegungen, Firmen- oder Namensänderungen sowie das Bestehen juristischer Personen und Gesellschaften können durch eine Bescheinigung nach § 21 Absatz 1 der Bundesnotarordnung nachgewiesen werden. Dasselbe gilt für sonstige rechtserhebliche Umstände, die sich aus Eintragungen im Register ergeben, insbesondere für Umwandlungen. Der Nachweis kann auch durch einen amtlichen Registerausdruck oder eine beglaubigte Registerabschrift geführt werden.

（2）Wird das Register elektronisch geführt, kann in den Fällen des Absatzes 1 Satz 1 der Nachweis auch durch die Bezugnahme auf das Register geführt werden. Dabei sind das Registergericht und das Registerblatt anzugeben.

第 32 条

（1）于商事登记簿、合作社登记簿、自由职业合伙登记簿以及社团登记簿中所登记之代理权、住址搬迁、商号或者名称之变更以及法人或者合伙之产生，可通过按照《联邦公证人法》第 21 条第 1 款之证书予以证明。该规定同样适用于登记簿上所登记之其他具有显著法律意义之情事，尤其适用于企业形式转换。该证明亦可通过官方出具之登记簿打印件或者经认证之登记簿复印件完成。

（2）如果登记簿采用电子形式编制，对于第 1 款第 1 句之情形亦可通过关联该电子登记簿完成。为此应记载登记法院以及登记簿页。

§ 33

（1）Der Nachweis, dass zwischen Ehegatten oder Lebenspartnern Gütertrennung oder ein vertragsmäßiges Güterrecht besteht oder dass ein Gegenstand zum Vorbehaltsgut eines Ehegatten oder Lebenspartners gehört, kann durch ein Zeugnis des Gerichts über die Eintragung des güterrechtlichen Verhältnisses im Güterrechtsregister geführt werden.

（2）Ist das Grundbuchamt zugleich das Registergericht, so genügt statt des

Zeugnisses nach Absatz 1 die Bezugnahme auf das Register.

第 33 条

（1）夫妻之间或者生活伴侣之间对于存在财产分别制或者契约财产制，或者夫妻一方、生活伴侣一方对某一客体属于其保留财产之证明，可通过法院对于夫妻财产制登记簿上所登记之夫妻财产制关系之证书完成。

（2）土地登记局同时就是（位于）登记簿法院的，关联该登记簿以取代第 1 款之证书为已足。

§ 34

Eine durch Rechtsgeschäft erteilte Vertretungsmacht kann auch durch eine Bescheinigung nach § 21 Absatz 3 der Bundesnotarordnung nachgewiesen werden.

第 34 条

某一通过法律行为授予之代理权亦可通过按照《联邦公证人法》第 21 条第 3 款之证书予以证明。

§ 35

（1）Der Nachweis der Erbfolge kann nur durch einen Erbschein oder ein Europäisches Nachlasszeugnis geführt werden. Beruht jedoch die Erbfolge auf einer Verfügung von Todes wegen, die in einer öffentlichen Urkunde enthalten ist, so genügt es, wenn an Stelle des Erbscheins oder des Europäischen Nachlasszeugnisses die Verfügung und die Niederschrift über die Eröffnung der Verfügung vorgelegt werden; erachtet das Grundbuchamt die Erbfolge durch diese Urkunden nicht für nachgewiesen, so kann es die Vorlegung eines Erbscheins oder eines Europäischen Nachlasszeugnisses verlangen.

（2）Das Bestehen der fortgesetzten Gütergemeinschaft sowie die Befugnis eines Testamentsvollstreckers zur Verfügung über einen Nachlaßgegenstand ist nur auf Grund der in den § § 1507, 2368 des Bürgerlichen Gesetzbuchs vorgesehenen Zeugnisse oder eines Europäischen Nachlasszeugnisses als nachgewiesen anzunehmen; auf den Nachweis der Befugnis des Testamentsvollstreckers sind jedoch die

Vorschriften des Absatzes 1 Satz 2 entsprechend anzuwenden.

（3）Zur Eintragung des Eigentümers oder Miteigentümers eines Grundstücks kann das Grundbuchamt von den in den Absätzen 1 und 2 genannten Beweismitteln absehen und sich mit anderen Beweismitteln，für welche die Form des §29 nicht erforderlich ist，begnügen，wenn das Grundstück oder der Anteil am Grundstück weniger als 3000 Euro wert ist und die Beschaffung des Erbscheins，des Europäischen Nachlasszeugnisses oder des Zeugnisses nach §1507 des Bürgerlichen Gesetzbuchs nur mit unverhältnismäßigem Aufwand an Kosten oder Mühe möglich ist. Der Antragsteller kann auch zur Versicherung an Eides Statt zugelassen werden.

第 35 条

（1）继承顺序之证明只能通过继承证书或者欧洲遗产证书完成。如果继承顺序以某一官方文书中所包含之死因处分为基础，则提交该死因处分以及对于开启该死因处分之记录为已足，以此取代继承证书或者欧洲遗产证书。土地登记局认为通过这些文件无法证明继承顺序的，可以要求提供继承证书或者欧洲遗产证书。

（2）共有财产之持续存在以及遗嘱执行人对于某一遗产标的之处分权只能基于《民法典》第 1507 条、第 2368 条所规定之证书或者欧洲遗产证书予以证明及接受；对于遗嘱执行人处分权之证明准用第 1 款第 2 句之规定。

（3）对于某一土地之所有权人或者共有所有权人之登记，土地登记局可以不按照第 1 款和第 2 款所谓之证明方法，而满足于采用其他无需具备第 29 条所规定形式之证明方法，如果该土地或者该土地之共有份额价值少于 3000 欧元并且获取继承证书、欧洲遗产证书或者按照《民法典》第 1507 条出具之证书便只能付出不成比例之费用或者辛劳才有可能。可允许申请人提供保证以替代宣誓。

§36

（1）Soll bei einem zum Nachlass oder zu dem Gesamtgut einer Gütergemeinschaft gehörenden Grundstück oder Erbbaurecht einer der Beteiligten als Eigentümer oder Erbbauberechtigtereingetragen werden，so genügt zum Nachweis der Rechtsnachfolge und der zur Eintragung des Eigentumsübergangs erforderlichen

Erklärungen der Beteiligten ein gerichtliches Zeugnis. Das Zeugnis erteilt

1. das Nachlassgericht, wenn das Grundstück oder das Erbbaurecht zu einem Nachlass gehört,

2. das nach § 343 des Gesetzes über das Verfahren in Familiensachen und in den Angelegenheiten der freiwilligen Gerichtsbarkeit zuständige Amtsgericht, wenn ein Anteil an dem Gesamtgut zu einem Nachlass gehört, und

3. im Übrigen das nach § 122 des Gesetzes über das Verfahren in Familiensachen und in den Angelegenheiten der freiwilligen Gerichtsbarkeit zuständige Amtsgericht.

(2) Das Zeugnis darf nur ausgestellt werden, wenn:

a) die Voraussetzungen für die Erteilung eines Erbscheins vorliegen oder der Nachweis der Gütergemeinschaft durch öffentliche Urkunden erbracht ist und

b) die Abgabe der Erklärungen der Beteiligten in einer den Vorschriften der Grundbuchordnung entsprechenden Weise dem nach Absatz 1 Satz 2 zuständigen Gericht nachgewiesen ist.

(2a) Ist ein Erbschein über das Erbrecht sämtlicher Erben oder ein Zeugnis über die Fortsetzung der Gütergemeinschaft erteilt, so ist auch der Notar, der die Auseinandersetzung vermittelt hat, für die Erteilung des Zeugnisses nach Absatz 1 Satz 1 zuständig.

(3) Die Vorschriften über die Zuständigkeit zur Entgegennahme der Auflassung bleiben unberührt.

第 36 条

（1）对于某一属于遗产或者属于夫妻共同财产制总括财产之土地或者地上权，欲将当事人之一作为所有权人或者地上权人予以登记的，对于权利继受人以及对于所有权移转登记所必需之各方当事人声明之证明，某一法院之证书为已足。颁发证书之法院为：

1. 遗产法院，如果该土地或者地上权属于遗产；

2. 按照《家事及自由审判籍事务程序法》第 343 条享有管辖权之地方法院，如果总括财产之某一份额属于遗产；

3. 其他情形下按照《家事及自由审判籍事务程序法》第 122 条享有管辖

权之地方法院。

（2）该证书只可于下列情形颁发，如果：

a）发给继承证书之前提条件已具备或者已提供通过官方文件对于夫妻共同财产制之证明；

b）当事人作出符合《土地登记簿法》所规定形式之声明并且已向按照第1款第2句享有管辖权之法院证明之。

（2a）就全部继承人之继承权颁发了继承证书或者对于夫妻共同财产制之持续颁发了证书的，调解该争议之公证人，亦有权管辖并颁发按照第1款第1句之证书。

（3）有关接受土地所有权转让之管辖规定不受影响。

§37

Die Vorschriften des §36 sind entsprechend anzuwenden, wenn bei einer Hypothek, Grundschuld oder Rentenschuld, die zu einem Nachlaß oder zu dem Gesamtgut einer Gütergemeinschaft gehört, einer der Beteiligten als neuer Gläubiger eingetragen werden soll.

第37条

抵押权、土地债务和定期土地债务属于遗产或者属于夫妻共同财产制之总括财产，欲将当事人之一作为新债权人予以登记，准用第36条之规定。

§38

In den Fällen, in denen nach gesetzlicher Vorschrift eine Behörde befugt ist, das Grundbuchamtum eine Eintragung zu ersuchen, erfolgt die Eintragung auf Grund des Ersuchens der Behörde.

第38条

按照法律规定某一政府机关有权申请于土地登记簿上进行某项登记的，基于该机关之申请进行该登记。

§ 39

（1）Eine Eintragung soll nur erfolgen, wenn die Person, deren Recht durch sie betroffen wird, als der Berechtigte eingetragen ist.

（2）Bei einer Hypothek, Grundschuld oder Rentenschuld, über die ein Brief erteilt ist, steht es der Eintragung des Gläubigers gleich, wenn dieser sich im Besitz des Briefes befindet und sein Gläubigerrecht nach § 1155 des Bürgerlichen Gesetzbuchs nachweist.

第 39 条

（1）只有登记涉及其权利之人作为权利人业已登记，才可以进行某一登记。

（2）对于业已颁发证书之抵押权、土地债务和定期土地债务，如果债权人占有该证书并且其债权按照《民法典》第 1155 条业已证明，该证书与债权人登记具有同一效力。

§ 40

（1）Ist die Person, deren Recht durch eine Eintragung betroffen wird, Erbe des eingetragenen Berechtigten, so ist die Vorschrift des § 39 Abs. 1 nicht anzuwenden, wenn die Übertragung oder die Aufhebung des Rechts eingetragen werden soll oder wenn der Eintragungsantrag durch die Bewilligung des Erblassers oder eines Nachlaßpflegers oder durch einen gegen den Erblasser oder den Nachlaßpfleger vollstreckbaren Titel begründet wird.

（2）Das gleiche gilt für eine Eintragung auf Grund der Bewilligung eines Testamentsvollstreckers oder auf Grund eines gegen diesen vollstreckbaren Titels, sofern die Bewilligung oder der Titel gegen den Erben wirksam ist.

第 40 条

（1）登记涉及其权利之人，系登记权利人之继承人，则第 39 条第 1 款之规定不适用，如果该权利之移转或者废止应该登记，则该登记申请或者以该被继承人或者遗产保佐人之许可为基础，或者以针对该被继承人或者遗产保佐人之可执行文书为基础。

（2）登记系以遗嘱执行人之许可或者针对遗嘱执行人之可执行文书为基础的，只要该许可或者文书对继承人有效，便适用相同之规定。

§ 41

（1）Bei einer Hypothek, über die ein Brief erteilt ist, soll eine Eintragung nur erfolgen, wenn der Brief vorgelegt wird. Für die Eintragung eines Widerspruchs bedarf es der Vorlegung nicht, wenn die Eintragung durch eine einstweilige Verfügung angeordnet ist und der Widerspruch sich darauf gründet, daß die Hypothek oder die Forderung, für welche sie bestellt ist, nicht bestehe oder einer Einrede unterliege oder daß die Hypothek unrichtig eingetragen sei. Der Vorlegung des Briefes bedarf es nicht für die Eintragung einer Löschungsvormerkung nach § 1179 des Bürgerlichen Gesetzbuchs.

（2）Der Vorlegung des Hypothekenbriefs steht es gleich, wenn in den Fällen der §§ 1162, 1170, 1171 des Bürgerlichen Gesetzbuchs auf Grund des Ausschließungsbeschlusses die Erteilung eines neuen Briefes beantragt wird. Soll die Erteilung des Briefes nachträglich ausgeschlossen oder die Hypothek gelöscht werden, so genügt die Vorlegung des Ausschlußurteils.

第 41 条

（1）对于已颁发证书之抵押权，仅限于提交该证书之情形，才可进行登记。异议登记无需提交证书，如果该登记系通过临时处分之命令，并且建立于该证书所预定之抵押权或者债权可能并不存在或者针对其存有抗辩权或者该抵押权登记可能不正确的基础之上。按照《民法典》第 1179 条进行注销预告登记无需提交该证书。

（2）对于《民法典》第 1162 条、第 1170 条、第 1171 条所规定之情形，基于除权判决而申请颁发新证书的，与提交证书具有同一效力。嗣后应该排除颁发证书或者该抵押权消灭的，提交除权判决为已足。

§ 42

Die Vorschriften des § 41 sind auf die Grundschuld und die Rentenschuld entsprechend anzuwenden. Ist jedoch das Recht für den Inhaber des Briefes eingetragen, so bedarf es der Vorlegung des Briefes nur dann nicht, wenn der Eintragungsantrag durch die Bewilligung eines nach § 1189 des Bürgerlichen Gesetzbuchs bestellten Vertreters oder durch eine gegen ihn erlassene gerichtliche Entscheidung begründet wird.

第 42 条

土地债务和定期土地债务准用第41条之规定。然而，为证书持有人登记该权利的，仅限于在登记申请通过按照《民法典》第1189条选任之代理人之许可或者建立于针对该代理人所作之司法判决基础之上时才无需提交该证书。

§ 43

(1) Bei einer Hypothek für die Forderung aus einer Schuldverschreibung auf den Inhaber, aus einem Wechsel oder einem anderen Papier, das durch Indossament übertragen werden kann, soll eine Eintragung nur erfolgen, wenn die Urkunde vorgelegt wird; die Eintragung ist auf der Urkunde zu vermerken.

(2) Diese Vorschrift ist nicht anzuwenden, wenn eine Eintragung auf Grund der Bewilligung eines nach § 1189 des Bürgerlichen Gesetzbuchs bestellten Vertreters oder auf Grund einer gegen diesen erlassenen gerichtlichen Entscheidung bewirkt werden soll.

第 43 条

(1) 为无记名债券、汇票或者其他可通过背书转让之有价证券设立抵押权的，仅在提交该文件时才应该进行登记；于文件上备注该登记。

(2) 登记系基于按照《民法典》第1189条选任之代理人之许可，或者基于针对该代理人所作之司法判决应该导致之结果的，该规定不适用。

§ 44

(1) Jede Eintragung soll den Tag, an welchem sie erfolgt ist, angeben. Die Eintragung soll, sofern nicht nach § 12c Abs. 2 Nr. 2 bis 4 der Urkundsbeamte der Geschäftsstelle zuständig ist, die für die Führung des Grundbuchs zuständige

Person, regelmäßig unter Angabe des Wortlauts, verfügen und der Urkundsbeamte der Geschäftsstelle veranlassen; sie ist von beiden zu unterschreiben, jedoch kann statt des Urkundsbeamten ein von der Leitung des Amtsgerichts ermächtigter Justizangestellter unterschreiben. In den Fällen des § 12c Abs. 2 Nr. 2 bis 4 haben der Urkundsbeamte der Geschäftsstelle und zusätzlich entweder ein zweiter Beamter der Geschäftsstelle oder ein von der Leitung des Amtsgerichts ermächtigter Justizangestellter die Eintragung zu unterschreiben.

（2）Soweit nicht gesetzlich etwas anderes bestimmt ist und der Umfang der Belastung aus dem Grundbuch erkennbar bleibt, soll bei der Eintragung eines Rechts, mit dem ein Grundstück belastet wird, auf die Eintragungsbewilligung Bezug genommen werden. Hierbei sollen in der Bezugnahme der Name des Notars, der Notarin oder die Bezeichnung des Notariats und jeweils die Nummer der Urkundenrolle, bei Eintragungen auf Grund eines Ersuchens（§38）die Bezeichnung der ersuchenden Stelle und deren Aktenzeichen angegeben werden. Bei derEintragung von Dienstbarkeiten und Reallasten soll der Inhalt des Rechts im Eintragungstext lediglich schlagwortartig bezeichnet werden; das Gleiche gilt bei der Eintragung von Vormerkungen für solche Rechte.

（3）Bei der Umschreibung eines Grundbuchblatts, der Neufassung eines Teils eines Grundbuchblatts und in sonstigen Fällen der Übernahme von Eintragungen auf ein anderes, bereits angelegtes oder neu anzulegendes Grundbuchblatt soll, sofern hierdurch der Inhalt der Eintragung nicht verändert wird, die Bezugnahme auf die Eintragungsbewilligung oder andere Unterlagen bis zu dem Umfange nachgeholt oder erweitert werden, wie sie nach Absatz 2 zulässig wäre. Im gleichen Umfang kann auf die bisherige Eintragung Bezug genommen werden, wenn ein Recht bisher mit seinem vollständigen Wortlaut im Grundbuch eingetragen ist. Sofern hierdurch der Inhalt der Eintragung nicht verändert wird, kann auch von dem ursprünglichen Text der Eintragung abgewichen werden.

第 44 条

（1）每一登记均应写明其登记发生之日。某一登记并非按照第 12c 条第 2 款数字 2 至数字 4 由业务处文书管辖的，则由负责土地登记簿编制之人决定且通常须附上决定原文并且由业务处文书催办；二者均须签名，然而，地方法院之领导可授权某一司法工作人员取代文书进行签名。对于第12c条第2款数字2至数字4规定之情形须由业务处文书和另一要么是登记处公务员要么是由地方法院领导授权之司法工作人员在登记上签名。

（2）除非法律另有规定并且负担之范围由土地登记簿能够鉴别，对于土地上所负担之某一权利之登记，应该基于登记许可。为此，应于关联材料中记录公证人之姓名或者公证处之名称以及文件卷宗之编号，对于基于政府机关之申请而为之登记（第38条）情形则应于关联材料中记录申请机关之名称及其文件名号。对于役权和物上负担之登记仅应于登记主文中以简短标语形式标明该权利之内容；对于此类权利之预告登记适用同样的规定。

（3）对于土地登记簿册之置换、土地登记簿册部分内容之重新编制以及其他承继已有登记内容已设置簿册或拟新设置簿册之情形，只要不由此而改变登记内容，便应该关联登记许可或者其他证明材料，直至补回或者扩展至按照第2款所许可之记录范围。如果某一权利迄今以其完整原文登记于土地登记簿，可于相同范围关联其迄今之登记。只要不由此而改变登记内容，便可以不必拘泥于登记原文。

§45

（1） Sind in einer Abteilung des Grundbuchs mehrere Eintragungen zu bewirken, so erhalten sie die Reihenfolge, welche der Zeitfolge der Anträge entspricht; sind die Anträge gleichzeitig gestellt, so ist im Grundbuch zu vermerken, daß die Eintragungen gleichen Rang haben.

（2） Werden mehrere Eintragungen, die nicht gleichzeitig beantragt sind, in verschiedenen Abteilungen unter Angabe desselben Tages bewirkt, so ist im Grundbuch zu vermerken, daß die später beantragte Eintragung der früher beantragten im Rang nachsteht.

（3） Diese Vorschriften sind insoweit nicht anzuwenden, als ein Rangverhältnis nicht besteht oder das Rangverhältnis von den Antragstellern abweichend bestimmt ist.

第 45 条

（1）于土地登记簿某一分区进行若干项登记，取得与其登记申请的时间次序相应之顺位；登记申请同时提交的，须在土地登记簿上备注各项登记具有相同顺位。

（2）若干项登记并非同时提交申请，于土地登记簿不同分区所记录之登记日为同一日的，须在土地登记簿上备注在后申请之登记其顺位后于在先申请之登记。

（3）只要顺位关系不存在或者申请人对于顺位关系另有不同规定，该规定即不适用。

§ 46

（1）Die Löschung eines Rechtes oder einer Verfügungsbeschränkung erfolgt durch Eintragung eines Löschungsvermerks.

（2）Wird bei der Übertragung eines Grundstücks oder eines Grundstücksteils auf ein anderes Blatt ein eingetragenes Recht nicht mitübertragen, so gilt es in Ansehung des Grundstücks oder des Teils als gelöscht.

第 46 条

（1）通过注销备注进行某一权利之注销或者处分限制之注销。

（2）某宗土地或者某宗土地之部分被转录至另一土地登记簿册而某一登记之权利并不一同转录的，考虑到该宗土地或者该宗土地之部分，该权利视为注销。

§ 47

（1）Soll ein Recht für mehrere gemeinschaftlich eingetragen werden, so soll die Eintragung in der Weise erfolgen, daß entweder die Anteile der Berechtigten in Bruchteilen angegeben werden oder das für die Gemeinschaft maßgebende Rechtsverhältnis bezeichnet wird.

（2）Soll ein Recht für eine Gesellschaft bürgerlichen Rechts eingetragen werden, so sind auch deren Gesellschafter im Grundbuch einzutragen. Die für den

Berechtigten geltenden Vorschriften gelten entsprechend für die Gesellschafter.

第 47 条

(1) 数人共有之权利应该登记的，登记应以如下方式进行，即要么记录权利人之共有份额，要么记录对于共有具有决定性之法律关系。

(2) 某一民事合伙享有之权利应该登记的，其合伙人亦须登入土地登记簿。适用于权利人之规定准用于合伙人。

§ 48

(1) Werden mehrere Grundstücke mit einem Recht belastet, so ist auf dem Blatt jedes Grundstücks die Mitbelastung der übrigen von Amts wegen erkennbar zu machen. Das gleiche gilt, wenn mit einem an einem Grundstück bestehenden Recht nachträglich noch ein anderes Grundstück belastet oder wenn im Falle der Übertragung eines Grundstücksteils auf ein anderes Grundbuchblatt ein eingetragenes Recht mitübertragen wird.

(2) Soweit eine Mitbelastung erlischt, ist dies von Amts wegen zu vermerken.

第 48 条

(1) 数宗土地负担同一权利的，土地登记局依职权于每一宗土地之登记簿册上对于其他土地之共同负担予以清晰标注。存在于某宗土地之某一权利负担嗣后再以另一土地共同负担之，或者某宗土地之部分被转录至另一土地登记簿册而某一登记之权利一同转录之情形，适用同样之规定。

(2) 共同负担消灭的，须依职权备注之。

§ 49

Werden Dienstbarkeiten und Reallasten als Leibgedinge, Leibzucht, Altenteil oder Auszug eingetragen, so bedarf es nicht der Bezeichnung der einzelnen Rechte, wenn auf die Eintragungsbewilligung Bezug genommen wird.

第 49 条

役权和物上负担作为终身养老、终身供养、终老财产或者搬迁之对价登记，涉及登记许可的，无需指出每一权利之名称。

§ 50

（1）Bei der Eintragung einer Hypothek für Teilschuldverschreibungen auf den Inhaber genügt es，wenn der Gesamtbetrag der Hypothek unter Angabe der Anzahl，des Betrags und derBezeichnung der Teile eingetragen wird.

（2）Diese Vorschrift ist entsprechend anzuwenden，wenn eine Grundschuld oder eine Rentenschuld für den Inhaber des Briefes eingetragen und das Recht in Teile zerlegt werden soll.

第 50 条

（1）为无记名部分债券设立之抵押权其登记以写明该部分之金额及名称为已足，如果在抵押担保总金额中写明了各个部分债券之数额。

（2）如果应该为证书持有人登记某一土地债务或者某一定期土地债务而该权利又被拆分为若干份，准用该规定。

§ 51

Bei der Eintragung eines Vorerben ist zugleich das Recht des Nacherben und，soweit der Vorerbe von den Beschränkungen seines Verfügungsrechts befreit ist，auch die Befreiung von Amts wegen einzutragen.

第 51 条

于登记先位继承人时同时登记后位继承人之权利，如果先位继承人处分权之限制消除，该消除亦依职权予以登记。

§ 52

Ist ein Testamentsvollstrecker ernannt，so ist dies bei der Eintragung des Erben von Amts wegen miteinzutragen，es sei denn，daß der Nachlaßgegenstand der Verwaltung des Testamentsvollstreckers nicht unterliegt.

第 52 条

任命了遗嘱执行人的，于登记继承人时依职权一并登记该遗嘱执行人，除非该遗嘱执行人不负责管理该项遗产标的。

§53

（1）Ergibt sich, daß das Grundbuchamt unter Verletzung gesetzlicher Vorschriften eine Eintragung vorgenommen hat, durch die das Grundbuch unrichtig geworden ist, so ist von Amts wegen ein Widerspruch einzutragen. Erweist sich eine Eintragung nach ihrem Inhalt als unzulässig, so ist sie von Amts wegen zu löschen.

（2）Bei einer Hypothek, einer Grundschuld oder einer Rentenschuld bedarf es zur Eintragung eines Widerspruchs der Vorlegung des Briefes nicht, wenn der Widerspruch den im §41 Abs. 1 Satz 2 bezeichneten Inhalt hat. Diese Vorschrift ist nicht anzuwenden, wenn der Grundschuld- oder Rentenschuldbrief auf den Inhaber ausgestellt ist.

第 53 条

（1）土地登记局违反法律之规定进行了某一登记，由此造成土地登记簿不正确的，须依职权进行异议登记。经证实某一登记按其内容为不允许之登记的，须依职权注销之。

（2）对抵押权、土地债务或者定期土地债务进行异议登记无需提交证书，如果该异议具有第 41 条第 1 款第 2 句规定之内容。该规定对于签发了无记名土地债务证书或者无记名定期土地债务证书之情形不适用。

§54

Die auf einem Grundstück ruhenden öffentlichen Lasten als solche sind von der Eintragung in das Grundbuch ausgeschlossen, es sei denn, daß ihre Eintragung gesetzlich besonders zugelassen oder angeordnet ist.

第 54 条

须从土地登记簿中排除诸如此类设立于土地上之公共负担之登记，除非其登记为法律所特别允许或者指令。

§ 55

（1） Jede Eintragung soll dem den Antrag einreichenden Notar, dem Antragsteller und dem eingetragenen Eigentümer sowie allen aus dem Grundbuch ersichtlichen Personen bekanntgemacht werden, zu deren Gunsten die Eintragung erfolgt ist oder deren Recht durch sie betroffen wird, die Eintragung eines Eigentümers auch denen, für die eine Hypothek, Grundschuld, Rentenschuld, Reallast oder ein Recht an einem solchen Recht im Grundbuch eingetragen ist.

（2） Steht ein Grundstück in Miteigentum, so ist die in Absatz 1 vorgeschriebene Bekanntmachung an den Eigentümer nur gegenüber den Miteigentümern vorzunehmen, auf deren Anteil sich die Eintragung bezieht. Entsprechendes gilt bei Miteigentum für die in Absatz 1 vorgeschriebene Bekanntmachung an einen Hypothekengläubiger oder sonstigen Berechtigten von der Eintragung eines Eigentümers.

（3） Veränderungen der grundbuchmäßigen Bezeichnung des Grundstücks und die Eintragung eines Eigentümers sind außerdem der Behörde bekanntzumachen, welche das in § 2 Abs. 2 bezeichnete amtliche Verzeichnis führt.

（4） Die Eintragung des Verzichts auf das Eigentum ist der für die Abgabe der Aneignungserklärung und der für die Führung des Liegenschaftskatasters zuständigen Behörde bekanntzumachen. In den Fällen des Artikels 233 § 15 Abs. 3 des Einführungsgesetzes zum Bürgerlichen Gesetzbuche erfolgt die Bekanntmachung nur gegenüber dem Landesfiskus und der Gemeinde, in deren Gebiet das Grundstück liegt; die Gemeinde unterrichtet ihr bekannte Berechtigte oder Gläubiger.

（5） Wird der in § 9 Abs. 1 vorgesehene Vermerk eingetragen, so hat das Grundbuchamt dies dem Grundbuchamt, welches das Blatt des belasteten Grundstücks führt, bekanntzumachen. Ist der Vermerk eingetragen, so hat das Grundbuchamt, welches das Grundbuchblatt des belasteten Grundstücks führt, jede Änderung oder Aufhebung des Rechts dem Grundbuchamt des herrschenden Grundstücks bekanntzumachen.

（6） Die Bekanntmachung hat die Eintragung wörtlich wiederzugeben. Sie soll

auch die Stelle der Eintragung im Grundbuch und den Namen des Grundstückseigentümers, bei einem Eigentumswechsel auch den Namen des bisherigen Eigentümers
angeben. In die Bekanntmachung können auch die Bezeichnung des betroffenen
Grundstücks in dem in § 2 Abs. 2 genannten amtlichen Verzeichnis sowie bei einem
Eigentumswechsel die Anschrift des neuen Eigentümers aufgenommen werden.

(7) Auf die Bekanntmachung kann ganz oder teilweise verzichtet werden.

(8) Sonstige Vorschriften über die Bekanntmachung von Eintragungen in das
Grundbuch bleiben unberührt.

第 55 条

(1) 每一登记结果均应告知递交登记申请的公证人、申请人、登记之所
有权人以及任何由土地登记簿可以看出、为其利益进行登记或者其权利受登
记影响之人，某一所有权人之登入亦应告知土地登记簿上为其登记有抵押权、
土地债务、定期土地债务、实物负担或者在此类权利上设立某一权利之权
利人。

(2) 土地为共有的，第 1 款所规定对于所有权人之告知仅针对登记与其
共有份额有关之共有人进行。该规定相应适用于共有情形下某一所有权人之
登入对于抵押权债权人或者其他权利人按照第 1 款规定而为之告知。

(3) 此外，土地登记簿上土地名称的适度变更以及所有权人之登记须告
知第 2 条第 2 款所规定官方目录之编制机关。

(4) 抛弃所有权之登记须告知发出先占声明之机关以及主管不动产地籍
册编制之机关。对于《民法典施行法》第 233 条之 15 分条第 3 款之情形仅对
州国库以及土地位于其辖区之乡镇（区）进行告知；乡镇（区）通报其知晓
之权利人或者债权人。

(5) 登记第 9 条第 1 款所规定之备注的，土地登记局须将此告知编制该
设立负担土地登记簿册之土地登记局。备注业已登记的，编制该设立负担土
地登记簿册之土地登记局须将该权利的每一变更或者废止告知需役地所在之
土地登记局。

(6) 告知须逐字逐句复述该登记事项。土地登记簿上的登记机构以及土
地所有权人之姓名，对于所有权变更之情形也包括迄今之所有权人，亦应写
明。告知亦可纳入有关土地在第 2 条第 2 款所谓官方目录中之名称以及对于

所有权变更之情形下新所有权人之通信地址。

（7）可全部或者部分放弃通知。

（8）对于土地登记簿登记事项告知之其他规定不受影响。

§ 55a

（1）Enthält ein beim Grundbuchamt eingegangenes Schriftstück Anträge oder Ersuchen, für deren Erledigung neben dem angegangenen Grundbuchamt auch noch ein anderes Grundbuchamt zuständig ist oder mehrere andere Grundbuchämter zuständig sind, so kann jedes der beteiligten Grundbuchämter den anderen beteiligten Grundbuchämtern Abschriften seiner Verfügungen mitteilen.

（2）Werden bei Gesamtrechten（§ 48）die Grundbücher bei verschiedenen Grundbuchämtern geführt, so sind die Eintragungen sowie die Verfügungen, durch die ein Antrag oder Ersuchen auf Eintragung zurückgewiesen wird, den anderen beteiligten Grundbuchämtern bekanntzugeben.

第 55a 条

（1）到达土地登记局之文件包含若干项登记申请或者政府机关之登记申请，对于该等申请之完成除了已着手处理之土地登记局外，尚有另一土地登记局或者尚有若干土地登记局对此具有管辖权的，任一参与之土地登记局均可将其处分之结果以复印件告知其他参与之土地登记局。

（2）连带权利（第 48 条）之情形下，土地登记簿由数个不同土地登记局负责编制的，须将登记结果以及拒绝申请或者拒绝政府机关登记申请之处分结果通告其他参与之土地登记局。

§ 55b

Soweit das Grundbuchamt auf Grund von Rechtsvorschriften im Zusammenhang mit Grundbucheintragungen Mitteilungen an Gerichte oder Behörden oder sonstige Stellen zu machen hat, muß der Betroffene nicht unterrichtet werden. Das gleiche gilt im Falle des § 55a.

第 55b 条

土地登记局基于法律规定须将有关之土地登记簿登记结果向法院、政府机关或者其他机构进行告知的，不必知会有关当事人。该规定同样适用于第 55a 条之情形。

III. Dritter Abschnitt Hypotheken, Grundschuld, Rentenschuldbrief
第三章　抵押权、土地债务、定期土地债务证书

§ 56

（1）Der Hypothekenbrief wird von dem Grundbuchamt erteilt. Er muß die Bezeichnung als Hypothekenbrief enthalten, den Geldbetrag der Hypothek und das belastete Grundstück bezeichnen sowie mit Unterschrift und Siegel oder Stempel versehen sein.

（2）Der Hypothekenbrief ist von der für die Führung des Grundbuchs zuständigen Person und dem Urkundsbeamten der Geschäftsstelle zu unterschreiben. Jedoch kann statt des Urkundsbeamten der Geschäftsstelle ein von der Leitung des Amtsgerichts ermächtigter Justizangestellter unterschreiben.

第 56 条

（1）由土地登记局交付抵押权证书。证书须包含抵押权证书之名称、抵押担保之金额和设立负担之土地名称以及附加签名并且加盖公章或者图章。

（2）抵押权证书须由管辖土地登记簿编制之人和业务处文书一同签名。然而，地方法院领导可授权某一司法工作人员取代文书进行签名。

§ 57

（1）Der Hypothekenbrief soll die Nummer des Grundbuchblatts und den Inhalt der die Hypothek betreffenden Eintragungen enthalten. Das belastete Grundstück soll mit der laufenden Nummer bezeichnet werden, unter der es im Bestandsverzeichnis des Grundbuchs verzeichnet ist. Bei der Hypothek eingetragene Löschungsvormerkungen nach § 1179 des Bürgerlichen Gesetzbuchs sollen in den Hypothekenbrief nicht aufgenommen werden.

(2) Ändern sich die in Absatz 1 Satz 1 und 2 bezeichneten Angaben, so ist der Hypothekenbrief auf Antrag zu ergänzen, soweit nicht die Ergänzung schon nach anderen Vorschriften vorzunehmen ist.

第 57 条

(1) 抵押权证书应该包含土地登记簿册之编号以及关系该抵押权之登记内容。设立负担之土地应该标明其在土地登记簿状态目录中登记于其下之当前编号。按照《民法典》第 1179 条注销抵押权之预告登记不应纳入抵押权证书。

(2) 第 1 款第 1 句和第 2 句规定之记载内容发生变更的,须根据申请对抵押权证书进行补充,如果尚未依照其他规定进行过补充。

§ 58

(1) Ist eine Urkunde über die Forderung, für welche eine Hypothek besteht, ausgestellt, so soll die Urkunde mit dem Hypothekenbrief verbunden werden. Erstreckt sich der Inhalt der Urkunde auch auf andere Angelegenheiten, so genügt es, wenn ein öffentlich beglaubigter Auszug aus der Urkunde mit dem Hypothekenbrief verbunden wird.

(2) (weggefallen)

(3) Zum Nachweis, daß eine Schuldurkunde nicht ausgestellt ist, genügt eine darauf gerichtete Erklärung des Eigentümers.

第 58 条

(1) 为设有抵押权之债权交付证明文书的,应将此文书与抵押权证书联结。证明文书之内容亦扩及其他事务的,将官方认证之该证明文书有关摘录部分与抵押权证书联结为已足。

(2) 已删除。

(3) 为证明未交付过债权证明文书的,所有权人对此作出声明为已足。

§ 59

(1) Über eine Gesamthypothek soll nur ein Hypothekenbrief erteilt werden. Er

ist nur von einer für die Führung des Grundbuchs zuständigen Person und von einem Urkundsbeamten der Geschäftsstelle oder ermächtigten Justizangestellten（§ 56 Abs. 2）zu unterschreiben, auch wenn bezüglich der belasteten Grundstücke insoweit verschiedene Personen zuständig sind.

（2）Werden die Grundbücher der belasteten Grundstücke von verschiedenen Grundbuchämtern geführt, so soll jedes Amt für die Grundstücke, deren Grundbuchblätter es führt, einen besonderen Brief erteilen; die Briefe sind miteinander zu verbinden.

第 59 条

（1）对于某一总括抵押权只应交付一个抵押权证书。该证书仅须管辖土地登记簿编制之人以及某一业务处文书或者经授权之某一司法工作人员签名（第 56 条第 2 款），即使有关设立负担之数宗土地系由不同之人负责管辖。

（2）设立负担之数宗土地其土地登记簿由不同土地登记局编制的，每一土地登记局应就其负责编制土地登记簿册之土地交付一份特别抵押权证书；这些证书须相互联结。

§ 60

（1）Der Hypothekenbrief ist dem Eigentümer des Grundstücks, im Falle der nachträglichen Erteilung dem Gläubiger auszuhändigen.

（2）Auf eine abweichende Bestimmung des Eigentümers oder des Gläubigers ist die Vorschrift des § 29 Abs. 1 Satz 1 entsprechend anzuwenden.

第 60 条

（1）抵押权证书须交付给土地所有权人，于嗣后交付证书之情形须交付给债权人。

（2）所有权人或者债权人对此有不同规定的，准用第 29 条第 1 款第 1 句之规定。

§ 61

（1）Ein Teilhypothekenbrief kann von dem Grundbuchamt oder einem Notar hergestellt werden.

（2） Der Teilhypothekenbrief muß die Bezeichnung als Teilhypothekenbrief sowie eine beglaubigte Abschrift der im § 56 Abs. 1 Satz 2 vorgesehenen Angaben des bisherigen Briefes enthalten, den Teilbetrag der Hypothek, auf den er sich bezieht, bezeichnen sowie mit Unterschrift und Siegel oder Stempel versehen sein. Er soll außerdem eine beglaubigte Abschrift der sonstigen Angaben des bisherigen Briefes und der auf diesem befindlichen Vermerke enthalten. Eine mit dem bisherigen Brief verbundene Schuldurkunde soll in beglaubigter Abschrift mit dem Teilhypothekenbrief verbunden werden.

（3） Wird der Teilhypothekenbrief vom Grundbuchamt hergestellt, so ist auf die Unterschrift § 56 Abs. 2 anzuwenden.

（4） Die Herstellung des Teilhypothekenbriefes soll auf dem bisherigen Brief vermerkt werden.

第 61 条

（1） 部分抵押权证书可由土地登记局或者某一公证员制作。

（2） 部分抵押权证书必须包含部分抵押权证书之名称以及第 56 条第 1 款第 2 句所规定、对于迄今总额证书所作之说明、经过认证之复印件，此外尚须标明与该证书有关之抵押权担保对应部分之债权数额以及附加签名并且加盖公章或者图章。

（3） 部分抵押权证书由土地登记局制作的，对于签名适用第 56 条第 2 款。

（4） 部分抵押权证书之制作应该于迄今之总额证书上予以备注。

§ 62

（1） Eintragungen, die bei der Hypothek erfolgen, sind von dem Grundbuchamt auf demHypothekenbrief zu vermerken; der Vermerk ist mit Unterschrift und Siegel oder Stempel zu versehen. Satz 1 gilt nicht für die Eintragung einer Löschungsvormerkung nach § 1179 des Bürgerlichen Gesetzbuchs.

（2） Auf die Unterschrift ist § 56 Abs. 2 anzuwenden.

（3） In den Fällen des § 53 Abs. 1 hat das Grundbuchamt den Besitzer des

Briefes zur Vorlegung anzuhalten. In gleicher Weise hat es，wenn in den Fällen des §41 Abs. 1 Satz 2 und des §53 Abs. 2 der Brief nicht vorgelegt ist，zu verfahren，um nachträglich den Widerspruch auf dem Brief zu vermerken.

第 62 条

（1）土地登记局须在抵押权证书上备注伴随该抵押权所进行之登记；该备注须附加签名并且加盖公章或者图章。第 1 句之规定不适用于按照《民法典》第1179条对于注销之预告登记。

（2）对于签名适用第 56 条第 2 款。

（3）在第 53 条第 1 款规定之各情形下，土地登记局须督促证书占有人提交该证书。在第 41 条第 1 款第 2 句和第 53 条第 2 款规定之各情形下未提交证书的，为了嗣后在证书上备注异议登记，土地登记局须按照同样方式处理。

§ 63

Wird nach der Erteilung eines Hypothekenbriefs mit der Hypothek noch ein anderes，bei demselben Grundbuchamt gebuchtes Grundstück belastet，so ist，sofern nicht die Erteilung eines neuen Briefes über die Gesamthypothek beantragt wird，die Mitbelastung auf dem bisherigen Brief zu vermerken und zugleich der Inhalt des Briefes in Ansehung des anderen Grundstücks nach §57 zu ergänzen.

第 63 条

就某一抵押权交付了抵押权证书之后，复以同一土地登记局登记之他宗土地设立抵押负担，如果未就总括抵押权申请交付新证书，须将此共同负担在迄今之总额证书上予以备注，同时对该总额证书之内容考虑到该他宗土地按照第 57 条之规定进行补充。

§ 64

Im Falle der Verteilung einer Gesamthypothek auf die einzelnen Grundstücke ist für jedes Grundstück ein neuer Brief zu erteilen.

第 64 条

对于将某一总括抵押权分配到逐个土地之情形，须为每一宗土地交付新的抵押权证书。

§ 65

(1) Tritt nach § 1177 Abs. 1 oder nach § 1198 des Bürgerlichen Gesetzbuchs eine Grundschuld oder eine Rentenschuld an die Stelle der Hypothek, so ist, sofern nicht die Erteilung eines neuen Briefes beantragt wird, die Eintragung der Rechtsänderung auf dem bisherigen Brief zu vermerken und eine mit dem Brief verbundene Schuldurkunde abzutrennen.

(2) Das gleiche gilt, wenn nach § 1180 des Bürgerlichen Gesetzbuchs an die Stelle der Forderung, für welche eine Hypothek besteht, eine andere Forderung gesetzt wird.

第 65 条

(1) 按照《民法典》第 1177 条第 1 款或者第 1198 条以土地债务或者定期土地债务替代抵押权，如果未申请交付新证书，对该权利变更之登记须于迄今之总额证书上予以备注并且拆下与该证书联结之债务证明文书。

(2) 按照《民法典》第 1180 条以另一债权代替某一有抵押担保之债权的，适用相同之规定。

§ 66

Stehen einem Gläubiger mehrere Hypotheken zu, die gleichen Rang haben oder im Rang unmittelbar aufeinanderfolgen, so ist ihm auf seinen Antrag mit Zustimmung des Eigentümers über die mehreren Hypotheken ein Hypothekenbrief in der Weise zu erteilen, daß der Brief die sämtlichen Hypotheken umfaßt.

第 66 条

某一债权人拥有数个抵押权，这些抵押权顺位相同或者顺位前后直接相连，应其申请并取得所有权人同意的，须就其所享有的数个抵押权向其交付一个抵押权证书，该证书包含全部之抵押权。

§ 67

Einem Antrag des Berechtigten auf Erteilung eines neuen Briefes ist stattzugeben, wenn der bisherige Brief oder in den Fällen der §§ 1162, 1170, 1171 des Bürgerlichen Gesetzbuchs der Ausschließungsbeschluss vorgelegt wird.

第 67 条

对于权利人交付新证书之申请应该批准，如果提交了迄今之总额证书或者基于《民法典》第 1162 条、第 1170 条、第 1171 条之情形提交了法院之除权判决书。

§ 68

（1）Wird ein neuer Brief erteilt, so hat er die Angabe zu enthalten, daß er an die Stelle des bisherigen Briefes tritt.

（2）Vermerke, die nach den §§ 1140, 1145, 1157 des Bürgerlichen Gesetzbuchs für das Rechtsverhältnis zwischen dem Eigentümer und dem Gläubiger in Betracht kommen, sind auf den neuen Brief zu übertragen.

（3）Die Erteilung des Briefes ist im Grundbuch zu vermerken.

第 68 条

（1）交付之新证书须包含以其替代迄今之总额证书之说明。

（2）按照《民法典》第 1140 条、第 1145 条、第 1157 条考虑到所有权人和债权人之间的法律关系所作之全部备注，均须移转至新证书。

（3）须于土地登记簿中备注证书之交付情形。

§ 69

Wird eine Hypothek gelöscht, so ist der Brief unbrauchbar zu machen; das gleiche gilt, wenn die Erteilung des Briefes über eine Hypothek nachträglich ausgeschlossen oder an Stelle des bisherigen Briefes ein neuer Hypothekenbrief, ein Grundschuldbrief oder ein Rentenschuldbrief erteilt wird. Eine mit dem bisherigen

Brief verbundene Schuldurkunde ist abzutrennen und, sofern sie nicht mit dem neuen Hypothekenbrief zu verbinden ist, zurückzugeben.

第 69 条

抵押权消灭的，抵押权证书须予作废处理；嗣后排除交付抵押权证书的，或者交付新抵押权证书、土地债务证书或定期土地债务证书以替代迄今之总额证书的，适用相同之规定。与迄今之总额证书联结之债务证明文书须被拆下以及退还，如其无须与新抵押权证书相联结。

§ 70

(1) Die Vorschriften der §§ 56 bis 69 sind auf den Grundschuldbrief und den Rentenschuldbrief entsprechend anzuwenden. Der Rentenschuldbrief muß auch die Ablösungssumme angeben.

(2) Ist eine für den Inhaber des Briefes eingetragene Grundschuld oder Rentenschuld in Teile zerlegt, so ist über jeden Teil ein besonderer Brief herzustellen.

第 70 条

(1) 第 56 条至第 69 条之规定准用于土地债务证书和定期土地债务证书。定期土地债务证书须写明销除金额。

(2) 为证书持有人登记之某一土地债务或者定期土地债务被拆分成若干份额的，须就各份额制作一份特别证书。

IV. Vierter Abschnitt Beschwerde
第四章 上诉

§ 71

（1）Gegen die Entscheidungen des Grundbuchamts findet das Rechtsmittel der Beschwerde statt.

（2）Die Beschwerde gegen eine Eintragung ist unzulässig. Im Wege der Beschwerde kann jedoch verlangt werden, daß das Grundbuchamt angewiesen wird, nach § 53 einen Widerspruch einzutragen oder eine Löschung vorzunehmen.

第 71 条

（1）以上诉作为针对土地登记局所作决定之法律救济。

（2）不允许针对某一登记进行上诉。可以上诉之方式提请指令土地登记局按照第 53 条进行异议登记或者进行注销。

§ 72

Über die Beschwerde entscheidet das Oberlandesgericht, in dessen Bezirk das Grundbuchamt seinen Sitz hat.

第 72 条

由土地登记局所在地位于其辖区之州高等法院针对上诉进行裁定。

§ 73

（1）Die Beschwerde kann bei dem Grundbuchamt oder bei dem Beschwerdegericht eingelegt werden.

（2）Die Beschwerde ist durch Einreichung einer Beschwerdeschrift oder durch Erklärung zur Niederschrift des Grundbuchamts oder der Geschäftsstelle des

Beschwerdegerichts einzulegen. Für die Einlegung der Beschwerde durch die Übermittlung eines elektronischen Dokuments, die elektronische Gerichtsakte sowie das gerichtliche elektronische Dokument gilt § 14 Absatz 1 bis 3 und 5 des Gesetzes über das Verfahren in Familiensachen und in den Angelegenheiten der freiwilligen Gerichtsbarkeit.

第 73 条

（1） 可在土地登记局或者上诉法院处提出上诉。

（2） 可通过递交上诉状或者通过在土地登记局或上诉法院立案处表示上诉之记录提出上诉。对于以传送电子文档提出上诉、法庭电子文件以及电子司法文件适用《家事及自由审判籍事务程序法》第 14 条第 1 款至第 3 款以及第 5 款之规定。

§ 74

Die Beschwerde kann auf neue Tatsachen und Beweise gestützt werden.

第 74 条

可以新的事实和证据支持上诉。

§ 75

Erachtet das Grundbuchamt die Beschwerde für begründet, so hat es ihr abzuhelfen.

第 75 条

土地登记局认为上诉理由成立的，应针对上诉纠正错误。

§ 76

（1） Das Beschwerdegericht kann vor der Entscheidung eine einstweilige Anordnung erlassen, insbesondere dem Grundbuchamt aufgeben, eine Vormerkung oder einen Widerspruch einzutragen, oder anordnen, daß die Vollziehung der angefochtenen Entscheidung auszusetzenist.

（2）Die Vormerkung oder der Widerspruch （Absatz 1）wird von Amts wegen gelöscht, wenn die Beschwerde zurückgenommen oder zurückgewiesen ist.

（3）Die Beschwerde hat nur dann aufschiebende Wirkung, wenn sie gegen eine Verfügung gerichtet ist, durch die ein Zwangsgeld festgesetzt wird.

第 76 条

（1）上诉法院于裁定前可以颁发临时指令，尤其是指令土地登记局进行一项预告登记或者异议登记，或者指令暂停执行被撤销之决定。

（2）预告登记或者异议登记（第 1 款）应依职权予以注销，如果上诉被撤回或者被驳回。

（3）上诉仅限于系针对规定罚款之处分决定而提出时，才具有延缓效力。

§ 77

Die Entscheidung des Beschwerdegerichts ist mit Gründen zu versehen und dem Beschwerdeführer mitzuteilen.

第 77 条

上诉法院之裁定应附理由并且通知上诉人。

§ 78

（1）Gegen einen Beschluss des Beschwerdegerichts ist die Rechtsbeschwerde statthaft, wenn sie das Beschwerdegericht in dem Beschluss zugelassen hat.

（2）Die Rechtsbeschwerde ist zuzulassen, wenn

1. die Rechtssache grundsätzliche Bedeutung hat oder

2. die Fortbildung des Rechts oder die Sicherung einer einheitlichen Rechtsprechung eine Entscheidung des Rechtsbeschwerdegerichts erfordert.

Das Rechtsbeschwerdegericht ist an die Zulassung gebunden.

（3）Auf das weitere Verfahren finden § 73 Absatz 2 Satz 2 dieses Gesetzes sowie die § § 71 bis 74a des Gesetzes über das Verfahren in Familiensachen und in den Angelegenheiten der freiwilligen Gerichtsbarkeit entsprechende Anwendung.

第 78 条

（1）针对上诉法院之裁决允许提出法律问题上诉，如其为上诉法院裁定书所允许。

（2）应该允许法律问题上诉，如果：

1. 该法律诉讼具有根本性意义；

2. 法律之续造或者裁判统一之保证，需要法律问题上诉法院作出判决。

法律问题上诉法院受该允许之约束。

（3）其他程序准用本法第 73 条第 2 款第 2 句以及《家事及自由审判籍事务程序法》第 71 条至第 74a 条。

§ 79

（weggefallen）

第 79 条

已删除。

§ 80

（weggefallen）

第 80 条

已删除。

§ 81

（1）Über Beschwerden entscheidet bei den Oberlandesgerichten und dem Bundesgerichtshof ein Zivilsenat.

（2）Die Vorschriften der Zivilprozeßordnung über die Ausschließung und Ablehnung der Gerichtspersonen sind entsprechend anzuwenden.

（3）Die Vorschrift des § 44 des Gesetzes über das Verfahren in Familiensachen und in den Angelegenheiten der freiwilligen Gerichtsbarkeit über die Fortführung des Verfahrens bei Verletzung des Anspruchs auf rechtliches Gehör ist entsprechend anzuwenden.

（4）Die Bundesregierung und die Landesregierungen bestimmen für ihren Bereich durch Rechtsverordnung den Zeitpunkt, von dem an elektronische Akten geführt werden können. Die Bundesregierung und die Landesregierungen bestimmen für ihren Bereich durch Rechtsverordnung die organisatorischtechnischen Rahmenbedingungen für die Bildung, Führung und Aufbewahrung der elektronischen Akten. Die Rechtsverordnungen der Bundesregierung bedürfen nicht der Zustimmung des Bundesrates. Die Landesregierungen können die Ermächtigungen durch Rechtsverordnung auf die Landesjustizverwaltungen übertragen. Die Zulassung der elektronischen Akte kann auf einzelne Gerichte oder Verfahren beschränkt werden.

第 81 条

（1）上诉由州高等法院民事法庭以及联邦最高法院民事法庭进行裁判。

（2）准用《民事诉讼法》对于审判人员回避及拒绝之规定。

（3）准用《家事及自由审判籍事务程序法》第 44 条对于侵害合法听证请求权而程序继续进行之规定。

（4）联邦政府和州政府通过行政规章为其辖区规定，自何时开始可以使用电子案卷。联邦政府和州政府通过行政规章为其辖区规定电子案卷之构成、使用和保管在组织上及技术上之框架条件。联邦政府之行政规章无需经联邦参议院同意。州政府可通过行政规章将此授权转归州司法行政部门。许可使用电子案卷可以仅限于个别法院或者程序。

V. Fünfter Abschnitt Verfahren des Grundbuchamts in besonderen Fällen
第五章 土地登记局对于特别情形之处理程序

1. Grundbuchberichtigungszwang
第一节 土地登记簿之强制更正

§ 82

Ist das Grundbuch hinsichtlich der Eintragung des Eigentümers durch Rechtsübergang außerhalb des Grundbuchs unrichtig geworden, so soll das Grundbuchamt dem Eigentümer oder dem Testamentsvollstrecker, dem die Verwaltung des Grundstücks zusteht, die Verpflichtung auferlegen, den Antrag auf Berichtigung des Grundbuchs zu stellen und die zur Berichtigung des Grundbuchs notwendigen Unterlagen zu beschaffen. Das Grundbuchamt soll diese Maßnahme zurückstellen, solange berechtigte Gründe vorliegen. Ist eine Gesellschaft bürgerlichen Rechts als Eigentümerin eingetragen, gelten die Sätze 1 und 2 entsprechend, wenn die Eintragung eines Gesellschafters gemäß § 47 Absatz 2 unrichtig geworden ist.

第 82 条

鉴于土地登记簿以外之原因通过权利移转登入所有权人而使得土地登记簿成为不正确的，土地登记局应责成负责管理该土地之所有权人或者遗嘱执行人，递交土地登记簿更正之申请及办妥土地登记簿更正所需之文件。土地登记局应暂缓该项措施，如果当事人存在正当之理由。民法上之合伙作为所有权人登记的，如果某一合伙人之登记按照第 47 条第 2 款成为不正确的，准用第 1 句和第 2 句。

§ 82a

Liegen die Voraussetzungen des § 82 vor, ist jedoch das Berichtigungszwang-sverfahren nicht durchführbar oder bietet es keine Aussicht auf Erfolg, so kann das Grundbuchamt das Grundbuch von Amts wegen berichtigen. Das Grundbuchamt kann in diesem Fall das Nachlaßgericht um Ermittlung des Erben des Eigentümers ersuchen.

第82a条

具备第82条之前提条件，然而强制更正程序不可执行或者无成功之希望的，土地登记局可依职权更正土地登记簿。于此情形下，土地登记局可请求遗产法院核定土地所有权人之继承人。

§ 83

Das Nachlaßgericht, das einen Erbschein oder ein Europäisches Nachlasszeugn-is erteilt oder sonst die Erben ermittelt hat, soll, wenn ihm bekannt ist, daß zu dem Nachlaß ein Grundstück gehört, dem zuständigen Grundbuchamt von dem Erbfall und den Erben Mitteilung machen. Wird ein Testament oder ein Erbvertrag eröffnet, so soll das Gericht, wenn ihm bekannt ist, daß zu dem Nachlaß ein Grundstück gehört, dem zuständigen Grundbuchamt von dem Erbfall Mitteilung machen und die als Erben eingesetzten Personen, soweit ihm ihr Aufenthalt bekannt ist, darauf hinweisen, daß durch den Erbfall das Grundbuch unrichtig geworden ist und welche gebührenrechtlichen Vergünstigungen für eine Grundbuchberichtigung bestehen.

第83条

颁发继承证书或者欧洲遗产证书以及确定继承人之遗产法院，知悉某一土地属于遗产的，应将继承之开始以及全部继承人通知主管之土地登记局。开启遗嘱或者继承契约的，遗产法院在知悉某一土地属于遗产时，应将继承之开始通知主管之土地登记局，对于被指定为继承人的人，如果知晓其居住地，应向其表明继承之开始土地登记簿变为不正确以及对于土地登记簿更正而言存在哪些收费法上之优惠。

2. Löschung gegenstandsloser Eintragungen
第二节 注销无标的之登记

§ 84

(1) Das Grundbuchamt kann eine Eintragung über ein Recht nach Maßgabe der folgenden Vorschriften von Amts wegen als gegenstandslos löschen. Für die auf der Grundlage des Gesetzes vom 1. Juni 1933 zur Regelung der landwirtschaftlichen Schuldverhältnisse eingetragenen Entschuldungsvermerke gilt Satz 1 entsprechend.

(2) Eine Eintragung ist gegenstandslos:

a) soweit das Recht, auf das sie sich bezieht, nicht besteht und seine Entstehung ausgeschlossen ist;

b) soweit das Recht, auf das sie sich bezieht, aus tatsächlichen Gründen dauernd nicht ausgeübt werden kann.

(3) Zu den Rechten im Sinne der Absätze 1 und 2 gehören auch Vormerkungen, Widersprüche, Verfügungsbeschränkungen, Enteignungsvermerke und ähnliches.

第 84 条

(1) 土地登记局得依职权按照下列之规定将某一权利之登记作为无标的之登记而予以注销。对于基于 1933 年 6 月 1 日为调整农业债务关系之法律而登记之债务蠲除备注,准用第 1 句。

(2) 某一登记成为无标的之登记:

a) 该登记所涉及之权利不存在并且排除其产生的;

b) 该登记所涉及之权利基于事实原因长期未能行使的。

(3) 属于第 1 款和第 2 款意义上之权利,此外还包括预告登记、异议登记、处分限制、所有权征收备注以及其他类似之情形。

§ 85

(1) Das Grundbuchamt soll das Verfahren zur Löschung gegenstandsloser Eintragungen grundsätzlich nur einleiten, wenn besondere äußere Umstände

（z. B. Umschreibung des Grundbuchblatts wegen Unübersichtlichkeit，Teilveräußerung oder Neubelastung des Grundstücks，Anregung seitens eines Beteiligten）hinreichenden Anlaß dazu geben und Grund zu der Annahme besteht，daß die Eintragung gegenstandslos ist.

（2）Das Grundbuchamt entscheidet nach freiem Ermessen，ob das Löschungsverfahren einzuleiten und durchzuführen ist；diese Entscheidung ist unanfechtbar.

第 85 条

（1）原则上，土地登记局开始注销无标的登记之程序，应该仅限于特殊外在情况（例如由于看不清楚、土地所有权部分出让或者为土地新设负担以及某一当事人之建议而置换土地登记簿册）对此提供了充分之动因以及存在接受某一登记成为无标的登记之理由。

（2）土地登记局依自由裁量决定是否开始注销程序以及执行之；该决定不得撤销。

§ 86

Hat ein Beteiligter die Einleitung des Löschungsverfahrens angeregt，so soll das Grundbuchamt die Entscheidung，durch die es die Einleitung des Verfahrens ablehnt oder das eingeleitete Verfahren einstellt，mit Gründen versehen.

第 86 条

某一当事人建议开始注销程序，土地登记局应该以附加理由之决定拒绝开始该程序或者中止已开始之程序。

§ 87

Die Eintragung ist zu löschen：

a）wenn sich aus Tatsachen oder Rechtsverhältnissen，die in einer den Anforderungen dieses Gesetzes entsprechenden Weise festgestellt sind，ergibt，daß die Eintragung gegenstandslos ist；

b）wenn dem Betroffenen eine Löschungsankündigung zugestellt ist und er nicht binnen einer vom Grundbuchamt zugleich zu bestimmenden Frist Widerspruch erhoben hat;

c) wenn durch einen mit Gründen zu versehenden Beschluß rechtskräftig festgestellt ist, daß die Eintragung gegenstandslos ist.

第 87 条

登记应该予以注销：

a) 从以符合本法要求之方式所确定之事实或者法律关系中得出，该登记为无标的之登记；

b) 已将注销预告送达当事人而其未在土地登记局注销预告中一并规定之期间内提出异议；

c) 如果该登记为无标的之登记已为附理由之生效决定所确认。

§ 88

(1) Das Grundbuchamt kann den Besitzer von Hypotheken-, Grundschuld- oder Rentenschuldbriefen sowie von Urkunden der in den §§ 1154, 1155 des Bürgerlichen Gesetzbuchs bezeichneten Art zur Vorlegung dieser Urkunden anhalten.

(2) § 40 Abs. 1 und § 41 Abs. 1 und 2 des Gesetzes über das Verfahren in Familiensachen und in den Angelegenheiten der freiwilligen Gerichtsbarkeit ist auf die Löschungsankündigung (§ 87 Buchstabe b) und den Feststellungsbeschluß (§ 87 Buchstabe c) mit folgenden Maßgaben anzuwenden:

a) § 184 der Zivilprozeßordnung ist nicht anzuwenden;

b) die Löschungsankündigung (§ 87 Buchstabe b) kann nicht öffentlich zugestellt werden;

c) der Feststellungsbeschluß (§ 87 Buchstabe c) kann auch dann, wenn die Person des Beteiligten, dem zugestellt werden soll, unbekannt ist, öffentlich zugestellt werden.

第 88 条

(1) 土地登记局可以督促抵押权、土地债务、定期土地债务证书占有人提交该证书，以及督促《民法典》第 1154 条和第 1155 条所规定方式之证明文书占有人提交该证明文书。

（2）《家事及自由审判籍事务程序法》第 40 条第 1 款以及第 41 条第 1 款和第 2 款对于注销预告（第 87 条字母 b）和确认决定（第 87 条字母 c）合并下列规定适用：

a）《民事诉讼法》第 184 条不适用；

b）注销预告（第 87 条字母 b）不可以公开送达；

c）确认决定（第 87 条字母 c）仍然可以以公告送达，如果不知道应该送达之当事人是谁。

§ 89

（1）Die Beschwerde（§71）gegen den Feststellungsbeschluß ist binnen einer Frist von zwei Wochen seit Zustellung des angefochtenen Beschlusses an den Beschwerdeführer einzulegen. Das Grundbuchamt und das Beschwerdegericht können in besonderen Fällen in ihrer Entscheidung eine längere Frist bestimmen.

（2）Auf den zur Zustellung bestimmten Ausfertigungen der Beschlüsse soll vermerkt werden，obgegen die Entscheidung ein Rechtsmittel zulässig und bei welcher Behörde，in welcher Form und binnen welcher Frist es einzulegen ist.

第 89 条

（1）针对确认决定之上诉（第 71 条）应于欲撤销之决定送达该上诉人 2 周之期间内提出。对于特别之情形，土地登记局和上诉法院可在其裁定中规定一较长之上诉期间。

（2）应该在确定送达给当事人之决定文本中加以备注，针对该决定是否允许法律救济以及向何机构提出、以何种方式及在何期间内提出。

3. Klarstellung der Rangverhältnisse
第三节　厘清顺位关系

§ 90

Das Grundbuchamt kann aus besonderem Anlaß，insbesondere bei Umschreibung unübersichtlicher Grundbücher, Unklarheiten und Unübersichtlichkeiten in den Rangverhältnissen von Amts wegen oder auf Antrag eines Beteiligten beseitigen.

第 90 条

土地登记局可基于特定事由，尤其是在因为混乱不清而置换土地登记簿时，依职权或者应某一当事人之申请对于顺位关系之不明、不清予以消除。

§ 91

（1）Vor der Umschreibung eines unübersichtlichen Grundbuchblatts hat das Grundbuchamt zu prüfen, ob die Rangverhältnisse unklar oder unübersichtlich sind und ihre Klarstellung nach den Umständen angezeigt erscheint. Das Grundbuchamt entscheidet hierüber nach freiem Ermessen. Die Entscheidung ist unanfechtbar.

（2）Der Beschluß, durch den das Verfahren eingeleitet wird, ist allen Beteiligten zuzustellen.

（3）Die Einleitung des Verfahrens ist im Grundbuch zu vermerken.

（4）Der Beschluß, durch den ein Antrag auf Einleitung des Verfahrens abgelehnt wird, ist nur dem Antragsteller bekanntzumachen.

第 91 条

（1）因为混乱不清而置换土地登记簿之前，土地登记局应予审查，顺位关系是否不明晰或者不清楚以及按情况其是否有望厘清。土地登记局对此依自由裁量作出决定。该决定不可撤销。

（2）开始该程序之决定应该送达所有当事人。

（3）开始该程序应于土地登记簿内备注。

（4）开始该程序之申请被拒绝的，其决定只须通知申请人即可。

§ 92

（1）In dem Verfahren gelten als Beteiligte：

a）der zur Zeit der Eintragung des Vermerks（§ 91 Abs. 3）im Grundbuch eingetragene Eigentümer und, wenn das Grundstück mit einer Gesamthypothek,（- grundschuld, - rentenschuld）belastet ist, die im Grundbuch eingetragenen

Eigentümer der anderen mit diesem Recht belasteten Grundstücke;

b）Personen, für die in dem unter Buchstabe a bestimmten Zeitpunkt ein Recht am Grundstück oder ein Recht an einem das Grundstück belastenden Recht im Grundbuch eingetragen oder durch Eintragung gesichert ist;

c）Personen, die ein Recht am Grundstück oder an einem das Grundstück belastenden Recht imVerfahren anmelden und auf Verlangen des Grundbuchamts oder eines Beteiligten glaubhaft machen.

（2）Beteiligter ist nicht, wessen Recht von der Rangbereinigung nicht berührt wird.

第 92 条

（1）于程序中被视为当事人者：

a）至备注登记时（第 91 条第 3 款）于土地登记簿中被登记为所有权之人，以及土地上设立某一总括抵押权（总括土地债务、总括定期土地债务）之负担的，于其他负担该权利之土地之土地登记簿中被登记为所有权之人；

b）于字母 a 所规定之时间对于土地享有某一业已登记权利之人，以及对于土地所负担之权利享有某一业已登记之权利或者以登记担保其权利之人；

c）于程序中呈报对于土地或者对于土地所负担之权利享有权利并且应土地登记局或者某一当事人之要求能够对其主张自圆其说者。

（2）其权利不受厘清顺位涉及之人非当事人。

§ 93

Ist der im Grundbuch als Eigentümer oder Berechtigter Eingetragene nicht der Berechtigte, so hat er dies unverzüglich nach Zustellung des Einleitungsbeschlusses dem Grundbuchamt anzuzeigen und anzugeben, was ihm über die Person des Berechtigten bekannt ist. Ein schriftlicher Hinweis auf diese Pflicht ist ihm zugleich mit dem Einleitungsbeschluß zuzustellen.

第 93 条

土地登记簿中所有权人或者其他权利人登记之人并非权利人的，应该在开启程序之决定送达其之后立即告知土地登记局并且告知土地登记局其所知晓之权利人。与送达开启程序之决定同时一并送达该义务之书面提示。

§ 94

(1) Das Grundbuchamt kann von Amts wegen Ermittlungen darüber anstellen, ob das Eigentum oder ein eingetragenes Recht dem als Berechtigten Eingetragenen oder einem anderen zusteht, und die hierzu geeigneten Beweise erheben. Inwieweit § 35 anzuwenden ist, entscheidet das Grundbuchamt nach freiem Ermessen.

(2) Der ermittelte Berechtigte gilt vom Zeitpunkt seiner Feststellung an auch als Beteiligter.

(3) Bestehen Zweifel darüber, wer von mehreren Personen der Berechtigte ist, so gelten sämtliche Personen als Berechtigte.

第 94 条

(1) 土地登记局可依职权对此进行调查：土地所有权或者某一登记之权利是否属于作为权利人登记之人或者某一其他人，以及为此提出合适之证据。土地登记局依自由裁量权决定于何种程度上适用第 35 条。

(2) 被调查之权利人自调查时起仍然被视为当事人。

(3) 对于数人中谁是权利人存有疑问的，所有的人均被视为权利人。

§ 95

(1) Wechselt im Laufe des Verfahrens die Person eines Berechtigten, so gilt der neue Berechtigte von dem Zeitpunkt ab, zu dem seine Person dem Grundbuchamt bekannt wird, als Beteiligter.

(2) Das gleiche gilt, wenn im Laufe des Verfahrens ein neues Recht am Grundstück oder an einem das Grundstück belastenden Recht begründet wird, das von dem Verfahren berührt wird.

第 95 条

(1) 于程序进行中权利人更换的，自新权利人其人为土地登记局所知悉时起，视为当事人。

(2) 于程序进行中在土地上或者在土地所负担之权利上设立该程序涉及

之新权利的，适用相同之规定。

§96

Ist die Person oder der Aufenthalt eines Beteiligten oder seines Vertreters unbekannt, so kann das Grundbuchamt dem Beteiligten für das Rangbereinigungsverfahren einen Pfleger bestellen. Für die Pflegschaft tritt an die Stelle des Betreuungsgerichts das Grundbuchamt.

第 96 条

某一当事人本身或其住所地再或其代理人不明的，土地登记局可为该当事人在厘清程序中选任一位保佐人。对于该保佐，土地登记局取代照管法院。

§97

（1）Wohnt ein Beteiligter nicht im Inland und hat er einen hier wohnenden Bevollmächtigten nicht bestellt, so kann das Grundbuchamt anordnen, daß er einen im Inland wohnenden Bevollmächtigten zum Empfang der für ihn bestimmten Sendungen oder für das Verfahren bestellt.

（2）Hat das Grundbuchamt dies angeordnet, so können, solange der Beteiligte den Bevollmächtigten nicht bestellt hat, nach der Ladung zum ersten Verhandlungstermin alle weiteren Zustellungen in der Art bewirkt werden, daß das zuzustellende Schriftstück unter der Anschrift des Beteiligten nach seinem Wohnort zur Post gegeben wird；die Postsendungen sind mit der Bezeichnung "Einschreiben" zu versehen. Die Zustellung gilt mit der Aufgabe zur Post als bewirkt, selbst wenn die Sendung als unbestellbar zurückkommt.

第 97 条

（1）某一当事人不居住在国内并且没有委托某一居住于国内之代理人的，土地登记局可以指令其委托一位居住于国内之代理人，以代接收其邮件或者为顺位厘清程序而委托。

（2）土地登记局已就此发布指令，当事人在此期间没有委托代理人的，土地登记局可在首次审理日期传讯之后，就所有后继之送达依该方式进行，将所有拟送达之文书按该当事人住所地址交邮；所有邮件都应该加盖挂号标记。邮件交邮即视为完成送达，即使该邮件因为无法送达而被退回。

§ 98

Die öffentliche Zustellung ist unzulässig.

第 98 条

不允许公告送达。

§ 99

Das Grundbuchamt kann den Besitzer von Hypotheken－, Grundschuld－ oder Rentenschuldbriefen sowie von Urkunden der in den §§ 1154, 1155 des Bürgerlichen Gesetzbuchs bezeichneten Art zur Vorlegung dieser Urkunden anhalten.

第 99 条

土地登记局可以督促抵押权、土地债务、定期土地债务证书占有人提交该证书，以及督促《民法典》第 1154 条和第 1155 条所规定方式之证明文书占有人提交该证明文书。

§ 100

Das Grundbuchamt hat die Beteiligten zu einem Verhandlungstermin über die Klarstellung der Rangverhältnisse zu laden. Die Ladung soll den Hinweis enthalten，daß ungeachtet des Ausbleibens eines Beteiligten über die Klarstellung der Rangverhältnisse verhandelt werden würde.

第 100 条

土地登记局应就顺位厘清确定审理日期并传讯当事人。传讯应包含该提示，不管当事人是否出席顺位厘清仍将照常审理。

§ 101

（1）Die Frist zwischen der Ladung und dem Termin soll mindestens zwei

Wochen betragen.

（2）Diese Vorschrift ist auf eine Vertagung sowie auf einen Termin zur Fortsetzung der Verhandlung nicht anzuwenden. Die zu dem früheren Termin Geladenen brauchen zu dem neuen Termin nicht nochmals geladen zu werden，wenn dieser verkündet ist.

第 101 条

（1）传讯和审理日期之间应该至少相隔 2 周之期间。

（2）该规定对于延期审理以及为继续审理所确定之期间不适用。前一审理日期之被传讯者就新审理日期无需再次传讯，如果新审理日期已对其宣布。

§ 102

（1）In dem Termin hat das Grundbuchamt zu versuchen，eine Einigung der Beteiligten auf eine klare Rangordnung herbeizuführen. Einigen sich die erschienenen Beteiligten，so hat das Grundbuchamt die Vereinbarung zu beurkunden. Ein nicht erschienener Beteiligter kann seine Zustimmung zu der Vereinbarung in einer öffentlichen oder öffentlich beglaubigten Urkunde erteilen.

（2）Einigen sich die Beteiligten，so ist das Grundbuch der Vereinbarung gemäß umzuschreiben.

第 102 条

（1）于审理期间，土地登记局应力图促成当事人就清晰的顺位关系达成一致。到场的当事人达成一致的，土地登记局应把所达成之协议制成文书。未到场的当事人可通过官方文书或者经官方认证之文书对该协议表示同意。

（2）当事人达成一致的，土地登记局应就协议内容置换土地登记簿。

§ 103

Einigen sich die Beteiligten nicht，so macht das Grundbuchamt ihnen einen Vorschlag für eine neue Rangordnung. Es kann hierbei eine Änderung der bestehenden Rangverhältnisse，soweit sie zur Herbeiführung einer klaren Rangordnung erforderlich ist，vorschlagen.

第 103 条

当事人未达成一致的，土地登记局应就新的顺位关系提出建议。为此，其可建议改变现有之顺位关系，如果此举为促成清晰顺位关系所必要。

§ 104

(1) Der Vorschlag ist den Beteiligten mit dem Hinweis zuzustellen, daß sie gegen ihn binnen einer Frist von einem Monat von der Zustellung ab bei dem Grundbuchamt Widerspruch erheben können. In besonderen Fällen kann eine längere Frist bestimmt werden.

(2) Der Widerspruch ist schriftlich oder durch Erklärung zur Niederschrift des Urkundsbeamten der Geschäftsstelle eines Amtsgerichts einzulegen; in letzterem Fall ist die Widerspruchsfrist gewahrt, wenn die Erklärung innerhalb der Frist abgegeben ist.

第 104 条

(1) 建议应送达给当事人且附加该提示，当事人可自建议送达之日起 1 个月内向土地登记局针对该建议提出异议。特殊情形下可以规定一较长期限。

(2) 异议应该书面提交或者通过地方法院业务处文书记录其异议之意思而提交；于后一情形，只要异议之意思在规定期限内作出，即为遵守异议期间。

§ 105

(1) Einem Beteiligten, der ohne sein Verschulden verhindert war, die Frist (§ 104) einzuhalten, hatdas Grundbuchamt auf seinen Antrag Wiedereinsetzung in den vorigen Stand zu gewähren, wenn er binnen zwei Wochen nach der Beseitigung des Hindernisses den Widerspruch einlegt und die Tatsachen, die die Wiedereinsetzung begründen, glaubhaft macht.

(2) Die Entscheidung, durch die Wiedereinsetzung erteilt wird, ist unanfechtbar; gegen die Entscheidung, durch die der Antrag auf Wiedereinsetzung als unzulässig verworfen oder zurückgewiesen wird, ist die Beschwerde nach den Vorschriften des Gesetzes über das Verfahren in Familiensachen und in den

Angelegenheiten der freiwilligen Gerichtsbarkeit zulässig.

（3）Die Wiedereinsetzung kann nicht mehr beantragt werden，nachdem die neue Rangordnung eingetragen oder wenn seit dem Ende der versäumten Frist ein Jahr verstrichen ist.

第 105 条

（1）某一当事人非因其过错而受阻，未能遵守该期间的（第 104 条），可在障碍消除后 2 周内提出异议，土地登记局应基于其申请许可回复原状，如果其对于回复原状据以成立之事实能够自圆其说。

（2）许可回复原状之裁定不可撤销；针对不允许回复原状或驳回回复原状申请之裁定，允许当事人按照《家事及自由审判籍事务程序法》之规定上诉。

（3）新顺位关系业已登记或者自延误期间届满已经过 1 年的，不得再行提出回复原状之申请。

§ 106

（1）Ist ein Rechtsstreit anhängig，der die Rangverhältnisse des Grundstücks zum Gegenstand hat，so ist das Verfahren auf Antrag eines Beteiligten bis zur Erledigung des Rechtsstreits auszusetzen.

（2）Das Grundbuchamt kann auch von Amts wegen das Verfahren aussetzen und den Beteiligten oder einzelnen von ihnen unter Bestimmung einer Frist aufgeben，die Entscheidung des Prozeßgerichts herbeizuführen，wenn die Aufstellung einer neuen klaren Rangordnung von der Entscheidung eines Streites über die bestehenden Rangverhältnisse abhängt.

第 106 条

（1）某一诉讼系属以土地上之权利顺位为标的，应当事人之申请厘清顺位程序至该诉讼完成时中止。

（2）土地登记局可依职权中止顺位厘清程序并为当事人或者个别当事人规定一期间，要求提供审理法院之判决，如果确定新的清晰的权利顺位有赖于对于现有顺位关系争议之裁决。

§ 107

Ist der Rechtsstreit erledigt, so setzt das Grundbuchamt das Verfahren insoweit fort, als es noch erforderlich ist, um eine klare Rangordnung herbeizuführen.

第 107 条

诉讼终了后，土地登记局就此而言继续权利顺位厘清程序，如果该程序仍为确定清晰的权利顺位关系所必需。

§ 108

(1) Nach dem Ablauf der Widerspruchsfrist stellt das Grundbuchamt durch Beschluß die neue Rangordnung fest, sofern nicht Anlaß besteht, einen neuen Vorschlag zu machen. Es entscheidet hierbei zugleich über die nicht erledigten Widersprüche; insoweit ist die Entscheidung mit Gründen zu versehen.

(2) Ist über einen Widerspruch entschieden, so ist der Beschluß allen Beteiligten zuzustellen.

第 108 条

(1) 异议期间届满后，土地登记局以裁定确定新的权利顺位关系，如果不存在提出新建议之理由。为此，土地登记局应同时针对其他尚未终了之异议作出裁定；就此而言，裁定应附加理由。

(2) 针对异议作出裁定的，应将裁决结果送达每一位当事人。

§ 109

Das Grundbuchamt kann jederzeit das Verfahren einstellen, wenn es sich von seiner Fortsetzung keinen Erfolg verspricht. Der Einstellungsbeschluß ist unanfechtbar.

第 109 条

土地登记局可随时终止权利顺位厘清程序，如果继续该程序是不会有结果的。终止该程序之决定不可撤销。

§ 110

（1）Hat das Grundbuchamt in dem Beschluß, durch den die neue Rangordnung festgestellt wird, über einen Widerspruch entschieden, so ist gegen den Beschluß die Beschwerde nach den Vorschriften des Gesetzes über das Verfahren in Familiensachen und in den Angelegenheiten der freiwilligen Gerichtsbarkeitzulässig.

（2）Die Rechtsbeschwerde ist unzulässig.

第 110 条

（1）土地登记局在确定新的权利顺位之裁定中，对于异议作出裁决的，针对该裁决允许按照《家事及自由审判籍事务程序法》之规定上诉。

（2）不允许就法律问题上诉。

§ 111

Ist die neue Rangordnung rechtskräftig festgestellt, so hat das Grundbuchamt das Grundbuch nach Maßgabe dieser Rangordnung umzuschreiben.

第 111 条

新的权利顺位业已有效确定的，土地登记局应按照新顺位之规定置换土地登记簿。

§ 112

Ist die neue Rangordnung（§ 102 Abs. 2、§ 111）eingetragen, so tritt sie an die Stelle der bisherigen Rangordnung.

第 112 条

业已登记之新顺位（第 102 条第 2 款、第 111 条）替代过去之顺位。

§ 113

Wird die neue Rangordnung eingetragen（§ 102 Abs. 2, § 111）oder wird das

Verfahren eingestellt（§ 109），so ist der Einleitungsvermerk zu löschen.

第 113 条

登记新顺位（第 102 条第 2 款、第 111 条）或者终止顺位厘清程序的（第 109 条），应注销开启顺位厘清程序之备注。

§ 114

Die Kosten des Verfahrens erster Instanz verteilt das Grundbuchamt auf die Beteiligten nach billigem Ermessen.

第 114 条

土地登记局按照自由裁量将顺位厘清程序一审费用分配到各当事人。

§ 115

Wird durch das Verfahren ein anhängiger Rechtsstreit erledigt，so trägt jede Partei die ihr entstandenen außergerichtlichen Kosten. Die Gerichtskosten werden niedergeschlagen.

第 115 条

通过顺位厘清程序某一有待法院审理之案件了结的，各当事人负担因其而发生之法庭外费用。法庭费用予以免除。

VI. Sechster Abschnitt Anlegung von Grundbuchblättern
第六章 土地登记簿册之设置

§ 116

(1) Für ein Grundstück, das ein Grundbuchblatt bei der Anlegung des Grundbuchs nicht erhalten hat, wird das Blatt unbeschadet des § 3 Abs. 2 bis 9 von Amts wegen angelegt.

(2) Das Verfahren bei der Anlegung des Grundbuchblatts richtet sich nach den Vorschriften der § § 118 bis 125.

第 116 条

(1) 某宗土地于设立土地登记簿时未获得土地登记簿册的，土地登记局应依职权设置该簿册，第 3 条第 2 款至第 9 款之规定不受影响。

(2) 土地登记簿册设置之程序遵照第 118 条至第 125 条之规定。

§ 117

(weggefallen)

第 117 条

已删除。

§ 118

Zur Feststellung des Eigentums an dem Grundstück hat das Grundbuchamt von Amts wegen die erforderlichen Ermittlungen anzustellen und die geeigneten Beweise zu erheben.

第 118 条

为查明土地上之所有权，土地登记局应依职权进行必要之调查并提出适当之证据。

§ 119

Das Grundbuchamt kann zur Ermittlung des Berechtigten ein Aufgebot nach Maßgabe der §§ 120 und 121 erlassen.

第 119 条

为了查明权利人，土地登记局可按照第 120 条和第 121 条之规定发布启事。

§ 120

In das Aufgebot sind aufzunehmen：

1. die Ankündigung der bevorstehenden Anlegung des Grundbuchblatts；

2. die Bezeichnung des Grundstücks, seine Lage, Beschaffenheit und Größe nach dem für die Bezeichnung der Grundstücke im Grundbuch maßgebenden amtlichen Verzeichnis；

3. die Bezeichnung des Eigenbesitzers, sofern sie dem Grundbuchamt bekannt oder zu ermitteln ist；

4. die Aufforderung an die Personen, welche das Eigentum in Anspruch nehmen, ihr Recht binnen einer vom Grundbuchamt zu bestimmenden Frist von mindestens sechs Wochen anzumelden und glaubhaft zu machen, widrigenfalls ihr Recht bei der Anlegung des Grundbuchs nicht berücksichtigt wird.

第 120 条

启事应包含下列内容：

1. 通报拟设置之土地登记簿册；

2. 根据对于在土地登记簿中描述土地起决定性作用之官方目录，该土地之名称、方位、性质和面积；

3. 自主占有人之名称，如其为土地登记局所知悉或有待查明；

4. 敦促对于所有权提出声索请求权之人，于土地登记局所规定的至少时长为 6 周之期间内申报其权利并做到自圆其说，否则其权利在设置土地登记簿册时不予考虑。

§ 121

（1）Das Aufgebot ist an die für den Aushang von Bekanntmachungen des Grundbuchamts bestimmte Stelle anzuheften und einmal in dem für die amtlichen Bekanntmachungen des Grundbuchamts bestimmten Blatte zu veröffentlichen. Das Grundbuchamt kann anordnen, daß die Veröffentlichung mehrere Male und noch in anderen Blättern zu erfolgen habe oder, falls das Grundstück einen Wert von weniger als 3000 Euro hat, daß sie ganz unterbleibe.

（2）Das Aufgebot ist in der Gemeinde, in deren Bezirk das Grundstück liegt, an der für amtliche Bekanntmachungen bestimmten Stelle anzuheften oder in sonstiger ortsüblicher Weise bekanntzumachen. Dies gilt nicht, wenn in der Gemeinde eine Anheftung von amtlichen Bekanntmachungen nicht vorgesehen ist und eine sonstige ortsübliche Bekanntmachung lediglich zu einer zusätzlichen Veröffentlichung in einem der in Absatz 1 bezeichneten Blätter führen würde.

（3）Das Aufgebot soll den Personen, die das Eigentum in Anspruch nehmen und dem Grundbuchamt bekannt sind, von Amts wegen zugestellt werden.

第 121 条

（1）应在指定用于张贴土地登记局公告之场所张贴启事，并且在指定用于刊发土地登记局官方公告之公报中公告一次。土地登记局可以指令多次以及在其他报纸上发布公告，或者在土地价值少于 3000 欧元时完全不发公告。

（2）启事应在土地位于其辖区之乡镇（区）规定用于发布官方公告之场所张贴，或者以其他于当地通行之方法公告。该乡镇（区）没有规定官方公告之张贴，而以当地通行之方法公告仅会导致在第 1 款所称报纸上重复公告的，不适用该规定。

（3）土地登记局应该依职权将启事送达其所知悉的、对于土地所有权提出请求权之人。

§ 122

Das Grundbuchblatt darf, wenn ein Aufgebotsverfahren（§§ 120, 121）nicht stattgefunden hat, erst angelegt werden, nachdem in der Gemeinde, in deren Bezirk das Grundstück liegt, das Bevorstehen der Anlegung und der Name des als Eigentümer Einzutragenden öffentlich bekanntgemacht und seit der Bekanntmachung ein Monat verstrichen ist; die Art der Bekanntmachung bestimmt das Grundbuchamt.

第 122 条

如果启事程序不进行（第 120 条和第 121 条），土地登记簿册只可在土地位于其辖区之乡镇（区）将土地登记簿册之即将设置，以及作为所有权人登记之人之姓名予以公告，自公告时起满 1 个月之后才可以设置；公告之方式由土地登记局规定。

§ 123

Als Eigentümer ist in das Grundbuch einzutragen：

1. der ermittelte Eigentümer；

2. sonst der Eigenbesitzer, dessen Eigentum dem Grundbuchamt glaubhaft gemacht ist；

3. sonst derjenige, dessen Eigentum nach Lage der Sache dem Grundbuchamt am wahrscheinlichsten erscheint.

第 123 条

应作为所有权人登入土地登记簿者：

1. 经调查得出之所有权人；

2. 否则，其所有权主张相对于土地登记局能够自圆其说之自主占有人；

3. 否则，按照事物之惯常其所有权主张相对于土地登记局具最大可能性之人。

§ 124

（1）Beschränkte dingliche Rechte am Grundstück oder sonstige Eigentumsbeschränkungen werden bei der Anlegung des Grundbuchblatts nur eingetragen, wenn sie bei dem Grundbuchamt angemeldet und entweder durch öffentliche oder öffentlich beglaubigte Urkunden, deren erklärter Inhalt vom Eigentümer stammt, nachgewiesen oder von dem Eigentümer anerkannt sind.

（2）Der Eigentümer ist über die Anerkennung anzuhören. Bestreitet er das angemeldete Recht, so wird es, falls es glaubhaft gemacht ist, durch Eintragung eines Widerspruchs gesichert.

（3）Der Rang der Rechte ist gemäß den für sie zur Zeit ihrer Entstehung maßgebenden Gesetzen und, wenn er hiernach nicht bestimmt werden kann, nach der Reihenfolge ihrer Anmeldung einzutragen.

第 124 条

（1）已向土地登记局呈报土地上之限制物权或者其他对于所有权之限制，其证明要么通过官方文书或者经官方认证之文书，而该文书申明之内容来自所有权人，要么通过所有权人之承认，才可被登入土地登记簿册。

（2）所有权人之承认应该听证。所有权人否认呈报之权利，如果呈报权利能够自圆其说的，那么通过异议登记确保呈报之权利。

（3）权利顺位按照权利产生时之实在法确定，如果就此不能确定的，按照呈报顺序进行登记。

§ 125

Die Beschwerde gegen die Anlegung des Grundbuchblatts ist unzulässig. Im Wege der Beschwerde kann jedoch verlangt werden, daß das Grundbuchamt angewiesen wird, nach §53 einen Widerspruch einzutragen oder eine Löschung vorzunehmen.

第 125 条

不允许针对设置土地登记簿册之上诉。可以以上诉请求指定土地登记局按照第53条进行异议登记或者进行注销。

VII. Siebenter Abschnitt das Maschinell Geführte Grundbuch
第七章　机器编制之土地登记簿

§ 126

（1）Die Landesregierungen können durch Rechtsverordnung bestimmen, daß und in welchem Umfang das Grundbuch in maschineller Form als automatisierte Datei geführt wird; sie können dabei auch bestimmen, dass das Grundbuch in strukturierter Form mit logischer Verknüpfung der Inhalte（Datenbankgrundbuch）geführt wird. Hierbei muß gewährleistet sein, daß

1. die Grundsätze einer ordnungsgemäßen Datenverarbeitung eingehalten, insbesondere Vorkehrungen gegen einen Datenverlust getroffen sowie die erforderlichen Kopien der Datenbestände mindestens tagesaktuell gehalten und die originären Datenbestände sowie deren Kopien sicher aufbewahrt werden;

2. die vorzunehmenden Eintragungen alsbald in einen Datenspeicher aufgenommen und auf Dauer inhaltlich unverändert in lesbarer Form wiedergegeben werden können;

3. die nach der Anlage zu diesem Gesetz erforderlichen Maßnahmen getroffen werden.

Die Landesregierungen können durch Rechtsverordnung die Ermächtigung nach Satz 1 auf die Landesjustizverwaltungen übertragen.

（2）Die Führung des Grundbuchs in maschineller Form umfaßt auch die Einrichtung und Führung eines Verzeichnisses der Eigentümer und der Grundstücke sowie weitere, für die Führung des Grundbuchs in maschineller Form erforderliche Verzeichnisse. Das Grundbuchamt kann für die Führung des Grundbuchs auch Verzeichnisse der in Satz 1 bezeichneten Art nutzen, die bei den für die Führung des Liegenschaftskatasters zuständigen Stellen eingerichtet sind; diese dürfen die in Satz

1 bezeichneten Verzeichnisse insoweit nutzen, als dies für die Führung des Liegenschaftskatasters erforderlich ist.

（3）Die Datenverarbeitung kann im Auftrag des nach § 1 zuständigen Grundbuchamts auf den Anlagen einer anderen staatlichen Stelle oder auf den Anlagen einer juristischen Person des öffentlichen Rechts vorgenommen werden, wenn die ordnungsgemäße Erledigung der Grundbuchsachen sichergestellt ist.

第 126 条

（1）州政府可通过行政规章加以规定，土地登记簿以机器形式作为自动化数据予以编制以及于何范围内执行之；州政府亦可就此规定，机器形式土地登记簿之编制在结构形式上与其内容具有逻辑关联（数据库土地登记簿）。为此必须确保：

1. 遵守合法的数据处理原则，尤其是针对数据丢失采取预防措施以及对于至少反映出当天实时登记状态之数据存量为必要之复印固定，并且妥为保管原始数据存量以及复印件；

2. 拟登记事项可即刻录入数据存储器并可长期内容不变，以可读形式再现；

3. 按照本法附件采取必要之措施。

州政府可通过行政规章将此授权按照第 1 句转归州司法行政部门。

（2）以机器形式编制之土地登记簿亦包含设置和编制所有权人及土地之目录以及其他为机器形式土地登记簿之编制所必要之目录。土地登记局编制土地登记簿时亦可使用地籍册编制主管机关设立、第 1 句所称形式之目录；地籍册编制主管机关可在编制地籍册所需要之范围内使用土地登记局编制的第 1 句所称之目录。

（3）数据处理可按照第 1 条主管土地登记局之委托由其他国家机构或者公法法人之设备进行，如果能够确保土地登记簿事务合乎法律规定之完成。

§ 127

（1）Die Landesregierungen werden ermächtigt, durch Rechtsverordnung zu bestimmen, dass

1. Grundbuchämter Änderungen der Nummer, unter der ein Grundstück im

Liegenschaftskataster geführt wird, die nicht auf einer Änderung der Umfangsgrenzen des Grundstücks beruhen, sowie im Liegenschaftskataster enthaltene Angaben über die tatsächliche Beschreibung des Grundstücks aus dem Liegenschaftskataster automatisiert in das Grundbuch und in Verzeichnisse nach § 126 Absatz 2 einspeichern sollen;

2. Grundbuchämter den für die Führung des Liegenschaftskatasters zuständigen Stellen die Grundbuchstellen sowie Daten des Bestandsverzeichnisses und der ersten Abteilung automatisiert in elektronischer Form übermitteln;

3. Grundbuchämter, die die Richtigstellung der Bezeichnung eines Berechtigten in von ihnen geführten Grundbüchern vollziehen, diese Richtigstellung auch in Grundbüchern vollziehen dürfen, die von anderen Grundbuchämtern des jeweiligen Landes geführt werden;

4. in Bezug auf Gesamtrechte ein nach den allgemeinen Vorschriften zuständiges Grundbuchamt auch zuständig ist, soweit Grundbücher betroffen sind, die von anderen Grundbuchämtern des jeweiligen Landes geführt werden.

Die Anordnungen können auf einzelne Grundbuchämter beschränkt werden. In den Fällen des Satzes 1 Nummer 3 und 4 können auch Regelungen zur Bestimmung des zuständigen Grundbuchamts getroffen und die Einzelheiten des jeweiligen Verfahrens geregelt werden. Die Landesregierungen können die Ermächtigungen durch Rechtsverordnung auf die Landesjustizverwaltungen übertragen.

(2) Soweit das Grundbuchamt nach bundesrechtlicher Vorschrift verpflichtet ist, einem Gericht oder einer Behörde über eine Eintragung Mitteilung zu machen, besteht diese Verpflichtung nicht bezüglich der Angaben, die nach Maßgabe des Absatzes 1 Satz 1 Nummer 1 aus dem Liegenschaftskataster in das Grundbuch übernommen wurden.

(3) Ein nach Absatz 1 Satz 1 Nummer 4 zuständiges Grundbuchamt gilt in Bezug auf die Angelegenheit als für die Führung der betroffenen Grundbuchblätter zuständig. Die Bekanntgabe der Eintragung nach § 55a Absatz 2 ist nicht erforderlich. Werden die Grundakten nicht elektronisch geführt, sind in den Fällen des Absatzes 1 Satz 1 Nummer 3 und 4 den anderen beteiligten Grundbuchämtern beglaubigte Kopien der Urkunden zu übermitteln, auf die sich die Eintragung

gründet oder auf die sie Bezug nimmt.

第 127 条

（1）授权州政府通过法律规章加以规定：

1. 土地登记局改变地籍册中某宗土地编制于其下之编号，该改变不以改变该土地之范围边界为基础，以及地籍册中所包含对于该土地事实描述之说明，应该由地籍册自动储存到土地登记簿以及第 126 条第 2 款所规定之目录当中；

2. 土地登记局将土地登记簿机关以及状态目录和第一分区之数据以电子形式自动传送给主管地籍册编制之机关；

3. 土地登记局在由其编制之土地登记簿中对权利人姓名进行修正的，该修正亦允许在有关的州其他土地登记局编制之土地登记簿中进行；

4. 就土地登记簿而言，涉及连带权利时，按照一般规定主管之土地登记局亦有权管辖有关的州其他土地登记局编制之土地登记簿。

指令可以限于个别之土地登记局。对于第 1 句数字 3 和数字 4 之情形亦可以制定主管土地登记局之确定规则以及规定相关程序之细节。州政府可通过行政规章将此授权转归州司法行政部门。

（2）只要土地登记局按照联邦法律之规定有义务就某一登记事项通知法院或者官方机构，该义务便不涉及按照第 1 款第 1 句数字 1 之规定将地籍册中所包含之说明录入土地登记簿。

（3）按照第 1 款第 1 句数字 4 主管之土地登记局就相关事项而言视为对于所涉土地登记簿册之编制有管辖权。不需要按照第 55a 条第 2 款通报登记事项。基础文件非以电子形式编制的，对于第 1 款第 1 句数字 3 和数字 4 之情形，应向其他有关之土地登记局传送登记所基于或者所涉及、经过认证之基础文件复印件。

§ 128

（1）Das maschinell geführte Grundbuch tritt für ein Grundbuchblatt an die Stelle des bisherigen Grundbuchs, sobald es freigegeben worden ist. Die Freigabe soll erfolgen, sobald die Eintragungen dieses Grundbuchblattes in den für die Grundbucheintragungen bestimmten Datenspeicher aufgenommen worden sind.

（2）Der Schließungsvermerk im bisherigen Grundbuch ist lediglich von einer der nach § 44 Abs. 1 Satz 2 zur Unterschrift zuständigen Personen zu unterschreiben.

（3）Die bisherigen Grundbücher können ausgesondert werden, soweit die Anlegung des maschinell geführten Grundbuchs in der Weise erfolgt ist, dass der gesamte Inhalt der bisherigen Grundbuchblätter in den für das maschinell geführte Grundbuch bestimmten Datenspeicher aufgenommen wurde und die Wiedergabe auf dem Bildschirm bildlich mit den bisherigen Grundbuchblättern übereinstimmt.

第 128 条

（1）一旦推出机器编制之土地登记簿，对于土地登记簿册而言即由其取代原先之土地登记簿。一旦该土地登记簿册之全部登记事项被录入到为土地登记簿登记事项所指定之数据存储器当中，推出即应实行。

（2）在原先土地登记簿之关闭备注中只需一位按照第 44 条第 1 款第 2 句应该签名者之签名。

（3）可将原先之土地登记簿剔除，只要机器编制土地登记簿之设置已将原先土地登记簿册之全部登记事项录入到为机器编制土地登记簿所指定之数据存储器当中，并且屏幕上之再现在图解上与原先之土地登记簿册一致。

§ 129

（1）Eine Eintragung wird wirksam, sobald sie in den für die Grundbucheintragungen bestimmten Datenspeicher aufgenommen ist und auf Dauer inhaltlich unverändert in lesbarer Form wiedergegeben werden kann. Durch eine Bestätigungsanzeige oder in anderer geeigneter Weise ist zu überprüfen, ob diese Voraussetzungen eingetreten sind.

（2）Jede Eintragung soll den Tag angeben, an dem sie wirksam geworden ist. Bei Eintragungen, die gemäß § 127 Absatz 1 Satz 1 Nummer 1 Inhalt des Grundbuchs werden, bedarf es abweichend von Satz 1 der Angabe des Tages der Eintragung im Grundbuch nicht.

第 129 条

（1）一旦某一登记被录入到为土地登记簿登记事项所指定之数据存储器

当中并可长期、不改变内容以可读形式再现，登记即生效。应该通过确认记号或者其他合适的方式审核是否满足该前提条件。

（2）每一登记事项均应记载其生效日。对于按照第 127 条第 1 款第 1 句数字 1 成为土地登记簿内容之登记事项，无需按照第 1 句于土地登记簿中记载该登记事项之登记日。

§ 130

§ 44 Abs. 1 Satz 1, 2 Halbsatz 2 und Satz 3 ist für die maschinelle Grundbuchführung nicht anzuwenden；§ 44 Abs. 1 Satz 2 erster Halbsatz gilt mit der Maßgabe，daß die für die Führung des Grundbuchs zuständige Person auch die Eintragung veranlassen kann. Wird die Eintragung nicht besonders verfügt，so ist in geeigneter Weise der Veranlasser der Speicherung aktenkundig oder sonst feststellbar zu machen.

第 130 条

第 44 条第 1 款第 1 句、第 2 句之第 2 半句以及第 3 句对于机器编制土地登记簿不适用；第 44 条第 1 款第 2 句之第 1 半句按此规定适用，即负责编制土地登记簿之人亦可委派该项登记。该登记没有特别委派的，促成人应以适当方式使得存储有案可查或以其他方式确定之。

§ 131

（1）Wird das Grundbuch in maschineller Form als automatisierte Datei geführt，so tritt an die Stelle der Abschrift der Ausdruck und an die Stelle der beglaubigten Abschrift der amtliche Ausdruck. Die Ausdrucke werden nicht unterschrieben. Der amtliche Ausdruck ist als solcher zu bezeichnen und mit einem Dienstsiegel oder −stempel zu versehen；er steht einer beglaubigten Abschrift gleich.

（2）Die Landesregierungen werden ermächtigt，durch Rechtsverordnung

1. zu bestimmen，dass Auskünfte über grundbuchblattübergreifende Auswertungen von Grundbuchinhalten verlangt werden können，soweit ein berechtigtes Interesse dargelegt ist，und

2. Einzelheiten des Verfahrens zur Auskunftserteilung zu regeln.

Sie können diese Ermächtigungen durch Rechtsverordnung auf die Landesjustiz-verwaltungen übertragen.

第 131 条

(1) 土地登记簿作为自动化数据以机器形式编制的，以打印件代替复印件并且以官方打印件代替官方认证之复印件。打印件无须签名。官方打印件应具官方打印件之名并加盖公章或者图章；官方打印件等同于官方认证之复印件。

(2) 授权州政府通过行政规章：

1. 规定，只要说明存在正当利益即可请求就土地登记簿内容延及土地登记簿册之评价给予回复；

2. 规定给予回复程序上之细节。

州政府可以行政规章将此授权转归州司法行政部门。

§ 132

Die Einsicht in das maschinell geführte Grundbuch kann auch bei einem anderen als dem Grundbuchamt gewährt werden, das dieses Grundbuch führt. Über die Gestattung der Einsicht entscheidet das Grundbuchamt, bei dem die Einsicht begehrt wird.

第 132 条

亦可准许其他土地登记局查阅另一土地登记局掌管之机器编制之土地登记簿。是否允许查阅由被请求之土地登记局决定。

§ 133

(1) Die Einrichtung eines automatisierten Verfahrens, das die Übermittlung der Daten aus dem maschinell geführten Grundbuch durch Abruf ermöglicht, ist zulässig, sofern sichergestellt ist, daß

1. der Abruf von Daten die nach den oder auf Grund der §§ 12 und 12a zulässige Einsicht nicht überschreitet und

2. die Zulässigkeit der Abrufe auf der Grundlage einer Protokollierung

kontrolliert werden kann.

（2）Die Einrichtung eines automatisierten Abrufverfahrens nach Absatz 1 bedarf der Genehmigung durch die Landesjustizverwaltung. Die Genehmigung darf nur Gerichten, Behörden, Notaren, öffentlich bestellten Vermessungsingenieuren, an dem Grundstück dinglich Berechtigten, einer von dinglich Berechtigten beauftragten Person oder Stelle, der Staatsbank Berlin sowie für Zwecke der maschinellen Bearbeitung von Auskunftsanträgen（Absatz 4）, nicht jedoch anderen öffentlich-rechtlichen Kreditinstituten erteilt werden. Sie setzt voraus, daß

1. diese Form der Datenübermittlung unter Berücksichtigung der schutzwürdigen Interessen der betroffenen dinglich Berechtigten wegen der Vielzahl der Übermittlungen oder wegen ihrer besonderen Eilbedürftigkeit angemessen ist,

2. auf seiten des Empfängers die Grundsätze einer ordnungsgemäßen Datenverarbeitung eingehalten werden und

3. auf seiten der grundbuchführenden Stelle die technischen Möglichkeiten der Einrichtung und Abwicklung des Verfahrens gegeben sind und eine Störung des Geschäftsbetriebs des Grundbuchamts nicht zu erwarten ist.

（3）Die Genehmigung ist zu widerrufen, wenn eine der in Absatz 2 genannten Voraussetzungen weggefallen ist. Sie kann widerrufen werden, wenn die Anlage mißbräuchlich benutzt worden ist. Ein öffentlich-rechtlicher Vertrag oder eine Verwaltungsvereinbarung kann in den Fällen der Sätze 1 und 2 gekündigt werden. In den Fällen des Satzes 1 ist die Kündigung zu erklären.

（4）Im automatisierten Abrufverfahren nach Absatz 1 können auch Anträge auf Auskunft aus dem Grundbuch（Einsichtnahme und Erteilung von Abschriften）nach § 12 und den diese Vorschriften ausführenden Bestimmungen maschinell bearbeitet werden. Absatz 2 Satz 1 und 3 gilt entsprechend. Die maschinelle Bearbeitung ist nur zulässig, wenn der Eigentümer des Grundstücks, bei Erbbau- und Gebäudegrundbüchern der Inhaber des Erbbaurechts oder Gebäudeeigentums, zustimmt oder die Zwangsvollstreckung in das Grundstück, Erbbaurecht oder Gebäudeeigentum betrieben werden soll und die abrufende Person oder Stelle das Vorliegen dieser Umstände durch Verwendung entsprechender elektronischer Zeichen versichert.

（5）Ist der Empfänger eine nicht öffentliche Stelle, gilt § 38 des Bundesdatenschutzgesetzes mit der Maßgabe, daß die Aufsichtsbehörde die Ausführung der Vorschriften über den Datenschutz auch dann überwacht, wenn keine hinreichenden Anhaltspunkte für eine Verletzung dieser Vorschriften vorliegen. Unabhängig hiervon ist dem Eigentümer des Grundstücks oder dem Inhaber eines grundstücksgleichen Rechts jederzeit Auskunft aus einem über die Abrufe zu führenden Protokoll zu geben, soweit nicht die Bekanntgabe den Erfolg strafrechtlicher Ermittlungen oder die Aufgabenwahrnehmung einer Verfassungsschutzbehörde, des Bundesnachrichtendienstes oder des Militärischen Abschirmdienstes gefährden würde; dieses Protokoll kann nach Ablauf von zwei Jahren vernichtet werden.

（6）Soweit in dem automatisierten Abrufverfahren personenbezogene Daten übermittelt werden, darf der Empfänger diese nur für den Zweck verwenden, zu dessen Erfüllung sie ihm übermittelt worden sind.

（7）Genehmigungen nach Absatz 2 gelten in Ansehung der Voraussetzungen nach den Absätzen 1 und 2 Satz 3 Nr. 1 und 2 im gesamten Land, dessen Behörden sie erteilt haben. Sobald die technischen Voraussetzungen dafür gegeben sind, gelten sie auch im übrigen Bundesgebiet. Das Bundesministerium der Justiz und für Verbraucherschutz stellt durch Rechtsverordnung mit Zustimmung des Bundesrates fest, wann und in welchen Teilen des Bundesgebiets dieseVoraussetzungen gegeben sind. Anstelle der Genehmigungen können auch öffentlich－rechtliche Verträge oder Verwaltungsvereinbarungen geschlossen werden. Die Sätze 1 und 2 gelten entsprechend.

（8）（weggefallen）

第 133 条

（1）允许通过设置自动化程序使得有可能自机器编制之土地登记簿调取并传送数据，如果确保：

1. 数据之下载按照或者基于第 12 条和第 12a 条允许查阅之范围而无逾越；

2. 基于记录允许之下载可控。

（2）按照第 1 款设置自动化下载程序须经州司法行政部门批准。该批准只可给予法院、行政机关、公证人、官方任命之测量工程师、土地之物权人、受物权人委托之人或者机构、柏林国家银行以及目的在于以机器处理问询申请之人（第 4 款），然而不给予其他公法上之信贷机构。批准之前提条件是：

1. 因为多次传送或者因为特别紧迫之需，考虑到相关物权人值得保护之利益，该数据传送之方式适当；

2. 接收人方面会遵守合乎法律规定的数据处理原则；

3. 土地登记簿编制机构方面存在设置和完成该程序技术上之可能性，土地登记局业务之运转不会受到干扰。

（3）第 2 款所规定之前提条件之一不复存在的，批准应予撤销。设备被滥用的，批准可予撤销。在第 1 句和第 2 句之情形下公法上的契约或者行政协议可予解除。在第 1 句之情形下解除应作出声明。

（4）按照第 1 款，在自动化下载程序中，可通过机器处理按照第 12 条及其实施规定就土地登记簿所作询问（查阅和提供复印件）之申请。准用第 2 款第 1 句和第 3 句。经土地所有权人之同意，在地上权和建筑物土地登记簿之情形下，只有经地上权持有人或者建筑物所有权人之同意，或者对于土地、地上权或建筑物所有权应为强制执行，并且数据调取人或者数据调取机构通过使用相应的电子标记对于存在上述情形予以保证的，才允许机器处理。

（5）数据接收人非官方机构的，《联邦数据保护法》第 38 条按此规定适用，即监督机构对于数据保护规定之执行仍须监督，如果不存在充分理由违反该规定。与此无关的是，应随时就数据下载所作之记录答复土地所有权人或者类似土地权利持有人，只要公开该记录不妨害刑事司法调查之成功，不妨害宪法保卫机构、联邦情报机构及军事防卫机构之履职行为；满 2 年后该记录可以销毁。

（6）只要在自动化下载程序中传送与个人有关之数据的，数据接收人只可以为此目的而使用该数据，为了实现该目的数据才传送给他。

（7）鉴于第 1 款和第 2 款第 3 句数字 1 和数字 2 所规定之前提条件，第 2 款所规定之批准适用于批准之官方机构所在的整个州。只要对此赋予技术前提条件，该批准亦适用于其他联邦地区。授权联邦司法和消费者保护部通过须经联邦参议院同意之行政规章确定，何时以及在联邦地区的哪些部分赋予该技术前提条件。亦可以公法契约或者行政协议替代该批准。准用第 1 句和第 2 句。

（8）（已删除）

§ 133a Erteilung von Grundbuchabdrucken durch Notare; Verordnungsermächtigung

（1）Notare dürfen demjenigen, der ihnen ein berechtigtes Interesse im Sinne des § 12 darlegt, den Inhalt des Grundbuchs mitteilen. Die Mitteilung kann auch durch die Erteilung eines Grundbuchabdrucks erfolgen.

（2）Die Mitteilung des Grundbuchinhalts im öffentlichen Interesse oder zu wissenschaftlichenund Forschungszwecken ist nicht zulässig.

（3）Über die Mitteilung des Grundbuchinhalts führt der Notar ein Protokoll. Dem Eigentümer des Grundstücks oder dem Inhaber eines grundstücksgleichen Rechts ist auf Verlangen Auskunft aus diesem Protokoll zu geben.

（4）Einer Protokollierung der Mitteilung bedarf es nicht, wenn

1. die Mitteilung der Vorbereitung oder Ausführung eines sonstigen Amtsgeschäfts nach § 20 oder § 24 Absatz 1 der Bundesnotarordnung dient oder

2. der Grundbuchinhalt dem Auskunftsberechtigten nach Absatz 3 Satz 2 mitgeteilt wird.

（5）Die Landesregierungen werden ermächtigt, durch Rechtsverordnung zu bestimmen, dass abweichend von Absatz 1 der Inhalt von Grundbuchblättern, die von Grundbuchämtern des jeweiligen Landes geführt werden, nicht mitgeteilt werden darf. Dies gilt nicht, wenn die Mitteilung der Vorbereitung oder Ausführung eines sonstigen Amtsgeschäfts nach § 20 oder § 24 Absatz 1 der Bundesnotarordnung dient. Die Landesregierungen können die Ermächtigung durch Rechtsverordnung auf die Landesjustizverwaltungen übertragen.

第133a条 通过公证人交付土地登记簿印制件；法律授权

（1）公证人可将土地登记簿之内容告知第12条意义上向其说明存在正当利益之人。告知亦可通过交付土地登记簿印制件实现。

（2）不允许为了公共利益或者为了科学和研究之目的告知土地登记簿之内容。

（3）公证人就告知土地登记簿内容制作记录。应土地所有权人或者类似土地权利之持有人之请求就该记录给予答复。

（4）无需就告知制作记录，如果：

1. 按照《联邦公证人法》第 20 条或者第 24 条第 1 款该告知用于其他官方行为之准备或者执行；

2. 按照第 3 款第 2 句就土地登记簿内容告知问询权利人。

（5）授权州政府通过行政规章加以规定，不按照第 1 款之规定，各州土地登记局所制作之土地登记簿册之内容，不可进行告知。按照《联邦公证人法》第 20 条或者第 24 条第 1 款该告知用于其他官方行为之准备或者执行的，该规定不适用。州政府可通过行政规章将此授权转归州司法行政部门。

§ 134

Das Bundesministerium der Justiz und für Verbraucherschutz wird ermächtigt, durch Rechtsverordnung mit Zustimmung des Bundesrates nähere Vorschriften zu erlassen über

1. die Einzelheiten der Anforderungen an die Einrichtung und das Nähere zur Gestaltung des maschinell geführten Grundbuchs sowie die Abweichungen von den Vorschriften des Ersten bis Sechsten Abschnitts der Grundbuchordnung, die für die maschinelle Führung des Grundbuchs erforderlich sind；

2. die Einzelheiten der Gewährung von Einsicht in maschinell geführte Grundbücher；

3. die Einzelheiten der Einrichtung automatisierter Verfahren zur Übermittlung von Daten aus dem Grundbuch auch durch Abruf und der Genehmigung hierfür.

Das Bundesministerium der Justiz und für Verbraucherschutz kann im Rahmen seiner Ermächtigung nach Satz 1 die Regelung weiterer Einzelheiten durch Rechtsverordnung den Landesregierungen übertragen und hierbei auch vorsehen，daß diese ihre Ermächtigung durch Rechtsverordnung auf die Landesjustizverwaltungen übertragen können.

第 134 条

授权联邦司法和消费者保护部，通过须经联邦参议院同意之行政规章，

对于下列事项颁布更详细之规定

1. 对于机器编制土地登记簿在设置和详细形态方面要求之细节，以及机器编制土地登记簿所需要、不同于《土地登记簿法》第一章至第六章之规定；

2. 准许查阅机器编制土地登记簿之细节；

3. 设置自动化程序传送源自土地登记簿数据之细节，亦包括通过下载之方式以及有关之批准。

联邦司法和消费者保护部可通过行政规章将其按照第 1 句在授权框架内规定更详细细节之权限转归各州之政府，以及对此亦考虑到，各州之政府可通过行政规章将此授权转归州司法行政部门。

§ 134a Datenübermittlung bei der Entwicklung von Verfahren zur Anlegung des Datenbankgrundbuchs

（1）Die Landesjustizverwaltungen können dem Entwickler eines automatisierten optischen Zeichen – und Inhaltserkennungsverfahrens（Migrationsprogramm）nach Maßgabe der Absätze 2 bis 5 Grundbuchdaten zur Verfügung stellen; im Übrigen gelten das Bundesdatenschutzgesetz und die Datenschutzgesetze der Länder. Das Migrationsprogramm soll bei der Einführung eines Datenbankgrundbuchs die Umwandlung der Grundbuchdaten in voll strukturierte Eintragungen sowie deren Speicherung unterstützen.

（2）Der Entwickler des Migrationsprogramms darf die ihm übermittelten Grundbuchdaten ausschließlich für die Entwicklung und den Test des Migrationsprogramms verwenden. Die Übermittlung der Daten an den Entwickler erfolgt zentral über eine durch Verwaltungsabkommen der Länder bestimmte Landesjustizverwaltung. Die beteiligten Stellen haben dem jeweiligen Stand der Technik entsprechende Maßnahmen zur Sicherstellung von Datenschutz und Datensicherheit zu treffen, insbesondere zur Wahrung der Vertraulichkeit der betroffenen Daten. Die nach Satz 2 bestimmte Landesjustizverwaltung ist für die Einhaltung der Vorschriften des Datenschutzes verantwortlich und vereinbart mit dem Entwickler die Einzelheiten der Datenverarbeitung.

（3）Die Auswahl der zu übermittelnden Grundbuchdaten erfolgt durch die

Landesjustizverwaltungen. Ihr ist ein inhaltlich repräsentativer Querschnitt des Grundbuchdatenbestands zugrunde zu legen. Im Übrigen erfolgt die Auswahl nach formalen Kriterien. Dazu zählen insbesondere die für die Grundbucheintragungen verwendeten Schriftarten und Schriftbilder, die Gliederung der Grundbuchblätter, die Darstellungsqualität der durch Umstellung erzeugten Grundbuchinhalte sowie das Dateiformat der umzuwandelnden Daten. Es dürfen nur so viele Daten übermittelt werden, wie für die Entwicklung und den Test des Migrationsprogramms notwendig sind, je Land höchstens 5 Prozent des jeweiligen Gesamtbestands an Grundbuchblättern.

（4）Der Entwickler des Migrationsprogramms kann die von ihm gespeicherten Grundbuchdaten sowie die daraus abgeleiteten Daten der nach Absatz 2 Satz 2 bestimmten Landesjustizverwaltung oder den jeweils betroffenen Landesjustizverwaltungen übermitteln. Dort dürfen die Daten nur für Funktionstests des Migrationsprogramms sowie für die Prüfung und Geltendmachung von Gewährleistungsansprüchen in Bezug auf das Migrationsprogramm verwendet werden; die Daten sind dort zu löschen, wenn sie dafür nicht mehr erforderlich sind.

（5）Der Entwickler des Migrationsprogramms hat die von ihm gespeicherten Grundbuchdaten sowie die daraus abgeleiteten Daten zu löschen, sobald ihre Kenntnis für die Erfüllung der in Absatz 2 Satz 1 genannten Zwecke nicht mehr erforderlich ist. An die Stelle einer Löschung tritteine Sperrung, soweit und solange die Kenntnis der in Satz 1 bezeichneten Daten für die Abwehr von Gewährleistungsansprüchen der Landesjustizverwaltungen erforderlich ist. Ihm überlassene Datenträger hat der Entwickler der übermittelnden Stelle zurückzugeben.

（6）Für den im Rahmen der Konzeptionierung eines Datenbankgrundbuchs zu erstellenden Prototypen eines Migrationsprogramms mit eingeschränkter Funktionalität gelten die Absätze 1 bis 5 entsprechend.

第 134a 条　伴随着程序开发数据传送促使数据库土地登记簿之设置

（1）州司法行政部门按照第 2 款至第 5 款之规定可将土地登记簿数据交由自动化光学符号和内容识别程序（迁移程序）开发者使用；其他事项适用《联邦数据保护法》以及各州的数据保护法律。对于导入数据库之土地登记簿，迁移程序应该支持土地登记簿完全结构化登记事项数据之转换及其储存。

（2）迁移程序开发者唯可就开发及测试迁移程序而使用传送与其之土地登记簿数据。向开发者传送数据在各州行政协定所指定之州司法行政部门管理下进行。相关机构对于数据保护和数据安全应采取与当时技术状况相适应之措施予以保证，尤其是维护有关数据之机密性。按照第 2 句所指定之州司法行政部门应对数据保护规定之遵守负责并与开发者约定数据处理之细节。

（3）由州司法行政部门选择拟进行传送之土地登记簿数据。选择应基于内容上具代表性之土地登记簿数据存量之截面。此外，按照合乎规定之标准进行选择。这包括土地登记簿登记事项所使用之字体种类和字体图案，土地登记簿册之种类，通过土地登记簿置换所产生之土地登记簿再现之质量以及待转换数据之数据格式。只可传送对于开发和测试迁移程序为必要之数据，每州至多 5% 土地登记簿册之当前数据总存量。

（4）迁移程序开发者可将其储存之土地登记簿数据以及由此导出之数据传送给按照第 2 款第 2 句所指定之州司法行政部门或者相关之各个州司法行政部门。彼司法行政部门唯可就迁移程序之功能测试以及关系迁移程序之审核及有效性之保障要求而使用该数据；该数据应于彼处销毁，如其对此不再需要。

（5）迁移程序开发者应将其储存之土地登记簿数据以及由此导出之数据销毁，一旦其知悉为了完成第 2 款第 1 句所规定之目的不再需要这些数据。只要在此期间知悉需要以第 1 句所指之数据防御州司法行政部门有效性保障之要求，可以冻结取代销毁。

（6）对于在数据库土地登记簿概念框架下拟建立、有限功能之迁移程序原型，准用第 1 款至第 5 款。

VIII. Achter Abschnitt Elektronischer Rechtsverkehr und Elektronische Grundakte
第八章　电子交易和电子基础文件

§ 135 Elektronischer Rechtsverkehr und elektronische Grundakte; Verordnungsermächtigungen

（1）Anträge, sonstige Erklärungen sowie Nachweise über andere Eintragungsvoraussetzungen können dem Grundbuchamt nach Maßgabe der folgenden Bestimmungen als elektronische Dokumente übermittelt werden. Die Landesregierungen werden ermächtigt, durch Rechtsverordnung

1. den Zeitpunkt zu bestimmen, von dem an elektronische Dokumente übermittelt werden können; die Zulassung kann auf einzelne Grundbuchämter beschränkt werden;

2. Einzelheiten der Datenübermittlung und – speicherung zu regeln sowie Dateiformate für die zu übermittelnden elektronischen Dokumente festzulegen, um die Eignung für die Bearbeitung durch das Grundbuchamt sicherzustellen;

3. die ausschließlich für den Empfang von in elektronischer Form gestellten Eintragungsanträgen und sonstigen elektronischen Dokumenten in Grundbuchsachen vorgesehene direkt adressierbare Einrichtung des Grundbuchamts zu bestimmen;

4. zu bestimmen, dass Notare

a) Dokumente elektronisch zu übermitteln haben und

b) neben den elektronischen Dokumenten bestimmte darin enthaltene Angaben in strukturierter maschinenlesbarer Form zu übermitteln haben;

die Verpflichtung kann auf die Einreichung bei einzelnen Grundbuchämtern, auf einzelne Arten von Eintragungsvorgängen oder auf Dokumente bestimmten Inhalts beschränkt werden;

5. Maßnahmen für den Fall des Auftretens technischer Störungen anzuordnen.

Ein Verstoß gegen eine nach Satz 2 Nummer 4 begründete Verpflichtung steht dem rechtswirksamen Eingang von Dokumenten beim Grundbuchamt nicht entgegen.

(2) Die Grundakten können elektronisch geführt werden. Die Landesregierungen werden ermächtigt, durch Rechtsverordnung den Zeitpunkt zu bestimmen, von dem an die Grundakten elektronisch geführt werden; die Anordnung kann auf einzelne Grundbuchämter oder auf Teile des bei einem Grundbuchamt geführten Grundaktenbestands beschränkt werden.

(3) Die Landesregierungen können die Ermächtigungen nach Absatz 1 Satz 2 und Absatz 2 Satz 2 durch Rechtsverordnung auf die Landesjustizverwaltungen übertragen.

(4) Für den elektronischen Rechtsverkehr und die elektronischen Grundakten gilt § 126 Absatz 1 Satz 2 und Absatz 3 entsprechend. Die Vorschriften des Vierten Abschnitts über den elektronischen Rechtsverkehr und die elektronische Akte in Beschwerdeverfahren bleiben unberührt.

第135条 电子交易和电子基础文件；规章授权

(1) 可按下列规定之条件向土地登记局传送作为电子文件之申请书、其他声明以及对于其他登记前提条件之证明。授权州政府，通过行政规章。

1. 规定自何时开始可以传送电子文件；许可可限于个别之土地登记局。

2. 规定数据传送及储存之细节以及规定拟传送电子文件之数据格式，以确保适合土地登记局对其进行加工。

3. 规定土地登记局在土地登记簿事务中专为接收以电子形式提交之登记申请以及其他电子文件所预定、直接可通信之设置。

4. 规定，公证人：

a) 应以电子形式传送文件；

b) 电子文件连同其内含特定之说明应在结构上以机器可读之形式传送；

该义务可限于向个别土地登记局递交之文件、个别种类之登记流程或者特定内容之文件。

5. 规定对于技术故障之措施。

违反第2句数字4规定之义务不导致文件到达土地登记局在法律上之有效性。

（2）基础文件可以电子化形式编制。授权州政府通过行政规章规定，自何时起基础文件采用电子化形式编制；指令可限于个别土地登记局或者限于土地登记局所编制基础文件存量之部分。

（3）州政府可通过行政规章将此授权按照第 1 款第 2 句以及第 2 款第 2 句转归州司法行政部门。

（4）对于电子交易和电子基础文件准用第 126 条第 1 款第 2 句以及第 3 款。在上诉程序中第四章对于电子交易和电子文件之规定不受影响。

§ 136 Eingang elektronischer Dokumente beim Grundbuchamt

（1）Ein mittels Datenfernübertragung als elektronisches Dokument übermittelter Eintragungsantrag ist beim Grundbuchamt eingegangen, sobald ihn die für den Empfang bestimmte Einrichtung nach § 135 Absatz 1 Satz 2 Nummer 3 aufgezeichnet hat. Der genaue Zeitpunkt soll mittels eines elektronischen Zeitstempels bei dem Antrag vermerkt werden. § 13 Absatz 2 und 3 ist nicht anzuwenden. Die Übermittlung unmittelbar an die nach § 135 Absatz 1 Satz 2 Nummer 3 bestimmte Einrichtung ist dem Absender unter Angabe des Eingangszeitpunkts unverzüglich zu bestätigen. Die Bestätigung ist mit einer elektronischen Signatur zu versehen, die die Prüfung der Herkunft und der Unverfälschtheit der durch sie signierten Daten ermöglicht.

（2）Für den Eingang eines Eintragungsantrags, der als elektronisches Dokument auf einem Datenträger eingereicht wird, gilt § 13 Absatz 2 Satz 2 und Absatz 3. Der genaue Zeitpunkt des Antragseingangs soll bei dem Antrag vermerkt werden.

（3）Elektronische Dokumente können nur dann rechtswirksam beim Grundbuchamt eingehen, wenn sie für die Bearbeitung durch das Grundbuchamt geeignet sind. Ist ein Dokument für die Bearbeitung durch das Grundbuchamt nicht geeignet, ist dies dem Absender oder dem Einreicher eines Datenträgers nach Absatz 2 Satz 1 unter Hinweis auf die Unwirksamkeit des Eingangs und auf die geltenden technischen Rahmenbedingungen unverzüglich mitzuteilen.

第 136 条　电子文件到达土地登记局

（1）作为电子文件借助数据传输向土地登记局传送之登记申请，一旦其按照第 135 条第 1 款第 2 句数字 3 载入专门接收之设置，即为到达土地登记局。准确时间应该通过电子时间戳记备注于申请之上。第 13 条第 2 款和第 3 款不适用。直接向按照第 135 条第 1 款第 2 句数字 3 所指定之设置传送文件的，应立即向发送人确认，该确认须附到达时间之说明。确认应附加电子签名，使得有可能审核经其签名数据之来源及使其不能被篡改。

（2）作为电子文件递交数据载体，其登记申请之到达，适用第 13 条第 2 款第 2 句和第 3 款。申请到达的准确时间应该备注于申请之上。

（3）电子文件只有以适合于土地登记局处理之方式到达土地登记局才具有法律上之有效性。电子文件不适合土地登记局处理的，应在附加提示到达无效性之前提下将该情况立即通知发送人或者按照第 2 款第 1 句数据载体之递交人，并且提示有效之技术框架条件。

§ 137 Form elektronischer Dokumente

（1）Ist eine zur Eintragung erforderliche Erklärung oder eine andere Voraussetzung der Eintragungdurch eine öffentliche oder öffentlich beglaubigte Urkunde nachzuweisen, so kann diese als ein mit einem einfachen elektronischen Zeugnis nach § 39a des Beurkundungsgesetzes versehenes elektronisches Dokument übermittelt werden. Der Nachweis kann auch durch die Übermittlung eines öffentlichen elektronischen Dokuments（§ 371a Absatz 3 Satz 1 der Zivilprozessordnung）geführt werden, wenn

1. das Dokument mit einer qualifizierten elektronischen Signatur versehen ist und

2. das der Signatur zugrunde liegende qualifizierte Zertifikat oder ein zugehöriges qualifiziertes Attributzertifikat die Behörde oder die Eigenschaft als mit öffentlichem Glauben versehene Person erkennen lässt.

Ein etwaiges Erfordernis, dem Grundbuchamt den Besitz der Urschrift oder einer Ausfertigung einer Urkunde nachzuweisen, bleibt unberührt.

（2）Werden Erklärungen oder Ersuchen einer Behörde, auf Grund deren eine

Eintragung vorgenommen werden soll, als elektronisches Dokument übermittelt, muss

1. das Dokument den Namen der ausstellenden Person enthalten und die Behörde erkennen lassen,

2. das Dokument von der ausstellenden Person mit einer qualifizierten elektronischen Signatur versehen sein und

3. das der Signatur zugrunde liegende qualifizierte Zertifikat oder ein zugehöriges qualifiziertes Attributzertifikat die Behörde erkennen lassen.

（3）Erklärungen, für die durch Rechtsvorschrift die Schriftform vorgeschrieben ist, können als elektronisches Dokument übermittelt werden, wenn dieses den Namen der ausstellenden Person enthält und mit einer qualifizierten elektronischen Signatur versehen ist.

（4）Eintragungsanträge sowie sonstige Erklärungen, die nicht den Formvorschriften der Absätze 1 bis 3 unterliegen, können als elektronisches Dokument übermittelt werden, wenn dieses den Namen der ausstellenden Person enthält. Die § § 30 und 31 gelten mit der Maßgabe, dass die in der Form des § 29 nachzuweisenden Erklärungen als elektronische Dokumente gemäß den Absätzen 1 und 2 übermittelt werden können.

第 137 条　电子文件之形式

（1）为登记所必需之声明或者其他登记之前提条件通过官方文件或者经官方认证之文件证明的，其可作为按照《证明法》第 39a 条附加了简单电子证明之电子文件传送。证明亦可通过传送官方电子文件（《民事诉讼法》第 371a 条第 3 款第 1 句）完成，如果：

1. 该文件附加了适格的电子签名；

2. 电子签名基础适格之证明或者附属适格之品德证明经过官方或者其品质作为具有公信力之人之辨认。

土地登记局可能提出的向其证明占有证明文件原件或出具文件之要求不受影响。

（2）基于官方之声明或者请求应该进行某一登记的，作为电子文件传送时，必须：

1. 该文件包含签发人之姓名及经过官方辨认；

2. 该文件由签发人附加适格之电子签名；

3. 作为电子签名基础适格之证明或者附属适格之品德证明经过官方之辨认。

（3）法律规定声明采用书面形式的，该声明可作为电子文件传送，如果该电子文件包含签发人之姓名以及附加适格之电子签名。

（4）登记申请以及其他声明，不符合第 1 款至第 3 款之形式规定的，可以作为电子文件传送，如果该电子文件包含签发人之姓名。第 30 条和第 31 条按此规定适用，即采用第 29 条之形式、有待证明之声明按照第 1 款和第 2 款可作为电子文件传送。

§ 138 Übertragung von Dokumenten

（1）In Papierform vorliegende Schriftstücke können in elektronische Dokumente übertragen und in dieser Form anstelle der Schriftstücke in die Grundakte übernommen werden. Die Schriftstücke können anschließend ausgesondert werden, die mit einem Eintragungsantrag eingereichten Urkunden jedoch nicht vor der Entscheidung über den Antrag.

（2）Der Inhalt der zur Grundakte genommenen elektronischen Dokumente ist in lesbarer Form zu erhalten. Die Dokumente können hierzu in ein anderes Dateiformat übertragen und in dieser Form anstelle der bisherigen Dateien in die Grundakte übernommen werden.

（3）Wird die Grundakte nicht elektronisch geführt, sind von den eingereichten elektronischen Dokumenten Ausdrucke für die Akte zu fertigen. Die elektronischen Dokumente können aufbewahrt und nach der Anlegung der elektronischen Grundakte in diese übernommen werden; nach der Übernahme können die Ausdrucke vernichtet werden.

第 138 条 文件转换

（1）以纸质形式存在之文件可以转换为电子文件并且以此取代纸质文件而被纳入登记基础文件当中。继而可以剔除该纸质文件，然而与登记申请一同递交之纸质文件不可在决定是否批准该申请前剔除。

（2）纳入登记基础文件之电子文件之内容应以可读形式保存。为此，该文件可以转换为其他数据格式并以此形式取代原先之数据而被纳入登记基础文件。

（3） 登记基础文件非以电子形式编制的，应将递交之电子文件打印制作成基础文件。电子文件可以保存并且在设置电子基础文件之后再纳入其中；纳入之后打印文件可以销毁。

§ 139 Aktenausdruck, Akteneinsicht und Datenabruf

（1） An die Stelle der Abschrift aus der Grundakte tritt der Ausdruck und an die Stelle der beglaubigten Abschrift der amtliche Ausdruck. Die Ausdrucke werden nicht unterschrieben. Der amtliche Ausdruck ist als solcher zu bezeichnen und mit einem Dienstsiegel oder −stempel zu versehen; er steht einer beglaubigten Abschrift gleich.

（2） Die Einsicht in die elektronischen Grundakten kann auch bei einem anderen als dem Grundbuchamt gewährt werden, das diese Grundakten führt. Über die Gestattung der Einsicht entscheidet das Grundbuchamt, bei dem die Einsicht begehrt wird.

（3） Für den Abruf von Daten aus den elektronischen Grundakten kann ein automatisiertes Verfahren eingerichtet werden. § 133 gilt entsprechend mit der Maßgabe, dass das Verfahren nicht auf die in § 12 Absatz 1 Satz 2 genannten Urkunden beschränkt ist.

第 139 条　文件打印、查阅文件和数据下载

（1） 以打印件代替基础文件之复印件并且以官方打印件代替官方认证之复印件，打印件无须签名。官方打印件应具官方打印件之名并加盖公章或者图章；官方打印件等同于官方认证之复印件。

（2） 亦可准许其他土地登记局查阅另一土地登记局掌管之电子基础文件。是否允许查阅由被请求之土地登记局决定。

（3） 为了下载电子基础文件之数据可以设置自动化程序。按此规定准用第 133 条，即该程序不限于第 12 条第 1 款第 2 句所指之文件。

§ 140 Entscheidungen, Verfügungen und Mitteilungen

(1) Wird die Grundakte vollständig oder teilweise elektronisch geführt, können Entscheidungen und Verfügungen in elektronischer Form erlassen werden. Sie sind von der ausstellenden Person mit ihrem Namen zu versehen, Beschlüsse und Zwischenverfügungen zusätzlich mit einer qualifizierten elektronischen Signatur. Die Landesregierungen werden ermächtigt, durchRechtsverordnung den Zeitpunkt zu bestimmen, von dem an Entscheidungen und Verfügungen in elektronischer Form zu erlassen sind; die Anordnung kann auf einzelne Grundbuchämter beschränkt werden. Die Landesregierungen können die Ermächtigung durch Rechtsverordnung auf die Landesjustizverwaltungen übertragen.

(2) Den in § 174 Absatz 1 der Zivilprozessordnung genannten Empfängern können Entscheidungen, Verfügungen und Mitteilungen durch die Übermittlung elektronischer Dokumente bekannt gegeben werden. Im Übrigen ist die Übermittlung elektronischer Dokumente zulässig, wenn der Empfänger dem ausdrücklich zugestimmt hat. Die Dokumente sind gegen unbefugte Kenntnisnahme zu schützen. Bei der Übermittlung von Beschlüssen und Zwischenverfügungen sind die Dokumente mit einer elektronischen Signatur zu versehen, die die Prüfung der Herkunft und der Unverfälschtheit der durch sie signierten Daten ermöglicht.

(3) Ausfertigungen und Abschriften von Entscheidungen und Verfügungen, die in elektronischer Form erlassen wurden, können von einem Ausdruck gefertigt werden. Ausfertigungen von Beschlüssen und Zwischenverfügungen sind von dem Urkundsbeamten der Geschäftsstelle zu unterschreiben und mit einem Dienstsiegel oder -stempel zu versehen.

(4) Die Vorschriften des Vierten Abschnitts über gerichtliche elektronische Dokumente in Beschwerdeverfahren bleiben unberührt. Absatz 1 gilt nicht für den Vollzug von Grundbucheintragungen.

第 140 条 裁定、指令和通知

(1) 登记基础文件全部或者部分以电子形式编制的，可以电子形式颁发裁定和指令。裁定和指令应由签发人署名，决定和中间指令另外尚须适格之

电子签名。授权州政府通过行政规章规定自何时起裁定和指令应以电子形式颁发；指令可限于个别之土地登记局。州政府可通过行政规章将此授权转归州司法行政部门。

（2）裁定、指令和通知可以电子形式传送公布给《民事诉讼法》第174条第1款所指之接收人。此外，如果接收人对此明确表示同意的，允许传送电子形式之文件。文件应防止未获授权者知晓。传送决定以及中间指令应在文件上附加电子签名，使得有可能审核经其签名数据之来源及使其不能被篡改。

（3）以电子形式颁发裁定和指令之签发件和复印件，可由打印件制作而成。决定和中间指令之签发件应由业务处文书签名并且加盖公章或者图章。

（4）第四章对于上诉程序中司法电子文件之规定不受影响。第1款对于执行土地登记簿登记事项不适用。

§ 141 Ermächtigung des Bundesministeriums der Justiz und für Verbraucherschutz

Das Bundesministerium der Justiz und für Verbraucherschutz wird ermächtigt, durch Rechtsverordnung mit Zustimmung des Bundesrates nähere Vorschriften zu erlassen über

1. die Einzelheiten der technischen und organisatorischen Anforderungen an die Einrichtung des elektronischen Rechtsverkehrs und der elektronischen Grundakte, soweit diese nicht von § 135 Absatz 1 Satz 2 Nummer 2 erfasst sind,

2. die Einzelheiten der Anlegung und Gestaltung der elektronischen Grundakte,

3. die Einzelheiten der Übertragung von in Papierform vorliegenden Schriftstücken in elektronische Dokumente sowie der Übertragung elektronischer Dokumente in die Papierform oder in andere Dateiformate,

4. die Einzelheiten der Gewährung von Einsicht in elektronische Grundakten und

5. die Einzelheiten der Einrichtung automatisierter Verfahren zur Übermittlung von Daten aus den elektronischen Grundakten auch durch Abruf und der Genehmigung hierfür.

Das Bundesministerium der Justiz und für Verbraucherschutz kann im Rahmen seiner Ermächtigung nach Satz 1 die Regelung weiterer Einzelheiten durch Rechtsverordnung den Landesregierungen übertragen und hierbei auch vorsehen, dass diese ihre Ermächtigung durch Rechtsverordnung auf die Landesjustizverwalt-ungen übertragen können.

第 141 条 授权联邦司法和消费者保护部

授权联邦司法和消费者保护部通过颁布须经联邦参议院同意之行政规章就下列事项作出更详细之规定：

1. 对于电子交易和电子基础文件设施在技术上及组织上之细节要求，以及不为第 135 条第 1 款第 2 句数字 2 所包含之事项；

2. 电子基础文件设置及形态之细节；

3. 将以纸质形式存在之文件转换为电子文件以及将电子文件转换为纸质形式或者其他数据格式之细节；

4. 准许查阅电子基础文件之细节；

5. 设置自动化程序传送源自电子基础文件数据之细节，亦包括通过下载之方式以及有关之批准。

联邦司法和消费者保护部可通过行政规章将其按照第 1 句在授权框架内规定更详细细节之权限转归各州之政府，以及对此亦考虑到，各州之政府可通过行政规章将此授权转归州司法行政部门。

IX. Neunter Abschnitt Übergangs- und Schlußbestimmungen
第九章　过渡及终结之规定

§ 142

(1)（Inkrafttreten）

(2) Die Artikel 1 Abs. 2, Artikel 2, 50, 55 des Einführungsgesetzes zum Bürgerlichen Gesetzbuche sind entsprechend anzuwenden.

第 142 条

(1)（生效）

(2) 准用《民法典施行法》第 1 条第 2 款、第 2 条、第 50 条以及第 55 条。

§ 143

(1) Soweit im Einführungsgesetz zum Bürgerlichen Gesetzbuche zugunsten der Landesgesetze Vorbehalte gemacht sind, gelten sie auch für die Vorschriften der Landesgesetze über das Grundbuchwesen; jedoch sind die § § 12a und 13 Abs. 3, § 44 Abs. 1 Satz 2 und 3, § 56 Abs. 2, § 59 Abs. 1 Satz 2, § 61 Abs. 3 und § 62 Abs. 2 auch in diesen Fällen anzuwenden.

(2) Absatz 1 zweiter Halbsatz gilt auch für die grundbuchmäßige Behandlung von Bergbauberechtigungen.

(3) Vereinigungen und Zuschreibungen zwischen Grundstücken und Rechten, für die nach Landesrecht die Vorschriften über Grundstücke gelten, sollen nicht vorgenommen werden.

(4) § 15 Absatz 3 gilt nicht, soweit die zu einer Eintragung erforderlichen Erklärungen von einer gemäß § 68 des Beurkundungsgesetzes nach Landesrecht zuständigen Person oder Stelle öffentlich beglaubigt worden sind.

第 143 条

（1）只要《民法典施行法》为了各州之法律而有保留，该保留亦适用于各州之法律对于土地登记簿事务之规定；然而，第 12a 条、第 13 条第 3 款、第 44 条第 1 款第 2 句和第 3 句、第 56 条第 2 款、第 59 条第 1 款第 2 句、第 61 条第 3 款以及第 62 条第 2 款针对各种保留之情形仍应适用。

（2）第 1 款后半句亦适用于按照土地登记簿规范处理之采矿权。

（3）土地和权利之间的合并以及划入，对此按照州法适用土地之规定，不应执行。

（4）第 15 条第 3 款不适用，只要某一登记所必需之声明按照州法根据《证明法》第 68 条经过有管辖权之人或机构之官方认证。

§ 144

（1）Die Vorschriften des §20 und des §22 Abs. 2 über das Erbbaurecht sowie die Vorschrift des §49 sind auf die in den Artikeln 63, 68 des Einführungsgesetzes zum Bürgerlichen Gesetzbuche bezeichneten Rechte entsprechend anzuwenden.

（2）Ist auf dem Blatt eines Grundstücks ein Recht der in den Artikeln 63 und 68 des Einführungsgesetzes zum Bürgerlichen Gesetzbuche bezeichneten Art eingetragen, so ist auf Antrag für dieses Recht ein besonderes Grundbuchblatt anzulegen. Dies geschieht von Amts wegen, wenn das Recht veräußert oder belastet werden soll. Die Anlegung wird auf dem Blatt des Grundstücks vermerkt.

（3）Die Landesgesetze können bestimmen, daß statt der Vorschriften des Absatzes 2 die Vorschriften der §§ 14 bis 17 des Erbbaurechtsgesetzes entsprechend anzuwenden sind.

第 144 条

（1）第 20 条以及第 22 条第 2 款对于地上权之规定以及第 49 条之规定对于《民法典施行法》第 63 条和第 68 条所指之权利准用之。

（2）在某宗土地之土地登记簿册上按照《民法典施行法》第 63 条和第 68 条所指定方式登记某一权利的，基于申请应为该权利设置特别之土地登记簿册。应该基于职权办理之，如果该权利被转让或者被设立负担。设置特别簿册应备注于该宗土地原先之土地登记簿册。

（3）州法律可以规定，准用《地上权法》第 14 条至第 17 条之规定以取代第 2 款之规定。

§ 145

Die Bücher, die nach den bisherigen Bestimmungen als Grundbücher geführt wurden, gelten als Grundbücher im Sinne dieses Gesetzes.

第 145 条

按照过去之规定作为土地登记簿而编制之簿册，视为本法意义上之土地登记簿。

§ 146

Werden nach § 145 mehrere Bücher geführt, so muß jedes Grundstück in einem der Bücher eine besondere Stelle haben. An dieser Stelle ist auf die in den anderen Büchern befindlichen Eintragungen zu verweisen. Die Stelle des Hauptbuchs und die Stellen, auf welche verwiesen wird, gelten zusammen als das Grundbuchblatt.

第 146 条

按照第 145 条编制多个簿册的，每宗土地必须在其中之一簿册内得到一个特殊部位。在该部位应提示位于其他簿册内之登记事项。主簿册之部位及其所备注之部位，一同视为土地登记簿册。

§ 147

Sind in einem Buch, das nach § 145 als Grundbuch gilt, die Grundstücke nicht nach Maßgabe des § 2 Abs. 2 bezeichnet, so ist diese Bezeichnung von Amts wegen zu bewirken.

第 147 条

按照第 145 条视为土地登记簿之簿册内没有按照第 2 条第 2 款之规定为土

地命名的，应依职权命名之。

§ 148

（1）Das Bundesministerium der Justiz und für Verbraucherschutz wird ermächtigt, durch Rechtsverordnung mit Zustimmung des Bundesrates das Verfahren zum Zwecke der Wiederherstellung eines ganz oder teilweise zerstörten oder abhandengekommenen Grundbuchs sowie das Verfahren zum Zwecke der Wiederbeschaffung zerstörter oder abhandengekommener Urkunden der in § 10 Absatz 1 bezeichneten Art zu bestimmen. Es kann dabei auch darüber bestimmen, in welcher Weise die zu einer Rechtsänderung erforderliche Eintragung bis zur Wiederherstellung des Grundbuchs ersetzt werden soll.

（2）Ist die Vornahme von Eintragungen in das maschinell geführte Grundbuch (§ 126) vorübergehend nicht möglich, so können auf Anordnung der Leitung des Grundbuchamts Eintragungen in einem Ersatzgrundbuch in Papierform vorgenommen werden, sofern hiervon Verwirrung nicht zu besorgen ist. Sie sollen in das maschinell geführte Grundbuch übernommen werden, sobald dies wieder möglich ist. Für die Eintragungen nach Satz 1 gilt § 44; in den Fällen des Satzes 2 gilt § 128 entsprechend. Die Landesregierungen werden ermächtigt, die Einzelheiten des Verfahrens durch Rechtsverordnung zu regeln; sie können diese Ermächtigung auf die Landesjustizverwaltungen durch Rechtsverordnung übertragen.

（3）Ist die Übernahme elektronischer Dokumente in die elektronische Grundakte vorübergehendnicht möglich, kann die Leitung des Grundbuchamts anordnen, dass von den Dokumenten ein Ausdruck für die Akte zu fertigen ist. Sie sollen in die elektronische Grundakte übernommen werden, sobald dies wieder möglich ist. § 138 Absatz 3 Satz 2 gilt entsprechend.

（4）Die Landesregierungen können durch Rechtsverordnung bestimmen, dass

1. das bis dahin maschinell geführte Grundbuch wieder in Papierform geführt wird,

2. der elektronische Rechtsverkehr eingestellt wird oder

3. die bis dahin elektronisch geführten Grundakten wieder in Papierform geführt werden.

Die Rechtsverordnung soll nur erlassen werden, wenn die Voraussetzungen des §126, auch in Verbindung mit §135 Absatz 4 Satz 1, nicht nur vorübergehend entfallen sind und in absehbarer Zeit nicht wiederhergestellt werden können. Satz 2 gilt nicht, soweit durch Rechtsverordnung nach §135 Absatz 1 und 2 bestimmt wurde, dass der elektronische Rechtsverkehr und die elektronische Führung der Grundakten lediglich befristet zu Erprobungszwecken zugelassen oder angeordnet wurden. §44 gilt sinngemäß. Die Wiederanordnung der maschinellen Grundbuchführung nach dem Siebenten Abschnitt sowie die Wiedereinführung des elektronischen Rechtsverkehrs und die Wiederanordnung der elektronischen Führung der Grundakte nach dem Achten Abschnitt bleiben unberührt.

第 148 条

（1）授权联邦司法和消费者保护部，通过颁布须经联邦参议院同意之行政规章加以规定，目的在于重建全部或者部分损毁或遗失土地登记簿之程序，以及目的在于回复损毁或遗失、第 10 条第 1 款所指种类文件之程序。其亦可对此规定，至完成土地登记簿重建之前，以何种方式取代权利变更所必需之登记。

（2）暂时不可能在机器编制之土地登记簿中执行登记，如果无需为此担心造成混乱的，可基于土地登记局领导之指令在纸质形式之替代土地登记簿中执行之。一旦机器编制之土地登记簿可重新执行登记，即应该将此登记纳入之。对于按照第 1 句所为之登记适用第 44 条；对于第 2 句之情形准用第 128 条。授权州政府以行政规章规定该程序之细节；其可通过行政规章将此授权转归州司法行政部门。

（3）暂时不可能将电子文件纳入电子基础文件当中的，土地登记局领导可指令，应以该文件之打印件制备基础文件。一旦重新可以将电子文件纳入电子基础文件当中，即应纳入之。准用第 138 条第 3 款第 2 句。

（4）州政府可以行政规章规定：

1. 此前由机器编制之土地登记簿重新以纸质形式编制；

2. 中止电子交易；

3. 此前以电子形式编制之基础文件重新以纸质形式编制。

颁布该行政规章应该只限于，根据第 126 条之前提条件，结合第 135 条第 4 款第 1 句，并非只是暂时不用考虑并且在可预见时间内无法回复。第 2 句不适用，只要按照第 135 条第 1 款和第 2 款通过行政规章规定，电子交易和电子基础文件仅于指定限期内为测试目的而允许或指令。第 44 条按其意义适用。按照第七章重新指令以机器形式编制土地登记簿以及按照第八章重开电子交易及重新指令编制电子形式之基础文件不受影响。

§ 149

In Baden-Württemberg können die Gewährung von Einsicht in das maschinell geführte Grundbuch und in die elektronische Grundakte sowie die Erteilung von Ausdrucken hieraus im Wege der Organleihe auch bei den Gemeinden erfolgen. Zuständig ist der Ratschreiber, der mindestens die Befähigung zum mittleren Verwaltungsoder Justizdienst haben muss. Er wird insoweit als Urkundsbeamter der Geschäftsstelle des Grundbuchamts tätig, in dessen Bezirk erbestellt ist. § 153 Absatz 5 Satz 1 des Gerichtsverfassungsgesetzes gilt entsprechend. Das Nähere wird durch Landesgesetz geregelt.

第 149 条

于巴登-符腾堡州亦可依机关出借之途径由乡镇（区）准许进行机器编制之土地登记簿和电子基础文件之查阅以及由此交付打印件。只有具有中等行政或者司法服务能力之乡镇（区）议会书记员才具有管辖权。在其任职之辖区范围内其作为土地登记局业务处文书开展工作。准用《法院组织法》第 153 条第 5 款第 1 句。通过州法作更详细之规定。

§ 150

（1）In dem in Artikel 3 des Einigungsvertrages genannten Gebiet gilt dieses Gesetz mit folgenden Maßgaben：

1. Die Grundbücher können abweichend von § 1 bis zum Ablauf des 31. Dezember 1994 von den bis zum 2. Oktober 1990 zuständigen oder später durch Landesrecht bestimmten Stellen（Grundbuchämter）geführt werden. Die Zuständigkeit der Bediensteten des Grundbuchamts richtet sich nach den für diese Stellen am Tag vor dem Wirksamwerden des Beitritts bestehenden oder in dem jeweiligen Lande

erlassenen späteren Bestimmungen. Diese sind auch für die Zahl der erforderlichen Unterschriften und dafür maßgebend, inwieweit Eintragungen beim Grundstücksbestand zu unterschreiben sind. Vorschriften nach den Sätzen 2 und 3 können auch dann beibehalten, geändert oder ergänzt werden, wenn die Grundbücher wieder von den Amtsgerichten geführt werden. Sind vor dem 19. Oktober 1994 in Grundbüchern, die in dem in Artikel 3 des Einigungsvertrages genannten Gebiet geführt werden, Eintragungen vorgenommen worden, die nicht den Vorschriften des § 44 Abs. 1 entsprechen, so sind diese Eintragungen dennoch wirksam, wenn sie den Anforderungen der für die Führung des Grundbuchs von dem jeweiligen Land erlassenen Vorschriften genügen.

2. Amtliches Verzeichnis der Grundstücke im Sinne des § 2 ist das am Tag vor dem Wirksamwerden des Beitritts zur Bezeichnung der Grundstücke maßgebende oder das an seine Stelle tretende Verzeichnis.

3. Die Grundbücher, die nach den am Tag vor dem Wirksamwerden des Beitritts bestehenden Bestimmungen geführt werden, gelten als Grundbücher im Sinne der Grundbuchordnung.

4. Soweit nach den am Tag vor dem Wirksamwerden des Beitritts geltenden Vorschriften Gebäudegrundbuchblätter anzulegen und zu führen sind, sind diese Vorschriften weiter anzuwenden. Dies gilt auch für die Kenntlichmachung der Anlegung des Gebäudegrundbuchblatts im Grundbuch des Grundstücks. Den Antrag auf Anlegung des Gebäudegrundbuchblatts kann auch der Gebäudeeigentümer stellen. Dies gilt entsprechend für nach später erlassenen Vorschriften anzulegende Gebäudegrundbuchblätter. Bei Eintragungen oder Berichtigungen im Gebäudegrund-buch ist in den Fällen des Artikels 233 § 4 des Einführungsgesetzes zum Bürgerlichen Gesetzbuche das Vorhandensein des Gebäudes nicht zu prüfen.

5. Neben diesem Gesetz sind die Vorschriften der § § 2 bis 85 des Gesetzes über das Verfahren in Familiensachen und in den Angelegenheiten der freiwilligen Gerichtsbarkeit entsprechend anwendbar, soweit sich nicht etwas anderes aus Rechtsvorschriften, insbesondere aus den Vorschriften des Grundbuchrechts, oder daraus ergibt, daß die Grundbücher nicht von Gerichten geführt werden.

6. Anträge auf Eintragung in das Grundbuch, die vor dem Wirksamwerden des

Beitritts beim Grundbuchamt eingegangen sind, sind von diesem nach den am Tag vor dem Wirksamwerdendes Beitritts geltenden Verfahrensvorschriften zu erledigen.

7. Im übrigen gelten die in Anlage I Kapitel III Sachgebiet A Abschnitt III unter Nr. 28 des Einigungsvertrages aufgeführten allgemeinen Maßgaben entsprechend. Am Tag des Wirksamwerdens des Beitritts anhängige Beschwerdeverfahren sind an das zur Entscheidung über die Beschwerde nunmehr zuständige Gericht abzugeben.

(2) Am 1. Januar 1995 treten nach Absatz 1 Nr. 1 Satz 1 fortgeltende oder von den Ländern erlassene Vorschriften, nach denen die Grundbücher von anderen als den in § 1 bezeichneten Stellen geführt werden, außer Kraft. Die in § 1 bezeichneten Stellen bleiben auch nach diesem Zeitpunkt verpflichtet, allgemeine Anweisungen für die beschleunigte Behandlung von Grundbuchsachen anzuwenden. Die Landesregierungen werden ermächtigt, durch Rechtsverordnung einen früheren Tag für das Außerkrafttreten dieser Vorschriften zu bestimmen. In den Fällen der Sätze 1 und 3 kann durch Rechtsverordnung der Landesregierung auch bestimmt werden, daß Grundbuchsachen in einem Teil des Grundbuchbezirks von einer hierfür eingerichteten Zweigstelle des Amtsgerichts (§ 1) bearbeitet werden, wenn dies nach den örtlichen Verhältnissen zur sachdienlichen Erledigung zweckmäßig erscheint, und, unbeschadet des § 176 Abs. 2 des Bundesberggesetzes im übrigen, welche Stelle nach Aufhebung der in Satz 1 bezeichneten Vorschriften die Berggrundbücher führt. Die Landesregierung kann ihre Ermächtigung nach dieser Vorschrift durch Rechtsverordnung auf die Landesjustizverwaltung übertragen.

(3) Soweit die Grundbücher von Behörden der Verwaltung oder Justizverwaltung geführt werden, ist gegen eine Entscheidung des Grundbuchamts (Absatz 1 Nr. 1 Satz 1), auch soweit sie nicht ausdrücklich im Auftrag des Leiters des Grundbuchamts ergangen ist oder ergeht, die Beschwerde nach § 71 der Grundbuchordnung gegeben. Diese Regelung gilt mit Wirkung vom 3. Oktober 1990, soweit Verfahren noch nicht rechtskräftig abgeschlossen sind. Anderweitig anhängige Verfahren über Rechtsmittel gegen Entscheidungen der Grundbuchämter gehen in dem Stand, in dem sie sich bei Inkrafttreten dieser Vorschrift befinden, auf das Beschwerdegericht über. Satz 1 tritt mit dem in Absatz 2 Satz 1 oder Satz 3 bezeichneten Zeitpunkt außer Kraft.

（4）In den Grundbuchämtern in dem in Artikel 3 des Einigungsvertrages genannten Gebiet können bis zum Ablauf des 31. Dezember 1999 auch Personen mit der Vornahme von Amtshandlungen betraut werden, die diesen Ämtern auf Grund von Dienstleistungsverträgen auf Dauer oder vorübergehend zugeteilt werden. Der Zeitpunkt kann durch Rechtsverordnung des Bundesministeriums der Justiz und für Verbraucherschutz mit Zustimmung des Bundesrates verlängert werden.

（5）Das Bundesministerium der Justiz und für Verbraucherschutz wird ermächtigt, durch Rechtsverordnung mit Zustimmung des Bundesrates nähere Vorschriften zu erlassen über den Nachweis der Befugnis, über

1. beschränkte dingliche Rechte an einem Grundstück, Gebäude oder sonstigen grundstücksgleichen Rechten,

2. Vormerkungen oder

3. sonstige im Grundbuch eingetragene Lasten und Beschränkungen

zu verfügen, deren Eintragung vor dem 1. Juli 1990 in dem in Artikel 3 des Einigungsvertrages genannten Gebiet beantragt worden ist. Dabei kann bestimmt werden, dass §39 nicht anzuwenden ist und dass es der Vorlage eines Hypotheken-, Grundschuld- oderRentenschuldbriefes nicht bedarf.

（6）§134a tritt am 31. Dezember 2020 außer Kraft.

第 150 条

（1）在《两德统一条约》第3条所指定之地区合并下列规定适用本法：

1. 直至 1994 年 12 月 31 日土地登记簿可以不按照第 1 条而由直到 1990 年 10 月 2 日享有管辖权之机关或者其后由州法规定之机关（土地登记局）编制。土地登记局工作人员之职权范围按照民主德国加入联邦德国之前或者各州后来针对该机构所颁布之规定。该规定对于必需之签名人数亦具有决定意义，对于在何范围内应在存量土地之登记事项内签名具有决定意义。第 2 句和第 3 句之规定亦可保留、变更或者补充，如果土地登记簿重归地方法院编制。1994 年 10 月 19 日之前在《两德统一条约》第 3 条所指定地区编制之土地登记簿上进行登记而与第 44 条第 1 款之规定不相符的，该登记仍然有效，如其遵守所在州所颁发土地登记簿编制规定之要求。

2. 民主德国加入联邦德国生效之前为土地命名之决定性目录或者替代其

之目录，即为第 2 条意义上之土地之官方目录。

3. 按照民主德国加入联邦德国生效之前存在之规定所编制之土地登记簿，视为《土地登记簿法》意义上之土地登记簿。

4. 只要按照民主德国加入联邦德国生效之前适用之规定设置和编制建筑物土地登记簿册，该规定便应继续适用。这对于在建筑物基地之土地登记簿中标注建筑物土地登记簿册之设置亦适用。建筑物所有权人亦可提出设置建筑物土地登记簿册之申请。该规定准用于按照其后所颁布之规定而设置之建筑物土地登记簿册。对于建筑物土地登记簿册之登簿或者更正，在《民法典施行法》第 233 条第 4 分条之情形下无须审查建筑物是否存在。

5. 除本法外，《家事及自由审判籍事务程序法》第 2 条至第 85 条之规定亦可相应适用，只要基于法律规定，尤其是基于土地登记簿法律之规定，不会得出不同之结果，或者从中可得出，土地登记簿不由法院编制。

6. 登簿申请于民主德国加入联邦德国生效之前到达土地登记局的，应由土地登记局按照加入生效前有效之程序法予以处理。

7. 除此以外，准用《两德统一条约》附件 1 第三章事项范围 A 部分第三章数字 28 项下所列举之一般规定。加入生效时未决之上诉程序应移交给现在对于该上诉享有裁判管辖权之法院。

（2）按照第 1 款数字 1 第 1 句继续有效或者各州颁布之规定，按照这些规定土地登记簿由第 1 条指定机关以外之机关编制的，于 1995 年 1 月 1 日失效。此后第 1 条指定之机关仍然有义务适用，为了加快处理土地登记簿事务所作之一般指令。授权州政府通过行政规章就该失效规定某一较早之期日。在第 1 句和第 3 句之情形下，州政府亦可以行政规章加以规定，将土地登记簿辖区内部分区域之土地登记簿事务交由为此而设立之地方法院分支机构（第 1 条）处理，如果这样做按照当地社会条件显示出有利于土地登记簿事务合乎目的之完成，此外，在不影响《联邦矿山法》第 176 条第 2 款适用之前提下，废止第 1 句所指之规定后由何机关负责编制土地登记簿。州政府可以行政规章将其获得之授权按此规定转归州司法行政部门。

（3）只要土地登记簿系由行政机关或者司法行政机关编制，便给予当事人针对土地登记局（第 1 款数字 1 第 1 句）之裁决，即使该裁决并非明确基于土地登记局领导之委托而在过去或者现在作出，按照《土地登记簿法》第 71 条上诉之权利。该规定自 1990 年 10 月 3 日起生效，只要程序尚未以具有法律效力之方式了结。其他针对土地登记局之裁决所采取之法律救济处于未决诉讼状态的，于本规定生效时移交给上诉法院。第 1 句在第 2 款第 1 句或者第 3 句所规定之失效时间失效。

（4）《两德统一条约》第 3 条所指定地区之土地登记局直至 1999 年 12 月 31 日亦可将其基于服务合同长期或者暂时被分配之职权行为委托给其他人执行。该期间可通过联邦司法和消费者保护部须经联邦参议院同意之行政规章予以延长。

（5）授权联邦司法和消费者保护部通过须经联邦参议院同意之行政规章颁布更详细之规定，该规定针对权限之证明，针对，

1. 土地上之限制物权，建筑物或者其他类似土地之权利，

2. 预告登记或者

3. 其他土地登记簿中所登记之负担以及限制

进行指令，其登记申请在《两德统一条约》第 3 条所指定地区于 1990 年 7 月 1 日之前提出。对此可规定，第 39 条不适用以及于此场合无需提交抵押权、土地债务和定期土地债务证书。

（6）第 134a 条于 2020 年 12 月 31 日之后失效。

§ 151

Für Erklärungen, die bis einschließlich 8. Juni 2017 beurkundet oder beglaubigt wurden, findet § 15 Absatz 3 keine Anwendung.

第 151 条

对于各种声明，直至包括 2017 年 6 月 8 日在内经官方证明或者经过认证的，第 15 条第 3 款不适用。

Anlage（zu §126 Abs. 1 Satz 2 Nr. 3）

Werden personenbezogene Daten automatisiert verarbeitet, sind Maßnahmen zu treffen, die je nach Art der zu schützenden personenbezogenen Daten geeignet sind

1. Unbefugten den Zugang zu Datenverarbeitungsanlagen, mit denen personenbezogene Daten verarbeitet werden, zu verwehren (Zugangskontrolle),

2. zu verhindern, daß Datenträger unbefugt gelesen, kopiert, verändert oder

entfernt werden können（Datenträgerkontrolle），

3. die unbefugte Eingabe in den Speicher sowie die unbefugte Kenntnisnahme, Veränderung oder Löschung gespeicherter personenbezogener Daten zu verhindern（Speicherkontrolle），

4. zu verhindern, daß Datenverarbeitungssysteme mit Hilfe von Einrichtungen zur Datenübertragung von Unbefugten genutzt werden können（Benutzerkontrolle），

5. zu gewährleisten, daß die zur Benutzung eines Datenverarbeitungssystems Berechtigten ausschließlich auf die ihrer Zugriffsberechtigung unterliegenden Daten zugreifen können（Zugriffskontrolle），

6. zu gewährleisten, daß überprüft und festgestellt werden kann, an welche Stellen personenbezogene Daten durch Einrichtungen zur Datenübertragung übermittelt werden können（Übermittlungskontrolle），

7. zu gewährleisten, daß nachträglich überprüft und festgestellt werden kann, welche personenbezogenen Daten zu welcher Zeit von wem in Datenverarbeitungssysteme eingegeben worden sind（Eingabekontrolle），

8. zu gewährleisten, daß personenbezogene Daten, die im Auftrag verarbeitet werden, nur entsprechend den Weisungen des Auftraggebers verarbeitet werden können（Auftragskontrolle），

9. zu verhindern, daß bei der Übertragung personenbezogener Daten sowie beim Transport von Datenträgern die Daten unbefugt gelesen, kopiert, verändert oder gelöscht werden können（Transportkontrolle），

10. die innerbehördliche oder innerbetriebliche Organisation so zu gestalten, daß sie den besonderen Anforderungen des Datenschutzes gerecht wird（Organisationskontrolle）.

附件（配合第 126 条第 1 款第 2 句数字 3）

以自动化方式处理与权利人有关之数据的，应视情况按照拟保护与权利人有关数据之种类采取适当措施：

1. 禁止未获授权者进入处理与权利人有关数据之数据处理设备（进入控制）；

2. 防止未获授权者阅读、复制、更改或者删除数据载体（数据载体控

制）；

3. 防止未获授权输入存储器以及未获授权而知晓、更改或者删除存储的与权利人有关之数据（存储器控制）；

4. 防止未获授权者借助数据传输设施可以利用数据处理系统（使用者控制）；

5. 确保有权使用数据处理系统之人只可以调取其有权审阅之数据（动用权控制）；

6. 确保可以审查和确定在何处通过数据传输设备传送与权利人有关之数据（传送控制）；

7. 确保嗣后可以审查和确定何种与权利人有关之数据于何时由何人输入数据处理系统（输入控制）；

8. 确保受托处理与权利人有关之数据只可以按照委托人之指示进行处理（委托控制）；

9. 防止在传输与权利人有关之数据以及运输数据载体时该数据未经授权被阅读、复制、更改或者删除（运输控制）；

10. 官方机构内部或者企业内部之组织结构以适合于数据保护之特别要求进行安排（组织结构控制）。

Verordnung zur Durchführung der Grundbuchordnung
(Grundbuchverfügung – GBV)
《土地登记指令》

    《土地登记指令》（Grundbuchverfügung – GBV）施行于 1935 年 8 月 8 日，最近一次修订于 2017 年 7 月 18 日。

I. Das Grundbuch
第一章 土地登记簿

1. Grundbuchbezirke
第一节 土地登记簿辖区

§ 1

（1）Grundbuchbezirke sind die Gemeindebezirke. Soweit mehrere Gemeinden zu einem Verwaltungsbezirk zusammengefaßt sind（Gesamtgemeinden；zusammengesetzte Gemeinden），bilden sie einen Grundbuchbezirk. Jedoch kann ein Gemeindebezirk durch Anordnung der Landesjustizverwaltung oder der von ihr bestimmten Stelle in mehrere Grundbuchbezirke geteilt werden.

（2）Wird ein Gemeindebezirk mit einem anderen Gemeindebezirk vereinigt oder wird ein Gemeindebezirk oder ein Verwaltungsbezirk der in Absatz 1 Satz 3 genannten Art in mehrere selbständige Verwaltungsbezirke zerlegt，so können die bisherigen Grundbuchbezirke beibehalten werden.

第 1 条

（1）土地登记簿辖区依乡镇（区）辖区而定。数个乡镇（区）联合而为一个行政辖区者（联合乡镇），构成一个土地登记簿辖区。州司法行政部门或者其指定之部门，亦可以指令将一个联合乡镇拆分成数个土地登记簿辖区。

（2）一个乡镇（区）与其他乡镇（区）合并的，或者一个乡镇（区）或第 1 款第 3 句所谓之联合乡镇（区）拆分为若干个独立行政区的，迄今之土地登记簿辖区可予维持。

2. Die äußere Form des Grundbuchs
第二节　土地登记簿之外部形式

§ 2

Die Grundbücher werden in festen Bänden oder nach näherer Anordnung der Landesjustizverwaltungen in Bänden oder Einzelheften mit herausnehmbaren Einlegebogen geführt. Die Bände sollen regelmäßig mehrere Grundbuchblätter umfassen; mehrere Bände desselben Grundbuchbezirks erhalten fortlaufende Nummern. Soweit die Grundbücher in Einzelheften mit herausnehmbaren Einlegebogen geführt werden, sind die Vorschriften, die Grundbuchbände voraussetzen, nicht anzuwenden.

第 2 条

土地登记簿由固定卷宗制成，按照州司法行政部门的更详细规定，土地登记簿也可以由可拆卸插页所组成的（活动）卷宗制成。卷宗通常包含若干土地登记簿页；同一土地登记簿辖区的若干土地登记簿卷宗连续标号。如果土地登记簿卷宗系由可拆卸插页制成，那么以土地登记簿固定卷宗为适用前提之规定，不适用之。

§ 3

（1）Sämtliche Grundbuchblätter desselben Grundbuchbezirks erhalten fortlaufende Nummern. Besteht das Grundbuch aus mehreren Bänden, so schließen sich die Blattnummern jedes weiteren Bandes an die des vorhergehenden an.

（2）Von der fortlaufenden Nummernfolge der Grundbuchblätter kann abgewichen werden, wenn das anzulegende Grundbuchblatt einem Band zugeteilt werden soll, in dem der Umfang der Grundbuchblätter von dem des sonst nach Absatz 1 zu verwendenden Grundbuchblatts verschieden ist.

（3）Wird das Grundbuch in Einzelheften mit herausnehmbaren Einlegebogen geführt, so kann nach Anordnung der Landesjustizverwaltung bei der Numerierung der in Einzelheften anzulegenden Grundbuchblätter eines Grundbuchbezirks neu mit der Nummer 1 oder mit der auf den nächsten freien Tausender folgenden Nummer begonnen werden.

第 3 条

（1）同一土地登记簿辖区所有的土地登记簿页连续标号。土地登记簿系由若干卷宗组成时，后起卷宗中的土地登记簿页编号与前开卷宗中的土地登记簿页编号首尾相连。

（2）土地登记簿页可以不按连续标号结果进行标号，如果拟建簿页应归属于某一卷宗，而该卷宗内土地登记簿页的范围与其他按照本条第 1 款所建立之土地登记簿页不同。

（3）土地登记簿卷宗系由可拆卸插页制成时，依照州司法行政部门指令，可将某一土地登记簿辖区内组成土地登记簿卷宗的土地登记簿页重新从 1 开始标号，或者从紧挨着的空置的千位数开始标号。

II. Das Grundbuchblatt
第二章　土地登记簿簿页

§4

Jedes Grundbuchblatt besteht aus der Aufschrift, dem Bestandsverzeichnis und drei Abteilungen.

第4条

每一土地登记簿册均由标题、状态目录和三个分区构成。

§5

In der Aufschrift sind das Amtsgericht, der Grundbuchbezirk und die Nummer des Bandes und des Blattes anzugeben. In den Fällen des §1 Abs. 2 ist durch einen Zusatz auf die Vereinigung oder Teilung des Bezirks hinzuweisen.

第5条

标题部分记载地方法院名称、土地登记簿辖区名称、卷号与簿页号。对于第1条第2款之情形，辖区的合并及拆分应增加标示。

§6

（1）In dem Bestandsverzeichnis ist die Spalte 1 für die Angabe der laufenden Nummer des Grundstücks bestimmt.

（2）In der Spalte 2 sind die bisherigen laufenden Nummern der Grundstücke anzugeben, aus denen das Grundstück durch Vereinigung, Zuschreibung oder Teilung entstanden ist.

（3a）Die Spalte 3 dient zur Bezeichnung der Grundstücke gemäß dem amtlichen Verzeichnis im Sinne des §2 Abs. 2 der Grundbuchordnung. Hier sind einzutragen：

1. in Unterspalte a： die Bezeichnung der Gemarkung oder des sonstigen vermessungstechnischen Bezirks, in dem das Grundstück liegt；

2. in Unterspalte b： die vermessungstechnische Bezeichnung des Grundstücks innerhalb des in Nummer 1 genannten Bezirks nach den Buchstaben oder Nummern der Karte；

3. in den Unterspalten c und d： die Bezeichnung des Grundstücks nach den Artikeln oder Nummern der Steuerbücher（Grundsteuermutterrolle, Gebäudesteuerrolle oder ähnliches）, sofern solche Bezeichnungen vorhanden sind；

4. in Unterspalte e： die Wirtschaftsart des Grundstücks und die Lage（Straße, Hausnummer oder die sonstige ortsübliche Bezeichnung）.

Die für die Bezeichnung des Grundstücks nach der Gebäudesteuerrolle oder einem ähnlichen Buch bestimmte Unterspalte d kann nach näherer Anordnung der Landesjustizverwaltung mit der Maßgabe weggelassen werden, daß die Unterspalte c durch die Buchstaben c/d bezeichnet wird； im Rahmen dieser Änderung kann von den Mustern in der Anlage zu dieser Verfügung abgewichen werden. Ferner kann die Landesjustizverwaltung anordnen, daß die in Nummer 3 bezeichneten Eintragungen unterbleiben.

（3b）Soweit das Grundbuch in Loseblattform mit einer Vordruckgröße von 210 x 297 mm（DIN A4）geführt wird, kann die Landesjustizverwaltung abweichend von den Bestimmungen des Absatzes 3a）und von den Mustern in der Anlage zu dieser Verfügung anordnen, daß

1. die Unterspalten a und b der Spalte 3 in der Weise zusammengelegt werden, daß die vermessungstechnische Bezeichnung des Grundstücks unterhalb der Bezeichnung der Gemarkung oder des sonstigen vermessungstechnischen Bezirks einzutragen ist； die Eintragung der Bezeichnung der Gemarkung oder des sonstigen vermessungstechnischen Bezirks kann nach näherer Anordnung der Landesjustizverwaltung unterbleiben, wenn sie mit der des Grundbuchbezirks übereinstimmt；

2. die Unterspalten c und d der Spalte 3 weggelassen werden und die für die Eintragung der Wirtschaftsart des Grundstücks und der Lage bestimmte Unterspalte e

der Spalte 3 durch den Buchstaben c bezeichnet wird.

（3c） Soweit in besonderen Fällen nach den bestehenden gesetzlichen Vorschriften ein Grundstück, das nicht im amtlichen Verzeichnis aufgeführt ist, im Grundbuch eingetragen werden kann, behält es hierbei sein Bewenden.

（4） Besteht ein Grundstück aus mehreren Teilen, die in dem maßgebenden amtlichen Verzeichnis als selbständige Teile aufgeführt sind（z. B. Katasterparzell-en）, so kann die in Absatz 3a, Nr. 2 und 3 vorgeschriebene Angabe unterbleiben, soweit dadurch das Grundbuch nach dem Ermessen des Grundbuchamts unübersichtlich werden würde. In diesem Fall müssen jedoch die fehlenden Angaben in einem bei den Grundakten aufzubewahrenden beglaubigten Auszug aus dem maßgebenden amtlichen Verzeichnis der Grundstücke nachgewiesen werden. Das Grundbuchamt berichtigt den beglaubigten Auszug auf Grund der Mitteilung der das amtliche Verzeichnis führenden Behörde, sofern der bisherige Auszug nicht durch einen neuen ersetzt wird. Sofern das Verzeichnis vom Grundbuchamt selbst geführt wird, hat dieses das Verzeichnis auf dem laufenden zu halten. Statt der in Absatz 3a Nr. 4 vorgeschriebenen Angabe genügt alsdann die Angabe einer Gesamtbezeichnung （z. B. Landgut）. Ab dem 9. Oktober 2013 darf eine Buchung gemäß den Vorschriften dieses Absatzes nicht mehr vorgenommen werden.

（5） Die Spalte 4 enthält die Angaben über die Größe des Grundstücks nach dem maßgebenden amtlichen Verzeichnis. Besteht ein Grundstück aus mehreren Teilen, die in diesem Verzeichnis als selbständige Teile aufgeführt sind （z. B. Katasterparzellen）, so ist die Größe getrennt nach den aus dem Grundbuch ersichtlichen selbständigen Teilen anzugeben; ist das Grundstück nach Maßgabe des Absatzes 4 bezeichnet, so ist die Gesamtgröße anzugeben.

（6） In der Spalte 6 sind einzutragen：

a） Der Vermerk über die Eintragung des Bestandes des Blattes bei der Anlegung （Zeit der Eintragung, Nummer des bisherigen Blattes usw.）；

b） die Übertragung eines Grundstücks auf das Blatt；

c） die Vereinigung mehrerer auf dem Blatt eingetragener Grundstücke zu einem Grundstück sowie die Zuschreibung eines solchen Grundstücks zu einem anderen als Bestandteil；

d）die Vermerke, durch welche bisherige Grundstücksteile als selbständige Grundstücke eingetragen werden, insbesondere im Falle des §7 Abs. 1 der Grundbuchordnung, sofern nicht der Teil auf ein anderes Blatt übertragen wird;

e）die Vermerke über Berichtigungen der Bestandsangaben; eines Vermerks in Spalte 6 bedarf es jedoch nicht, wenn lediglich die in Absatz 3a Nr. 3 für die Unterspalte c vorgeschriebene Angabe nachgetragen oder berichtigt wird.

（7）Die Spalte 8 ist bestimmt für die Abschreibungen, bei denen das Grundstück aus dem Grundbuchblatt ausscheidet.

（8）Bei Eintragungen in den Spalten 6 und 8 ist in den Spalten 5 und 7 auf die laufende Nummer des von der Eintragung betroffenen Grundstücks zu verweisen.

第 6 条

（1）状态目录第 1 栏记载土地的当前编号。

（2）状态目录第 2 栏记载土地迄今之编号，由此体现土地由来之合并、增记或者分割。

（3a）状态目录第 3 栏用于标记《土地登记簿法》第 2 条第 2 款意义上的地籍册。此处应该登记：

1. 在分栏 a 中：标记土地所在地的地区或者基于其他测量技术之社区名称；

2. 在分栏 b 中：标记按照地籍册的字母或者编号所标示的位于数字 1 社区范围内之土地之测量技术名称；

3. 在分栏 c 和 d 中：以土地上存在税务清册为限，依照税务清册条款或者数字进行标记；

4. 在分栏 e 中：对土地的经营种类及方位进行标记；

（3b）如果土地登记簿系由 210 毫米×297 毫米（A4）大小之活页制成，州司法行政部门可以指令不依照本条第 3a 款及本《指令》附件中所附之土地登记簿式样填制，而是：

1. 状态目录第 3 栏之分栏 a 和 b 按下列方式予以合并，即将土地之测量技术标记填写在地区图或者其他测量技术区位图之下；地区图或者其他测量技术区位图与土地登记辖区一致的，依照州司法行政部门之更详细指令，地区图或者其他测量技术区位图可以不标记；

2. 状态目录第 3 栏之分栏 c 和 d 省略，标记土地经营种类及方位之分栏 e 以分栏 c 代替。

（3c）在现行法所规定之特别情形下，某宗土地在地籍册上无标示，但是可以登入土地登记簿，依法予以登记。

（4）某宗土地由若干部分组成，该若干部分在决定性之官方目录中均独立标示，只要由此可能导致按照土地登记局之衡量土地登记簿不清晰，本条第 3a 款数字 2 和数字 3 所列内容就可以不登记。在此情形下，省略之内容应以在基础行为中保存的经过认证的该地块所在官方目录之摘录能够证明为准。不动产登记局按照区位图绘制机构之通知更正经过认证之区位图之摘录，只要现行摘录没有被新的摘录取代。区位图由不动产登记局自行绘制的，其应保持更新之。本条第 3a 款数字 4 所列内容可以一总括描述（例如土地）取代。自 2013 年 10 月 9 日起，不得再依据本款登簿。

（5）状态目录第 4 栏记载基于区位图之土地面积。某宗地块由若干部分组成，该若干部分在区位图中均独立标示，土地面积按照区位图中各个独立可视部分分别记载；某宗土地按照本条第 4 款标记的，填写土地总面积。

（6）状态目录第 6 栏记载：

a）对于登簿时间、当前簿册编号之备注；

b）某宗土地过户（移转至）本簿册；

c）本簿页登记的若干宗土地合并而为一宗土地以及此类土地划入另一土地而成为另一土地之成分；

d）备注：土地之部分作为独立地块登记的，尤其是在《土地登记簿法》第 7 条第 1 款情形下之土地，只要该独立地块没有过户登入另一登记簿册内；

e）备注对于状态栏记载内容之更正；本条第 3a 款数字 3 分栏 c 记载内容之补记及更新，无需于第 6 栏内备注。

（7）第 8 栏记载土地由本簿页迁出之划记（划出）。

（8）对于第 6 栏和第 8 栏所记载土地之并入或者划出，于第 5 栏和第 7 栏提示被涉及土地之当前编号。

§7

（1）Vermerke über Rechte, die dem jeweiligen Eigentümer eines auf dem Blatt verzeichneten Grundstücks zustehen, sind in den Spalten 1, 3 und 4 des

Bestandsverzeichnisses einzutragen.

(2) In Spalte 1 ist die laufende Nummer der Eintragung zu vermerken. Dieser ist, durch einen Bruchstrich getrennt, die laufende Nummer des herrschenden Grundstücks mit dem Zusatz "zu" beizufügen (z. B. 7/zu 3).

(3) In dem durch die Spalten 3 und 4 gebildeten Raum sind das Recht nach seinem Inhalt sowieVeränderungen des Rechts wiederzugeben. Im Falle der Veränderung ist in der Spalte 2 die bisherige laufende Nummer der Eintragung zu vermerken.

(4) In Spalte 6 ist der Zeitpunkt der Eintragung des Rechts zu vermerken.

(5) In Spalte 8 ist die Abschreibung des Rechts zu vermerken.

(6) Bei Eintragungen in den Spalten 6 und 8 ist in den Spalten 5 und 7 auf die laufende Nummer des von der Eintragung betroffenen Rechts zu verweisen.

第 7 条

（1）对于归属于土地登记簿页内所记载之土地现时所有权人之权利之备注，应记载于状态目录第1栏、第3栏及第4栏内。

（2）第1栏内备注现时登记号。现时登记号与作为主物之土地之现时编号之间以斜线"/"隔开，作为主物之土地之现时编号前缀以"zu"字（例如7/zu 3）。

（3）第3栏和第4栏所围成的区域内登记权利之内容及其变更。对于权利变更之情形应于第2栏备注现时登记号。

（4）第6栏内备注该权利登簿之时间。

（5）第8栏内备注权利之划出。

（6）对于第6栏和第8栏之登记，应于第5栏和第7栏提示被涉及权利之当前编号。

§ 8

Für die Eintragung eines Miteigentumsanteils nach § 3 Abs. 5 der Grundbuch-ordnung gilt folgendes:

a) In Spalte 1 ist die laufende Nummer der Eintragung zu vermerken. Dieser ist, durch einen Bruchstrich getrennt, die laufende Nummer des herrschenden

Grundstücks mit dem Zusatz "zu" beizufügen;

b) in dem durch die Spalten 3 und 4 gebildeten Raum ist der Anteil der Höhe nach zu bezeichnen. Hierbei ist das gemeinschaftliche Grundstück zu beschreiben;

c) für die Ausfüllung der Spalten 5 bis 8 gilt §6 Abs. 6 bis 8 entsprechend.

第 8 条

对于《土地登记簿法》第 3 条第 5 款所规定之共有土地份额之登记，适用下列规定：

a）第 1 栏内备注现时登记号。现时登记号与作为主物之土地之现时编号之间以斜线 "/" 隔开，作为主物之土地之现时编号前缀以 "zu" 字。

b）第 3 栏和第 4 栏所围成的区域内标记土地共有之份额。全体共有之土地应于此记明。

c）第 5 栏至第 8 栏之填制适用本指令第 6 条第 6 款至第 8 款之规定。

§9

（1）In der ersten Abteilung sind einzutragen:

a) in Spalte 1: die laufende Nummer der unter Buchstabe b vorgesehenen Eintragung. Mehrere Eigentümer, die in einem Verhältnis der in §47 der Grundbuchordnung genannten Art stehen, sollen entsprechend dem Beispiel 1 in DIN 1421, Ausgabe Januar 1983 * , nummeriert werden;

b) in Spalte 2: der Eigentümer, bei mehreren gemeinschaftlichen Eigentümern auch die in §47 der Grundbuchordnung vorgeschriebene Angabe; besteht zwischen mehreren Eigentümern kein Rechtsverhältnis der in §47 der Grundbuchordnung genannten Art, so ist bei den Namen der Eigentümer der Inhalt ihres Rechts anzugeben;

c) in Spalte 3: die laufende Nummer der Grundstücke, auf die sich die in Spalte 4 enthaltenen Eintragungen beziehen;

d) in Spalte 4: der Tag der Auflassung oder die anderweitige Grundlage der Eintragung (Erbschein, Europäisches Nachlasszeugnis, Testament, Zuschlagsbeschluß, Bewilligung der Berichtigung des Grundbuchs, Ersuchen der zuständigen Behörde, Enteignungsbeschluß usw.), der Verzicht auf das Eigentum an einem

Grundstück（§ 928 Abs. 1 BGB）und der Tag der Eintragung.

（2）Die Eintragung eines neuen Eigentümers ist auch in den Fällen des Ausscheidens eines Grundstücks aus dem Grundbuch sowie der Einbuchung eines Grundstücks in das Grundbuch in der ersten Abteilung vorzunehmen.

第9条

（1）第一分区记载下列内容：

a）第1栏：下列b）项所规定内容之当前编号。所有权人为数人，其相互之间的法律关系为《土地登记簿法》第47条所规定之方式时，依照1983年1月公布之德国工业标准1421之示例编号；

b）第2栏：所有权人；数人共有时，《土地登记簿法》第47条规定填写之内容；数共有人之间的法律关系不是《土地登记簿法》第47条所规定之方式时，于所有权人姓名旁记载其权利之内容；

c）第3栏：与第4栏所包含的登记内容有关之土地当前编号；

d）第4栏：土地让与意思作出之日或者其他登记基础（继承证书、欧洲继承证书、遗嘱、拍定书、土地登记簿更正之同意书、主管机构之登记请求，所有权征收之决议等等），放弃土地所有权（《民法典》第928条第1款）以及登簿之日。

（2）某宗土地被移出土地登记簿以及某宗土地被登入之情形，不影响新所有权人登入土地登记簿第一分区。

§ 10

（1）In der zweiten Abteilung werden eingetragen：

a）alle Belastungen des Grundstücks oder eines Anteils am Grundstück, mit Ausnahme von Hypotheken, Grundschulden und Rentenschulden, einschließlich der sich auf diese Belastungen beziehenden Vormerkungen und Widersprüche；

b）die Beschränkung des Verfügungsrechts des Eigentümers sowie die das Eigentum betreffenden Vormerkungen und Widersprüche；

c）die im Enteignungsverfahren, im Verfahren zur Klarstellung der Rangverhältnisse（§§ 90 bis 115 der Grundbuchordnung）und in ähnlichen Fällen vorgesehenen, auf diese Verfahren hinweisenden Grundbuchvermerke.

（2）In der Spalte 1 ist die laufende Nummer der in dieser Abteilung erfolgenden Eintragungen anzugeben.

（3）Die Spalte 2 dient zur Angabe der laufenden Nummer, unter der das betroffene Grundstück im Bestandsverzeichnis eingetragen ist.

（4）In der Spalte 3 ist die Belastung, die Verfügungsbeschränkung, auch in Ansehung der in Absatz 1 bezeichneten beschränkten dinglichen Rechte, oder der sonstige Vermerk einzutragen. Dort ist auch die Eintragung des in §9 Abs. 1 der Grundbuchordnung vorgesehenen Vermerks ersichtlich zu machen.

（5）Die Spalte 5 ist zur Eintragung von Veränderungen der in den Spalten 1 bis 3 eingetragenen Vermerke bestimmt einschließlich der Beschränkungen des Berechtigten in der Verfügung über ein in den Spalten 1 bis 3 eingetragenes Recht und des Vermerks nach §9 Abs. 3 der Grundbuchordnung, wenn die Beschränkung oder der Vermerk nach §9 Abs. 3 der Grundbuchordnung nachträglich einzutragen ist.

（6）In der Spalte 7 erfolgt die Löschung der in den Spalten 3 und 5 eingetragenen Vermerke.

（7）Bei Eintragungen in den Spalten 5 und 7 ist in den Spalten 4 und 6 die laufende Nummeranzugeben, unter der die betroffene Eintragung in der Spalte 1 vermerkt ist.

第 10 条

（1）于第二分区记载下列内容：

a）设立于土地上所有的负担或者份额，包括与上述负担或者份额有关的预告登记和异议登记，但是抵押权、土地债务和定期土地债务除外；

b）对所有权人处分权之限制以及与土地所有权有关的预告登记和异议登记；

c）于征收程序、权利顺位查明程序和类似情形中所规定的，提示上述程序之备注。

（2）第 1 栏记载该分区登记事项之当前编号。

（3）第 2 栏登记状态目录中所登记的，被涉及土地之当前编号。

（4）第 3 栏登记土地上之负担、处分限制及鉴于本条第 1 款所规定之限制物权，以及其他备注。《土地登记簿法》第 9 条第 1 款所规定之备注，亦应于此注明。

（5）第 5 栏登记第 1 栏至第 3 栏所登记备注之变更，包括对于权利人处分第 1 栏至第 3 栏所登记权利之限制，以及《土地登记簿法》第 9 条第 3 款所规定之备注，如果这些限制或者备注依据《土地登记簿法》第 9 条第 3 款嗣后登入。

（6）第 7 栏记载第 3 栏和第 5 栏所登记备注之消灭。

（7）第 5 栏和第 7 栏登记本指令所规定内容之时，一并于第 4 栏和第 6 栏记载被涉及登记事项在第 1 栏内所备注之当前编号。

§ 11

（1）In der dritten Abteilung werden Hypotheken，Grundschulden und Rentenschulden einschließlich der sich auf diese Rechte beziehenden Vormerkungen und Widersprüche eingetragen.

（2）Die Spalte 1 ist für die laufende Nummer der in dieser Abteilung erfolgenden Eintragungen bestimmt.

（3）In der Spalte 2 ist die laufende Nummer anzugeben，unter der das belastete Grundstück im Bestandsverzeichnis eingetragen ist.

（4）Die Spalte 3 dient zur Angabe des Betrags des Rechts，bei den Rentenschulden der Ablösungssumme.

（5）In der Spalte 4 wird das Recht inhaltlich eingetragen，einschließlich der Beschränkungen des Berechtigten in der Verfügung über ein solches Recht.

（6）In der Spalte 7 erfolgt die Eintragung von Veränderungen der in den Spalten 1 bis 4 vermerkten Rechte，einschließlich der Beschränkungen des Berechtigten in der Verfügung über ein solches Recht，wenn die Beschränkung erst nachträglich eintritt.

（7）In der Spalte 10 werden die in den Spalten 3，4 und 6，7 eingetragenen Vermerke gelöscht.

（8）Bei Eintragungen in den Spalten 7 und 10 ist in den Spalten 5 und 8 die laufende Nummer，unter der die betroffene Eintragung in der Spalte 1 eingetragen ist，und in den Spalten 6 und 9 der von der Veränderung oder Löschung betroffene Betrag des Rechts anzugeben.

第11条

（1）于第三分区登记抵押权、土地债务和定期土地债务，包括与上述权利有关的预告登记和异议登记。

（2）第1栏记载该分区登记事项之当前编号。

（3）第2栏记载状态目录中所登记的，被涉及土地之当前编号。

（4）第3栏记载权利金额，对于定期土地债务则登记销除金额。

（5）第4栏登记权利内容，包括对于权利人处分此类权利之限制。

（6）第7栏登记第1栏至第4栏所登记权利之变更，包括对于权利人处分此类权利之限制，如果这些限制嗣后登入。

（7）第10栏记载第3栏、第4栏、第6栏和第7栏所登记备注之消灭。

（8）第7栏和第10栏登记本指令所规定内容之时，一并于第5栏和第8栏记载被涉及登记事项在第1栏内所登记之当前编号，第6栏和第9栏记载所涉及权利金额之变更或者消灭。

§ 12

（1）Eine Vormerkung wird eingetragen：

a）wenn die Vormerkung den Anspruch auf Übertragung des Eigentums sichert, in den Spalten 1 bis 3 der zweiten Abteilung；

b）wenn die Vormerkung den Anspruch auf Einräumung eines anderen Rechts an dem Grundstück oder an einem das Grundstück belastenden Recht sichert, in der für die endgültige Eintragung bestimmten Abteilung und Spalte；

c）in allen übrigen Fällen in der für Veränderungen bestimmten Spalte der Abteilung, in welcher das von der Vormerkung betroffene Recht eingetragen ist.

（2）Diese Vorschriften sind bei der Eintragung eines Widerspruchs entsprechend anzuwenden.

第12条

（1）预告登记遵照下列之规定：

a）预告登记用于确保所有权移转请求权者，登记于第二分区之第1栏至第3栏。

b）预告登记用于确保在土地上设立其他权利之请求权或者用于确保土地上所设负担者，登记于最终登记事项所在之分区及栏。

c）在所有其他之情形，登记于预告登记所涉权利所在登记分区之变更栏。

（2）上述规定准用于异议登记。

III. Die Eintragungen
第三章　登簿

§ 13

(1) Bei der Vereinigung und der Zuschreibung von Grundstücken (§ 6 Abs. 6 Buchstabe c) sind die sich auf die beteiligen Grundstücke beziehenden Eintragungen in den Spalten 1 bis 4 rot zu unterstreichen. Das durch die Vereinigung oder Zuschreibung entstehende Grundstück ist unter einer neuen laufenden Nummer einzutragen; neben dieser Nummer ist in der Spalte 2 auf die bisherigen laufenden Nummern der beteiligten Grundstücke zu verweisen, sofern sie schon auf demselben Grundbuchblatt eingetragen waren.

(2) Bisherige Grundstücksteile (§ 6 Abs. 6 Buchstabe d) werden unter neuen laufenden Nummern eingetragen; neben diesen Nummern ist in der Spalte 2 auf die bisherige laufende Nummer des Grundstücks zu verweisen. Die Eintragungen, die sich auf das ursprüngliche Grundstück beziehen, sind in den Spalten 1 bis 4 rot zu unterstreichen.

(3) Wird ein Grundstück ganz abgeschrieben, ist in Spalte 8 des Bestandsverzeichnisses die Nummer des Grundbuchblatts anzugeben, in das das Grundstück aufgenommen wird; ist das Blatt einem anderen Grundbuchbezirk zugeordnet, ist auch dieser anzugeben. Eintragungen in den Spalten 1 bis 6 des Bestandsverzeichnisses sowie in den drei Abteilungen, die ausschließlich das abgeschriebene Grundstück betreffen, sind rot zu unterstreichen. In Spalte 6 des Bestandsverzeichnisses des Grundbuchblatts, in das das Grundstück aufgenommen wird, ist die bisherige Buchungsstelle in entsprechender Anwendung des Satzes 1 anzugeben. Wird mit dem Grundstück ein Recht oder eine sonstige Eintragung in der zweiten oder dritten Abteilung übertragen, soll dies in der Veränderungsspalte der

jeweils betroffenen Abteilung des bisherigen Blatts vermerkt werden. Die Sätze 1 bis 4 gelten auch für die nach §3 Absatz 5 der Grundbuchordnung eingetragenen Miteigentumsanteile, wenn nach §3 Absatz 8 und 9 der Grundbuchordnung für das ganze gemeinschaftliche Grundstück ein Blatt angelegt wird.

（4）Wird ein Grundstücksteil abgeschrieben, sind die Absätze 2 und 3 Satz 1 bis 4 entsprechend anzuwenden. Ein Grundstücksteil, der in dem amtlichen Verzeichnis nach §2 Absatz 2 der Grundbuchordnung als selbstständiges Flurstück aufgeführt ist, soll nur dann abgeschrieben werden, wenn er in Spalte 3 Unterspalte b des Bestandsverzeichnisses in Übereinstimmung mit dem amtlichen Verzeichnis gebucht ist. Im Fall des Satzes 2 kann das Grundbuchamt von der Eintragung der bei dem Grundstück verbleibenden Teile unter neuer laufender Nummer absehen; in diesem Fall sind lediglich die Angaben zu dem abgeschriebenen Teil rot zu unterstreichen. Löschungen von Rechten an dem Grundstücksteil sind in der Veränderungsspalte der jeweils betroffenen Abteilung einzutragen. Ist das Grundstück nach Maßgabe des §6 Abs. 4 bezeichnet, so ist auch in dem bei den Grundakten aufzubewahrenden beglaubigten Auszug aus dem maßgebenden amtlichen Verzeichnis der Grundstücke die Abschreibung zu vermerken; eine ganz oder teilweise abgeschriebene Parzelle ist rot zu unterstreichen; eine bei dem Grundstück verbleibende Restparzelle ist am Schluß neu einzutragen.

（5）Die Vorschriften der Absätze 3 und 4 gelten auch für den Fall des Ausscheidens eines Grundstücks oder Grundstücksteils aus dem Grundbuch（§3 Abs. 3 der Grundbuchordnung）.

第13条

（1）对于土地之合并及划出（本指令第6条第6款字母c），于第1栏至第4栏所涉土地之登记内容下方以红线划之。经由合并及划出所生之土地登记一新当前编号；于当前编号一旁之第2栏内提示所涉土地之历史编号，只要该土地在同一登记簿页内已经登记。

（2）（以土地之一部交易者）土地之一部登记一新当前编号（本指令第6条第6款字母d）；于当前编号一旁之第2栏内备注所涉土地之历史编号。于第1栏至第4栏与原有土地有关之登记事项下方以红线划之。

（3）某宗土地整体划入另一宗土地，于登记簿页状态目录之第 8 栏记载接受划入之土地所在登记簿页之编号；该登记簿页属于另一登记簿辖区的，亦登记此一编号。状态目录之第 1 栏至第 6 栏所登记事项以及全部三个分区中所登记的、仅仅涉及划出土地之登记事项下方以红线划之。于接受划入之土地所在登记簿页之第 6 栏之相应位置登记本款第 1 句所规定之事项。某权利或者第二分区及第二分区的其他登记事项与划出土地一并移转的，应该在其原先登记簿页内所涉分区的变更栏内予以备注。本款第 1 句至第 4 句之规定，对于依照《土地登记簿法》第 3 条第 5 款所登记之共有所有权份额亦适用，如果依照《土地登记簿法》第 3 条第 8 款和第 9 款之规定，对于全体共有之土地有登记簿页之建立。

（4）土地之部分划出的，准用本条第 2 款及第 3 款第 1 句至第 4 句。土地之部分依照《土地登记簿法》第 2 条第 2 款在政府目录中作为独立地块列出时，只有当其在状态目录第 3 栏之分栏 b 中之登记与政府目录相符，才可以划出。在第 2 句之情形下，土地登记局对于因划出而剩余土地无需登记新编号；对此情形只应在划出部分下方以红线划之。土地之部分所设立权利之消灭，登记在其各自所涉分区的变更栏内。按照本指令第 6 条第 4 款标记土地之划出，应于基础行为中保存的经过认证的该地块所在官方目录之摘录中予以备注；全部或者部分划出之地块下方以红线划之；划出后剩余之地块重新登记。

（5）第 3 款和第 4 款之规定，对于将土地或者土地份额从土地登记簿中注销之情形亦适用（《土地登记簿法》第 3 条第 3 款）。

§14

（1）Wird ein Vermerk über eine Veränderung eines Rechts, das dem jeweiligen Eigentümer eines auf dem Blatt verzeichneten Grundstücks zusteht, eingetragen, so ist der frühere Vermerk in den Spalten 3 und 4 insoweit rot zu unterstreichen, als er durch den Inhalt des Veränderungsvermerks gegenstandslos wird. Ferner ist bei der bisherigen Eintragung in Spalte 1 ein Hinweis auf die laufende Nummer des Veränderungsvermerks einzutragen.

（2）Im Falle der Abschreibung eines solchen Rechts sind in den Spalten 1 bis 6 des Bestandsverzeichnisses die Eintragungen, die sich auf dieses Recht beziehen, rot zu unterstreichen.

第 14 条

（1）属于土地登记簿所标记土地当时所有人之权利，该权利变更之备注业已登记，那么第 3 栏和第 4 栏此前所登记之备注下方应以红线划之，犹如此前登记之备注因为该权利变更之备注内容而丧失了备注对象。

（2）对于此类权利之划出情形应于状态目录第 1 栏至第 6 栏与该权利有关之登记下方划以红线。

§ 15

（1）Zur Bezeichnung des Berechtigten sind im Grundbuch anzugeben：

a）bei natürlichen Personen Vorname und Familienname, Geburtsdatum und, falls aus den Eintragungsunterlagen ersichtlich, akademische Grade und frühere Familiennamen; ergibt sich das Geburtsdatum nicht aus den Eintragungsunterlagen und ist es dem Grundbuchamt nicht anderweitig bekannt, soll der Wohnort des Berechtigten angegeben werden;

b）bei juristischen Personen, Handels - und Partnerschaftsgesellschaften der Name oder die Firmaund der Sitz; angegeben werden sollen zudem das Registergericht und das Registerblatt der Eintragung des Berechtigten in das Handels -, Genossenschafts-, Partnerschafts - oder Vereinsregister, wenn sich diese Angaben aus den Eintragungsunterlagen ergeben oder dem Grundbuchamt anderweitig bekannt sind;

c）bei der Eintragung einer Gesellschaft bürgerlichen Rechts nach § 47 Absatz 2 der Grundbuchordnung zur Bezeichnung der Gesellschafter die Merkmale gemäß Buchstabe a oder Buchstabe b; zur Bezeichnung der Gesellschaft können zusätzlich deren Name und Sitz angegeben werden.

（2）Bei Eintragungen für den Fiskus, eine Gemeinde oder eine sonstige juristische Person des öffentlichen Rechts, kann auf Antrag des Berechtigten der Teil seines Vermögens, zu dem das eingetragene Grundstück oder Recht gehört, oder die Zweckbestimmung des Grundstücks oder des Rechts durch einen dem Namen des Berechtigten in Klammern beizufügenden Zusatz bezeichnet werden. Auf Antrag kann auch angegeben werden, durch welche Behörde der Fiskus vertreten wird.

(3) (weggefallen)

第 15 条

(1) 权利人之记载遵照下列之规定：

a) 对于自然人登记其名及其家族姓氏、出生日期、学位（如果登记证明材料中可见），以及原先的家族姓氏；登记证明材料对于出生日期无记载且未有其他途径为土地登记局所知晓者，登记权利人之住所地。

b) 对于法人、商事合伙以及自由职业合伙登记其名称、商号及住址；此外，登记其注册法院及商事合伙、合作社、自由职业合伙、社团登记簿页上所登记之注册页，如果上述内容登记证明材料中有记载或者经由其他途径为不动产登记局所知晓。

c) 对于民事合伙依照《土地登记簿法》第 47 条第 2 款之规定登记，对于合伙人依照上述字母 a 或者 b 之特征进行登记；登记民事合伙时，可以附加登记其名称及住址。

(2) 登记国库、乡镇（区）或者其他公法上之法人权利人时，应其申请可以只登记其登簿土地或者权利归其所属之部分财产，或者通过一个补充记录土地或者权利之目的限制，于该补充中附加括号注明权利人。应其申请可以记载该国库由何机构代理。

(3) 已删除。

§ 16

Bei der Eintragung eines neuen Eigentümers sind die Vermerke in den Spalten 1 bis 4 der ersten Abteilung, die sich auf den bisher eingetragenen Eigentümer beziehen, rot zu unterstreichen.

第 16 条

新所有权人登入土地登记簿时，应于土地登记簿第一分区之第 1 栏至第 4 栏所登记之关涉此前登记所有权人之备注下方以红线划之。

§ 17

（1）Bei Reallasten, Hypotheken, Grundschulden und Rentenschulden sind die in das Grundbuch einzutragenden Geldbeträge（§ 1107, § 1115 Abs. 1, § 1190 Abs. 1, § § 1192, 1199 des Bürgerlichen Gesetzbuchs）in den Vermerken über die Eintragung des Rechts mit Buchstaben zu schreiben. Das gleiche gilt für die Eintragung einer Veränderung oder einer Löschung bezüglich eines Teilbetrags eines Rechts sowie im Falle des § 882 des Bürgerlichen Gesetzbuchs für die Eintragung des Höchstbetrags des Wertersatzes.

（2）Wird in der zweiten oder dritten Abteilung eine Eintragung ganz gelöscht, so ist sie rot zu unterstreichen. Dasselbe gilt für Vermerke, die ausschließlich die gelöschte Eintragung betreffen. Die rote Unterstreichung kann dadurch ersetzt werden, daß über der ersten und unter der letzten Zeile der Eintragung oder des Vermerks ein waagerechter roter Strich gezogen wird und beide Striche durch einen von oben links nach unten rechts verlaufenden roten Schrägstrich verbunden werden; erstreckt sich eine Eintragung oder ein Vermerk auf mehr als eine Seite, so ist auf jeder Seite entsprechend zu verfahren. Im Falle der Löschung eines Erbbaurechts unter gleichzeitiger Eintragung der in § 31 Abs. 4 Satz 3 des Erbbaurechtsgesetzes bezeichneten Vormerkung ist auf diese im Löschungsvermerk hinzuweisen.

（3）Wird in der zweiten oder dritten Abteilung ein Vermerk über eine Veränderung eingetragen, nach dessen aus dem Grundbuch ersichtlichen Inhalt ein früher eingetragener Vermerk ganz oder teilweise gegenstandslos wird, so ist der frühere Vermerk insoweit rot zu unterstreichen. Wird der früher eingetragene Vermerk ganz gegenstandslos, so gilt Absatz 2 Satz 3 entsprechend.

（4）Bei Teilabtretungen und sonstigen Teilungen der in der dritten Abteilung eingetragenen Rechte ist der in Spalte 5 einzutragenden Nummer eine Nummer entsprechend dem Beispiel 1 in DIN 1421, Ausgabe Januar 1983 ＊ , hinzuzufügen.

（5）Wird eine Hypothek, Grundschuld oder Rentenschuld teilweise gelöscht, so ist in der Spalte 3 der dritten Abteilung der gelöschte Teil von dem Betrag abzuschreiben. Bezieht sich diese Löschung auf einen Teilbetrag（Absatz 4）, so ist der gelöschte Teil auch in Spalte 6 von dem Teilbetrag abzuschreiben.

第 17 条

（1）登记实物负担、抵押权、土地债务及定期土地债务金额时（《民法典》第1107条、第1115条第1款、第1190条第1款、第1192条以及第1199条），于备注中以字母标注登记权利。该规定同样适用于关于某权利部分金额之变更或者消灭以及依照《民法典》第882条所登记之价额赔偿最高额。

（2）第二分区或者第三分区某一登记事项全部消灭的，其下方以红线划之。该规定同样适用于仅仅与此消灭之登记事项有关之备注。可以在消灭之登记事项或者备注的第一行及最后一行的上下方各划一条水平红线，两线之间从左上方至右下方以一条红色斜线连接，以此取代下划红线。登记事项或者备注超出一页的，于每页作相同之处理。在地上权消灭依照《地上权法》第31条第4款第3句及时进行了预告登记之情形下，应于消灭备注中记载。

（3）第二分区或者第三分区所登记（权利）变更之备注，根据土地登记簿上其可见之内容使得前一登记之备注完全或者部分失去（备注）对象，就此于前一登记之备注下方以红线划之。前一登记备注完全失去（备注）对象的，本条第2款第3句适用之。

（4）第三分区所登记之权利部分让与或作其他分割的，于第5栏编号登记处依照1983年1月公布之德国工业标准1421之示例1添加编号。

（5）抵押权、土地债务或者定期土地债务部分消灭的，于第三分区第3栏登记的金额中减除消灭之部分。部分消灭涉及部分金额（本条第4款）的，消灭之部分亦应从第6栏所登记之部分金额内予以减除。

§ 17a

§ 17 Abs. 2 Satz 3 ist auch bei Löschungen in dem Bestandsverzeichnis oder in der ersten Abteilung sinngemäß anzuwenden.

第 17a 条

第17条第2款第3句之规定按其意思亦适用于状态目录或者第一分区（登记事项）之消灭。

§ 18

Angaben über den Rang eines eingetragenen Rechts sind bei allen beteiligten Rechten zuvermerken.

第 18 条

记载所登记权利之顺位应备注于所有有关之权利。

§ 19

（1）In den Fällen des § 12 Abs. 1 Buchstabe b und c ist bei Eintragung der Vormerkung die rechte Hälfte der Spalte für die endgültige Eintragung freizulassen. Das gilt jedoch nicht, wenn es sich um eine Vormerkung handelt, die einen Anspruch auf Aufhebung eines Rechts sichert.

（2）Soweit die Eintragung der Vormerkung durch die endgültige Eintragung ihre Bedeutung verliert, ist sie rot zu unterstreichen.

（3）Diese Vorschriften sind bei der Eintragung eines Widerspruchs entsprechend anzuwenden.

第 19 条

（1）对于第 12 条第 1 款字母 b 和 c 预告登记之情形，所在登记栏的右半部分应留空以备最终登记事项。该规定对用于确保废止某项权利之请求权之预告登记不适用。

（2）最终登记事项使得预告登记失去其意义的，预告登记下方以红线划之。

（3）上述规定准用于异议登记。

§ 20

Sind bei einer Eintragung mehrere Spalten desselben Abschnitts oder derselben Abteilung auszufüllen, so gelten die sämtlichen Vermerke im Sinne des § 44 der Grundbuchordnung nur als eine Eintragung.

第 20 条

某登记事项占据同一段落或者同一分区之若干栏，在《土地登记簿法》第 44 条意义上全部之备注仅当作一个登记。

§ 21

（1）Eintragungen sind deutlich und ohne Abkürzungen herzustellen. In dem Grundbuch darf nichts radiert und nichts unleserlich gemacht werden.

（2）Für Eintragungen, die mit gleichlautendem Text in einer größeren Zahl von Grundbuchblättern vorzunehmen sind, ist die Verwendung von Stempeln mit Genehmigung der Landesjustizverwaltung oder der von ihr bestimmten Stelle zulässig.

（3）Die sämtlichen Eintragungen in das Bestandsverzeichnis und in der zweiten und dritten Abteilung sind an der zunächst freien Stelle in unmittelbarem Anschluß an die vorhergehende Eintragung derselben Spalte und ohne Rücksicht darauf, zu welcher Eintragung einer anderen Spalte sie gehören, vorzunehmen.

（4）Sollen bei einem in Loseblattform geführten Grundbuch Eintragungen gedruckt werden, so kann abweichend von Absatz 3 der vor ihnen noch vorhandene freie Eintragungsraum in den Spalten, auf die sich die zu druckende Eintragung erstreckt, nach Maßgabe der folgenden Vorschriften gesperrt werden. Unmittelbar im Anschluß an die letzte Eintragung wird der nicht zu unterzeichnende Hinweis angebracht: "Anschließender Eintragungsraum gesperrt im Hinblick auf nachfolgende Eintragung"; für den Hinweis können Stempel verwendet werden, ohne daß es der Genehmigung nach Absatz 2 bedarf. Sodann werden auf jeder Seite in dem freien Eintragungsraum oben und unten über die ganze Breite der betroffenen Spalten waagerechte Striche gezogen und diese durch einen von oben links nach unten rechts verlaufenden Schrägstrich verbunden. Der obere waagerechte Strich ist unmittelbar im Anschluß an den in Satz 2 genannten Hinweis und, wenn dieser bei einer sich über mehrere Seiten erstreckenden Sperrung auf einer vorhergehenden Seite angebracht ist, außerdem auf jeder folgenden Seite unmittelbar unter der oberen Begrenzung des Eintragungsraumes, der untere waagerechte Strich unmittel-bar über der unteren Begrenzung des zu sperrenden Raumes jeder Seite zu ziehen. Liegen nicht sämtliche betroffenen Spalten auf einer Seite nebeneinander, so ist die Sperrung nach den vorstehenden Vorschriften für die Spalten, die nebeneinanderliegen, jeweils gesondert vorzunehmen.

第 21 条

（1）登记事项应清晰无缩略地书写。土地登记簿上的（登记内容）不得擦除及（污损）使其不可读。

（2）对于土地登记簿页内大量具有同一文本内容之登记事项之填制，经州司法行政部门或者其指定部门之批准，允许使用图章。

（3）对于状态目录以及第二分区和第三分区同一栏中全部登记事项之填制，应与上一登记事项的最初空白处直接相连，无需考虑上一登记事项属于何种其他栏登记事项。

（4）登记事项有必要印刷在采用活页形式制备之土地登记簿上的，可以有别于本条第 3 款之规定，对于登记栏内尚存的、该有必要印刷登记事项所涉及之登记空间，按照下列规定加封。直接在最后登记事项之后加注无需签名之提示："鉴于下一登记事项，随后的登记空间封闭。"该提示可以使用图章，无需本条第 2 款所规定之批准。此外，应于每一页有关栏空白登记空间的上下方依照其整个栏宽划水平线，两线之间从左上方至右下方以一条斜线连接。上方水平线直接紧挨本款第 2 句所谓之记载，如果封闭空间占据数页而与上一登记页接续，尚应直接于所有后继页空白登记空间之上部加划上方水平线，下方水平线直接划在每一页待封闭空间下部边界之上。全部有关的栏非并列同一页的，其封闭按照上述针对并列栏封闭之规定，逐个分开进行。

§ 22

Die nähere Einrichtung und die Ausfüllung des Grundbuchblatts ergibt sich aus dem in Anlage 1 beigefügten Muster. Die darin befindlichen Probeeintragungen sind als Beispiele nicht Teil dieser Verfügung.

第 22 条

本指令附件 1 所附样本提供了更详细的制式及土地登记簿簿页之填制（方法）。其中的登记样品作为示例并非本指令之组成部分。

§ 23

（weggefallen）

第 23 条

（已删除）

IV. Die Grundakten
第四章 基础文件

§ 24

(1) Die Urkunden und Abschriften, die nach § 10 der Grundbuchordnung von dem Grundbuchamt aufzubewahren sind, werden zu den Grundakten genommen, und zwar die Bewilligung der Eintragung eines Erbbaurechts zu den Grundakten des Erbbaugrundbuchs.

(2) Betrifft ein Schriftstück der in Absatz 1 bezeichneten Art Eintragungen auf verschiedenen Grundbuchblättern desselben Grundbuchamts, so ist es zu den Grundakten eines der beteiligten Blätter zu nehmen; in den Grundakten der anderen Blätter ist auf diese Grundakten zu verweisen.

(3) Ist ein Schriftstück der in Absatz 1 bezeichneten Art in anderen der Vernichtung nicht unterliegenden Akten des Amtsgerichts enthalten, welches das Grundbuch führt, so genügt eine Verweisung auf die anderen Akten.

(4) Bei den Grundakten ist ein in seiner Einrichtung dem Grundbuchblatt entsprechender Vordruck (Handblatt) zu verwahren, welcher eine wörtliche Wiedergabe des gesamten Inhalts des Grundbuchblatts enthält. Die mit der Führung des Grundbuchs beauftragten Beamten haben für die Übereinstimmung des Handblatts mit dem Grundbuchblatt zu sorgen.

第 24 条

(1) 按照《土地登记簿法》第 10 条应由土地登记局保存之证书和副本，归入登记基础文件。登入地上权之批准书归入地上权土地登记簿之登记基础文件。

(2) 第 1 款所规定种类之文件涉及同一不动产登记局不同的不动产登记

簿页时，归入其中之一其所涉不动产登记簿页之登记基础文件；于其他不动产登记簿页之登记基础文件中提示之。

（3）第1款所规定种类之文件包含在掌管该土地登记簿之地方法院其他尚未销毁文件中的，备注该其他文件为已足。

（4）登记基础文件应制作成与土地登记簿页相吻合之表册（手册），以文字说明土地登记簿页所包含之全部内容。受托掌管土地登记簿之机构应负责登记基础文件表册与土地登记簿页相一致。

§ 24a

Urkunden oder Abschriften, die nach § 10 der Grundbuchordnung bei den Grundakten aufzubewahren sind, sollen tunlichst doppelseitig beschrieben sein, nur die Eintragungsunterlagen enthalten und nur einmal zu der betreffenden Grundakte eingereicht werden. § 18 der Grundbuchordnung findet insoweit keine Anwendung. Das Bundesministerium der Justiz und für Verbraucherschutz gibt hierzu im Einvernehmen mit den Landesjustizverwaltungen und der Bundesnotarkammer Empfehlungen heraus.

第 24a 条

按照《土地登记簿法》第 10 条应于登记基础文件中保存之证书和副本，应该尽量双面书写，只需包含有关登记材料且有关之登记基础文件只需提交一次。《土地登记簿法》第 18 条在此范围内不适用。联邦司法与消费者保护部在与州司法行政部门及联邦公证人协会意见一致之前提下对这方面提出建议。

V. Der Zuständigkeitswechsel
第五章　登记辖区之变更

§ 25

（1）Geht die Zuständigkeit für die Führung eines Grundbuchblatts auf ein anderes Grundbuchamt über, so ist das bisherige Blatt zu schließen; dem anderen Grundbuchamt sind die Grundakten sowie eine beglaubigte Abschrift des Grundbuchblatts zu übersenden.

（2a）In der Aufschrift des neuen Blattes ist auf das bisherige Blatt zu verweisen.

（2b）Gelöschte Eintragungen werden in das neue Blatt insoweit übernommen, als dies zum Verständnis der noch gültigen Eintragungen erforderlich ist. Im übrigen sind nur die laufenden Nummern der Eintragungen mit dem Vermerk "Gelöscht" zu übernehmen. Die Übernahme der Nummern der Eintragungen mit dem Vermerk "Gelöscht" kann unterbleiben und der Bestand an Eintragungen unter neuen laufenden Nummern übernommen werden, wenn Unklarheiten nicht zu besorgen sind.

（2c）Die Übereinstimmung des Inhalts des neuen Blattes mit dem Inhalt des bisherigen Blattes ist im Bestandsverzeichnis und jeder Abteilung von der für die Führung des Grundbuchs zuständigen Person und dem Urkundsbeamten der Geschäftsstelle zu bescheinigen. Die Bescheinigung kann im Bestandsverzeichnis oder einer Abteilung mehrfach erfolgen, wenn die Spalten nicht gleich weit ausgefüllt sind. Befinden sich vor einer Bescheinigung leergebliebene Stellen, so sind sie zu durchkreuzen.

（2d）Das Grundbuchamt, welches das neue Blatt anlegt, hat dem früher zuständigen Grundbuchamt die Bezeichnung des neuen Blattes mitzuteilen. Diese wird dem Schließungsvermerk（§ 36 Buchstabe b）auf dem alten Blatt hinzugefügt.

（3a）Geht die Zuständigkeit für die Führung des Grundbuchs über eines von mehreren, auf einem gemeinschaftlichen Blatt eingetragenen Grundstücken oder über einen Grundstücksteil auf ein anderes Grundbuchamt über, so ist das Grundstück oder der Grundstücksteil abzuschreiben. Dem anderen Grundbuchamt sind eine beglaubigte Abschrift des Grundbuchblatts sowie die Grundakten zwecks Anfertigung von Abschriften und Auszügen der das abgeschriebene Grundstück betreffenden Urkunden zu übersenden.

（3b）Ist der Übergang der Zuständigkeit von einem vorherigen, die Eintragung des neuen Eigentümers erfordernden Wechsel des Eigentums abhängig, so hat das bisher zuständige Grundbuchamt den neuen Eigentümer auf einem neu anzulegenden Blatt einzutragen; sodann ist nach den Absätzen 1 und 2 zu verfahren.

（4）Im Abschreibungsvermerk ist die Bezeichnung des Blattes, auf das das Grundstück oder der Grundstücksteil übertragen wird, zunächst offen zu lassen. Sie wird auf Grund einer von dem nunmehr zuständigen Grundbuchamt dem früher zuständigen Grundbuchamt zu machenden Mitteilung nachgetragen.

第 25 条

（1）某一土地登记簿页管辖权由一土地登记局转归另一土地登记局的，先前之土地登记簿页到此关闭。

（2a）于新土地登记簿页之标题内提示该先前之土地登记簿页。

（2b）以对于理解仍然有效之登记事项之需要为限，业已消灭之登记事项于新登记簿页内予以承继。除此之外只应承继登记事项之当前编号并备注"已消灭"字样。如无登记不明可担忧，承继登记事项之当前编号并备注"已消灭"字样可以不做，存量登记事项重新编号予以承继。

（2c）新登记簿页内容与原登记簿页内容之一致应于状态目录及每一分区中由土地登记簿之掌管人及登记处文书予以（签字）证明。于状态目录及分区中可以反复证明，如果登记栏没有完全填完。对于登记栏中之空白，应于空白处打叉。

（2d）建立新土地登记簿页之土地登记局应将新簿页建立情形通知原主管之土地登记局。该情形填入旧登记簿页之关闭备注（第 36 条字母 b）。

（3a）共有（产权）登记簿页所登记之多宗地块之一宗或者土地之部分，其登记管辖权由一土地登记局转归另一土地登记局的，应将该地块或者土地之部分划出。经过认证之土地登记簿页副本以及目的在于制作所涉划出地块（登记）副本和摘录之证书之基础文件应寄送给另一土地登记局。

（3b）管辖权移转取决于在先登入新所有权人所需之所有权变动的，此前管辖之土地登记局应将新所有权人登入新设立之登记簿页；然后按照第 1 款及第 2 款执行。

（4）于划出备注中对于土地或者土地之份额所转入之登记簿页名称先予留白。先前主管之土地登记局应根据有待现时主管之土地登记局制作之通知补记之。

§ 26

（1）Geht bei einer Bezirksänderung die Führung des Grundbuchs in Ansehung aller Blätter eines Grundbuchbandes auf ein anderes Grundbuchamt über, so ist der Band an das andere Grundbuchamt abzugeben. Dasselbe gilt, wenn von der Bezirksänderung nicht alle, aber die meisten Blätter eines Bandes betroffen werden und die Abgabe den Umständen nach zweckmäßig ist.

（2a）Der abzugebende Band ist an das andere Grundbuchamt zu übersenden.

（2b）Die von der Bezirksänderung nicht betroffenen Grundbuchblätter sind zu schließen. Ihr Inhalt ist auf ein neues Grundbuchblatt zu übertragen. § 25 Abs. 2a bis 2c findet entsprechende Anwendung. In dem Schließungsvermerk（§ 36 Buchstabe b）ist die Bezeichnung des neuen Blattes anzugeben.

（3）Die abgegebenen Grundbuchbände und Blätter erhalten nach Maßgabe des § 2 Satz 2 und des § 3 neue Bezeichnungen. In der neuen Aufschrift（§ 5）sind in Klammern mit dem Zusatz "früher" auch der bisherige Bezirk und die bisherigen Band- und Blattnummern anzugeben.

（4）Mit den Grundbuchbänden sind die Grundakten sowie die sonstigen sich auf die darin enthaltenen Grundbuchblätter beziehenden und in Verwahrung des Gerichts befindlichen Schriftstücke abzugeben.

（5）Bei Grundstücken, die kein Grundbuchblatt haben, sind die sich auf sie beziehenden Schriftstücke gleichfalls abzugeben.

（6）Geht die Führung der Grundbuchblätter eines ganzen Grundbuchbezirks auf ein anderes Grundbuchamt über, so sind auch die Sammelakten und Verzeichnisse （z. B. Katasterurkunden）abzugeben, soweit sie sich auf diesen Bezirk beziehen.

（7）In den Fällen der Absätze 4, 5 und 6 ist über die Abgabe ein Vermerk zurückzubehalten.

第 26 条

（1）某卷土地登记簿内的全部登记簿页因为行政区划变更改由另一土地登记局掌管的，应将该卷土地登记簿交给另一土地登记局。行政区划变更涉及某卷土地登记簿内的并非全部而是多数登记簿页的，适用同样之规定，视具体情况合乎目的地予以移交。

（2a）（应予移交的）土地登记簿应邮寄给另一土地登记局。

（2b）行政区划变更未涉及之土地登记簿页应关闭。其登记内容重新登记于另一新簿页。准用第 25 条第 2a 至第 2c 款。于关闭备注中（第 36 条字母 b）记载新簿页之名称。

（3）被移交土地登记簿之卷册和页按照第 2 条第 2 句和第 3 条之规定取得新名称。于新标题之括号内缀以"以前"字样并记载以前的行政区及该卷册、页之编号。

（4）土地登记之基础文件，其他与其所包含登记簿页登记内容有关之文件以及地方法院所保管之（有关）文件应与土地登记簿卷册一并移交。

（5）尚未登记之土地，与其有关之文件也一并移交。

（6）一土地登记簿辖区整体划入另一土地登记局的，与该辖区有关之登记基础文件集和地籍目录亦应一并移交。

（7）第 4 款、第 5 款和第 6 款之情形应保存于移交之备注。

§ 27

Die Vorschriften des § 25 und des § 26 Abs. 1, 2 und 3 sind entsprechend anzuwenden, wenn ein Grundstück in einen anderen Grundbuchbezirk desselben Grundbuchamts übergeht.

第 27 条

某宗土地由一登记辖区转入同一土地登记局（所属）之另一登记辖区的，准用第 25 条以及第 26 条第 1 款、第 2 款和第 3 款之规定。

§ 27a

（1）Geht die Zuständigkeit für die Führung eines oder mehrerer Grundbuchblätter auf ein anderes Grundbuchamt über und wird bei beiden beteiligten Grundbuchämtern für die in Frage kommenden Bezirke das Grundbuch in Einzelheften mit herausnehmbaren Einlegebogen geführt, so sind die betroffenen Blätter nicht zu schließen, sondern an das nunmehr zuständige Grundbuchamt abzugeben. § 26 Abs. 3, 4, 6 und 7 ist entsprechend anzuwenden. Im Falle des § 27 ist nach Satz 1 und § 26 Abs. 3 zu verfahren.

（2）Wird das Grundbuch in Einzelheften mit herausnehmbaren Einlegebogen nur bei einem der beteiligten Grundbuchämter für den in Frage kommenden Bezirk geführt, so ist nach § 25 Abs. 1 und 2, § 26 Abs. 3, 4, 6 und 7 zu verfahren. Im Falle des § 27 ist nach § 25 Abs. 1 und 2, § 26 Abs. 3 zu verfahren.

第 27a 条

（1）某一或者某些土地登记簿页管辖权由一土地登记局转归另一土地登记局的，两个土地登记局对于有关辖区土地登记簿页均采用可拆卸插页制作成单本的，有关的登记簿页应移交给现时主管之土地登记局，该登记簿页无需关闭。准用第 26 条第 3 款、第 4 款、第 6 款和第 7 款。对于第 27 条之情形应按照第 1 句以及第 26 条第 3 款进行处理。

（2）由同一土地登记局对于有关辖区土地登记簿采用可拆卸插页制作成单本的，按照第 25 条第 1 款和第 2 款，第 26 条第 3 款、第 4 款、第 6 款和第 7 款执行。对于第 27 条所规定之情形，按照第 25 条第 1 款和第 2 款，第 26 条第 3 款执行。

VI. Die Umschreibung von Grundbüchern
第六章 土地登记簿之置换

§ 28

Ein Grundbuchblatt ist umzuschreiben, wenn es unübersichtlich geworden ist. Es kann umgeschrieben werden, wenn es durch Umschreibung wesentlich vereinfacht wird.

第 28 条

土地登记簿页混乱不清时应予以置换。通过置换可使土地登记簿页显著简化的，可以置换之。

§ 29

Vor der Umschreibung hat die für die Führung des Grundbuchs zuständige Person Eintragungen, die von Amts wegen vorzunehmen sind, zu bewirken (z. B. § § 4, 53 der Grundbuchordnung). Sie hat über die Einleitung eines Löschungsverfahrens (§ § 84 bis 89 der Grundbuchordnung) oder eines Verfahrens zur Klarstellung der Rangverhältnisse (§ § 90 bis 115 der Grundbuchordnung) zu beschließen und das Verfahren vor der Umschreibung durchzuführen; auch hat sie gegebenenfalls die Beteiligten über die Beseitigung unrichtiger Eintragungen sowie über die Vereinigung oder Zuschreibung von Grundstücken zu belehren.

第 29 条

置换之前，负责掌管土地登记簿之人应启动由登记机构依职权履行登记之事项（例如《土地登记簿法》第 4 条、第 53 条之规定事项）。其应就（是否）引入注销程序（《土地登记簿法》第 84 条至第 89 条）或者顺位调查程序（《土地登记簿法》第 90 条至第 115 条）作出决定，并于土地登记簿置换之前执行上述程序；于必要之情形下，其亦应就错误登记事项之消除以及土地之合并或者划出向有关方说明。

§ 30

（1）Für das neue Blatt gelten die folgenden Bestimmungen：

a）Das Blatt erhält die nächste fortlaufende Nummer；§ 3 Abs. 2 ist anzuwenden.

b）In der Aufschrift des neuen Blattes ist auf das bisherige Blatt zu verweisen.

c）Gelöschte Eintragungen werden unter ihrer bisherigen laufenden Nummer in das neue Blatt insoweit übernommen, als dies zum Verständnis der noch gültigen Eintragungen erforderlich ist. Im übrigen sind nur die laufenden Nummern der Eintragungen mit dem Vermerk "Gelöscht" zu übernehmen. Die Übernahme der Nummern der Eintragungen mit dem Vermerk "Gelöscht" kann unterbleiben und der Bestand an Eintragungen unter neuen laufenden Nummern übernommen werden, wenn Unklarheiten nicht zu besorgen sind；dabei sollen bei Eintragungen in der zweiten und dritten Abteilung die jeweiligen bisherigen laufenden Nummern vermerkt werden.

d）Die Eintragungsvermerke sind tunlichst so zusammenzufassen und zu ändern, daß nur ihr gegenwärtiger Inhalt in das neue Blatt übernommen wird.

e）Veränderungen eines Rechts sind tunlichst in den für die Eintragung des Rechts selbst bestimmten Spalten einzutragen；jedoch sind besondere Rechte（z. B. Pfandrechte）, Löschungsvormerkungen sowie Vermerke, die sich auf mehrere Rechte gemeinsam beziehen, wieder in den für Veränderungen bestimmten Spalten einzutragen.

f）（weggefallen）

g）In der zweiten und dritten Abteilung ist der Tag der ersten Eintragung eines Rechts mit zu übertragen.

h）

1. Jeder übertragene Vermerk, dessen Unterzeichnung erforderlich ist, ist mit dem Zusatz "Umgeschrieben" zu versehen und von der für die Führung des Grundbuchs zuständigen Person und dem Urkundsbeamten der Geschäftsstelle zu

unterzeichnen.

2. In Spalte 6 des Bestandsverzeichnisses genügt der Vermerk："Bei Umschreibung des unübersichtlich gewordenen Blattes … als Bestand eingetragen am …"; der Vermerk in Spalte 4 der ersten Abteilung hat zu lauten："Das auf dem unübersichtlich gewordenen Blatt …eingetragene Eigentum bei Umschreibung des Blattes hier eingetragen am …".

i）In den Fällen des § 30（§§ 31，32）des Reichsgesetzes über die Bereinigung der Grundbücher vom 18. Juli 1930（Reichsgesetzbl. I S. 305）ist nach Möglichkeit an Stelle der Bezugnahme auf das Aufwertungsgesetz ein Widerspruch mit dem in § 30 des Gesetzes über die Bereinigung der Grundbücher bezeichneten Inhalt einzutragen，sofern eine endgültige Klarstellung in einem Verfahren zur Klarstellung der Rangverhältnisse（§§ 90 bis 115 der Grundbuchordnung）oder auf andere Weise nicht erreichbar ist.

（2）Das umgeschriebene Blatt ist zu schließen. In dem Schließungsvermerk（§ 36 Buchstabe b）ist die Bezeichnung des neuen Blattes anzugeben.

第 30 条

（1）对于新登记簿页适用下列规定：

a）新簿页取得依次相连的下一个当前编号；适用第 3 条第 2 款之规定。

b）于新土地登记簿页之标题内提示该先前之土地登记簿页。

c）以对于理解仍然有效之登记事项之需要为限，业已消灭之登记事项于新登记簿页内予以承继。除此之外只应承继登记事项之当前编号并备注"已消灭"字样。如无登记不明可担忧，承继登记事项之当前编号并备注"已消灭"字样可以不做，存量登记事项重新编号予以承继；同时于新簿页第二分区和第三分区登记事项内备注其历史编号。

d）登记之备注应尽量予以概括和改变，仅就其现在之内容于新簿页内予以承继。

e）某一权利之变更尽量登记于指定用于登记该权利自身之栏内；然而对于特别权利（例如质权）、消灭之预告登记以及涉及多项权利共有之备注，仍然登记于指定用于登记各种权利变更之栏内。

f)（已删除）

g）于第二分区和第三分区（所登记）权利之初始登记日应一并转抄。

h）

1. 所有转抄之备注均应由土地登记簿之掌管人及登记处文书签名并缀以"置换"字样。

2. 于状态目录第 6 栏只应备注"因登记簿页混乱不清而置换……作为存量登记于……"于第一分区第 4 栏作如下内容之备注："于混乱不清之登记簿页……所登记之所有权因为登记簿页之置换于此登记在……"

i）对于 1930 年 7 月 18 日施行之《帝国土地登记簿清理法》（见《帝国法律公报》I S. 305）第 30 条（第 31 条和第 32 条）所涉《帝国增值法》之情形，于可能情形下按照《帝国土地登记簿清理法》第 30 条为土地登记簿清理所指定之内容进行异议登记，如果顺位调查程序（《土地登记簿法》第 90条至第 115 条）或者其他方式未能最终奏效。

（2）被置换之登记簿页关闭。应于备注（第 36 条字母 b）中记载新簿页之名称。

§ 31

Die Durchführung der Umschreibung im einzelnen ergibt sich aus den in den Anlagen 2a und 2b beigefügten Mustern. § 22 Satz 2 gilt entsprechend.

第 31 条

置换登记簿页之实施细节参见本指令附件 2a 和 2b 所附样本。准用第 22条第 2 句。

§ 32

（1）Die für das geschlossene Grundbuchblatt gehaltenen Grundakten werden unter entsprechender Änderung ihrer Bezeichnung für das neue Blatt weitergeführt. Nach dem umgeschriebenen Blatt ist ein neues Handblatt herzustellen. Das alte Handblatt ist bei den Grundakten zu verwahren; es ist deutlich als Handblatt des wegen Umschreibung geschlossenen Blattes zu kennzeichnen.

（2）Mit Genehmigung der Landesjustizverwaltung oder der von ihr bestimmten

Stelle können auch die für das geschlossene Grundbuchblatt gehaltenen Akten geschlossen werden. Das alte Handblatt und Urkunden, auf die eine Eintragung in dem neuen Grundbuchblatt sich gründet oder Bezug nimmt, können zu den Grundakten des neuen Blattes genommen werden; in diesem Fall ist Absatz 1 Satz 3 Halbsatz 2 entsprechend anzuwenden. Die Übernahme ist in den geschlossenen Grundakten zu vermerken.

第 32 条

（1）为关闭登记簿页所保存之登记基础文件基于新簿页之故，在对其名称作相应修改之后继续使用。置换新簿页后应制作新表册（手册）。旧表册应与登记基础文件一起保存；应明确标记为因登记簿页置换而关闭簿页之表册。

（2）经州司法行政部门或者其指定部门之批准，亦可以关闭为关闭登记簿页所保存之登记基础文件。与新登记簿页登记事项之设立或者有关联之旧表册（手册）和证书，可以收入新登记簿页之登记基础文件中；于此情形准用第 1 款第 3 句之第 2 半句。（表册及证书之）承继应于关闭之登记基础文件中备注。

§ 33

（1）Sind nur das Bestandsverzeichnis oder einzelne Abteilungen des Grundbuchblatts unübersichtlich geworden, so können sie für sich allein neu gefaßt werden, falls dieser Teil des Grundbuchblatts hierfür genügend Raum bietet.

（2a）§ 29 ist entsprechend anzuwenden.

（2b）Der neu zu fassende Teil des Grundbuchblatts ist durch einen quer über beide Seiten zu ziehenden rotschwarzen Doppelstrich abzuschließen und darunter der Vermerk zu setzen: "Wegen Unübersichtlichkeit neugefaßt". Die über dem Doppelstrich stehenden Eintragungen sind rot zu durchkreuzen.

（2c）§ 30 Abs. 1 Buchstaben c, d, e, g, und i sind entsprechend anzuwenden, Buchstabe c jedoch mit Ausnahme seines Satzes 3.

（2d）

1. Jeder übertragene Vermerk, dessen Unterzeichnung erforderlich ist, ist mit dem Zusatz: "Bei Neufassung übertragen" zu versehen und von dem Richter und

dem Urkundsbeamten der Geschäftsstelle zu unterzeichnen.

2. In Spalte 6 des Bestandsverzeichnisses genügt der Vermerk："Bei Neufassung des unübersichtlich gewordenen Bestandsverzeichnisses als Bestand eingetragen am …"．

（2e）Die nicht neu gefaßten Teile des Grundbuchblatts bleiben unverändert.

第 33 条

（1）仅仅土地登记簿页之状态目录或者个别分区混乱不清的，可以单独扩充之，如果土地登记簿页此部分为此存在足够之空间。

（2a）准用第 29 条。

（2b）登记簿页新扩充之部分（上下）两侧由横向黑红双线封闭，其下备注："因为混乱不清而新扩充。"双线上方之登记事项以红线打叉。

（2c）准用第 30 条第 1 款字母 c、d、e、g 和 i，但是字母 c 第 3 句除外。

（2d）

1. 所有转抄之备注均应签名并缀以"因新扩充而转抄"字样，由登记处之法官和文书签名。

2. 于状态目录第 6 栏备注"因状态目录混乱不清而新扩充作为存量登记于……"为已足。

（2e）登记簿页未经新扩充之部分保持原样。

VII. Die Schließung des Grundbuchblatts
第七章 土地登记簿关闭

§ 34

Außer den Fällen des §25 Abs. 1, §26 Abs. 2, §27, §27a Abs. 2 und § 30 Abs. 2 wird das Grundbuchblatt geschlossen, wenn:

a) alle auf einem Blatt eingetragenen Grundstücke aus dem Grundbuchblatt ausgeschieden sind;

b) an Stelle des Grundstücks die Miteigentumsanteile der Miteigentümer nach § 3 Abs. 4 und 5 der Grundbuchordnung im Grundbuch eingetragen werden und weitere Grundstücke nicht eingetragen sind;

c) das Grundstück untergegangen ist.

第34条

除了第 25 条第 1 款、第 26 条第 2 款、第 27 条、第 27a 条第 2 款和第 30 条第 2 款所规定之情形外，土地登记簿页于下列情形下关闭：

a）某一登记簿页所登记之土地全部迁出（划出）该登记簿页；

b）按照《土地登记簿法》第 3 条第 4 款和第 5 款之规定对于共有之土地登记各共有人之份额，其他土地未（一同）登入；

c）土地灭失。

§ 35

（1）Das Grundbuchblatt wird ferner geschlossen, wenn das Grundstück sich in der Örtlichkeit nicht nachweisen läßt.

（2）Vor der Schließung sind alle, denen ein im Grundbuch eingetragenes Recht an dem Grundstück oder an einem solchen Recht zusteht, aufzufordern, binnen einer vom Grundbuchamt zu bestimmenden angemessenen Frist das Grundstück in der Örtlichkeit nachzuweisen, mit dem Hinweis, daß nach fruchtlosem Ablauf der Frist das Blatt geschlossen werde. Die Aufforderung ist den Berechtigten, soweit ihre Person und ihr Aufenthalt dem Grundbuchamt bekannt ist, zuzustellen. Sie kann nach Ermessen des Grundbuchamts außerdem öffentlich bekanntgemacht werden; dies hat zu geschehen, wenn Person oder Aufenthalt eines Berechtigten dem Grundbuchamt nicht bekannt ist. Die Art der Bekanntmachung bestimmt das Grundbuchamt.

第 35 条

（1）此外，土地（之存在）于其当地无法被证实的，土地登记簿页关闭。

（2）关闭之前，对于土地登记簿所登记之权利或者成立于登记权利之权利之权利人，应催告其在土地登记局所规定之合理期间内证明该土地于当地存在，于催告内应载明期间经过而无果的，土地登记簿页予以关闭。土地登记局知晓登记之权利人其人及其住所的，公示催告应送达其人。此外，土地登记局亦可酌情公告送达公示催告；登记之权利人其人及其住所不为土地登记局所知晓者，只应公告送达。公告之方式由土地登记局决定。

§ 36

Das Grundbuchblatt wird geschlossen, indem

a）sämtliche Seiten des Blattes, soweit sie Eintragungen enthalten, rot durchkreuzt werden;

b）ein Schließungsvermerk, in dem der Grund der Schließung anzugeben ist, in der Aufschrift eingetragen wird.

第 36 条

通过（下列方式），土地登记簿页关闭：

a）于包含登记事项之登记簿每一页上打上红叉；

b）于标题内登记关闭备注，记载关闭原因。

§ 37

Die Nummern geschlossener Grundbuchblätter dürfen für neue Blätter desselben Grundbuchbezirks nicht wieder verwendet werden.

第 37 条

同一土地登记簿辖区对于新设立之簿页不得重复使用已关闭登记簿页之编号。

VIII. Die Beseitigung einer Doppelbuchung
第八章　双重登记之消除

§ 38

（1）Ist ein Grundstück für sich allein auf mehreren Grundbuchblättern eingetragen, so gilt folgendes：

a）Stimmen die Eintragungen auf den Blättern überein, so sind die Blätter bis auf eins zu schließen. Im Schließungsvermerk（§ 36 Buchstabe b）ist die Nummer des nicht geschlossenen Blattes anzugeben.

b）

1. Stimmen die Eintragungen auf den Blättern nicht überein, so sind alle Blätter zu schließen. Für das Grundstück ist ein neues Blatt anzulegen. Im Schließungsvermerk（§ 36 Buchstabe b）ist die Nummer des neuen Blattes anzugeben.

2. Das Grundbuchamt entscheidet darüber, welche Eintragungen aus den geschlossenen Blättern auf das neue Blatt zu übernehmen sind. Nicht übernommene Eintragungen sind durch Eintragung von Widersprüchen zu sichern. Das Grundbuchamt hat vor der Entscheidung, soweit erforderlich und tunlich, die Beteiligten zu hören und eine gütliche Einigung zu versuchen.

c）Die wirkliche Rechtslage bleibt durch die nach a und b vorgenommenen Maßnahmen unberührt.

（2a）Ist ein Grundstück oder Grundstücksteil auf mehreren Grundbuchblättern eingetragen, und zwar wenigstens auf einem der Grundbuchblätter zusammen mit anderen Grundstücken oder Grundstücksteilen（§ § 4, 5, 6, 6a der Grundbuchordnung）, so ist das Grundstück oder der Grundstücksteil von allen Blättern abzuschreiben. Für das Grundstück oder den Grundstücksteil ist ein neues Blatt anzulegen.

（2b）Für die Anlegung des neuen Blattes gilt Absatz 1 Buchstabe b Nr. 2 entsprechend.

（2c）Würde das nach den Absätzen 2a und 2b anzulegende neue Blatt mit einem der alten Blätter übereinstimmen, so wird dieses fortgeführt und das Grundstück oder der Grundstücksteil nur von den anderen alten Blättern abgeschrieben.

（2d）Die wirkliche Rechtslage bleibt von den nach den Absätzen 2a bis 2c vorgenommenen Maßnahmen unberührt.

第 38 条

（1）某一土地仅为其自身计登记于数个土地登记簿页内的，适用下列规定：

a）数个土地登记簿页所登记之内容一致的，只保留其中之一，余者关闭之。于关闭备注（第 36 条字母 b）中记载未关闭簿页之编号。

b）

1. 数个土地登记簿页所登记之内容不一致的，关闭所有（有关的）登记簿页。为该土地建立新簿页。于关闭备注（第 36 条字母 b）中写明新簿页之编号。

2. 土地登记局就此决定，新登记簿页应承继关闭簿页之何种登记事项。未承继之登记事项以登入异议登记保证之。以可行和必要为限，于决定前，土地登记局应听取当事人之意见并寻求达成有效之物权合意。

c）真实之法律状态不受按照字母 a 和 b 所采取措施之影响。

（2a）某一土地或者土地之部分登记于数个土地登记簿页内，且至少其中之一还一起登记有其他土地或者土地之部分的（《土地登记簿法》第 4 条、第 5 条、第 6 条和第 6a 条），该土地或者土地之部分应从所有登记簿页内划出。为该土地或者土地之部分建立新簿页。

（2b）建立新簿页适用第 1 款字母 b 数字 2 之规定。

（2c）按照第 2a 款和第 2b 款建立之新簿页与旧簿页其中之一一致的，则该旧簿页保留，仅应将该土地或者土地之部分由其他旧簿页内划出。

（2d）真实之法律状态不受按照第 2a 款至第 2c 款所采取措施之影响。

IX. Die Bekanntmachung der Eintragungen
第九章　登记之公告

§ 39

Die Umschreibung eines Grundbuchblatts ist dem Eigentümer, den eingetragenen dinglich Berechtigten und der Katasterbehörde (Flurbuchbehörde, Vermessungsbehörde) bekanntzugeben. Inwieweit hiermit eine Mitteilung von etwaigen Änderungen der Eintragungsvermerke zu verbinden ist, bleibt, unbeschadet der Vorschrift des § 55 der Grundbuchordnung, dem Ermessen der für die Führung des Grundbuchs zuständigen Person überlassen. Die Änderung der laufenden Nummern von Eintragungen (§ 30 Abs. 1 Buchstabe c Satz 3) ist dem Eigentümer stets, einem eingetragenen dinglich Berechtigten, wenn sich die laufende Nummer seines Rechts ändert oder die Änderung für ihn sonst von Bedeutung ist, bekanntzugeben. Ist über eine Hypothek, Grundschuld oder Rentenschuld ein Brief erteilt, so ist bei der Bekanntgabe der Gläubiger aufzufordern, den Brief zwecks Berichtigung, insbesondere der Nummer des Grundbuchblatts, dem Grundbuchamt alsbald einzureichen.

第 39 条

土地登记簿页之置换应向所有权人、登记之物权人以及地籍册机关（镇区图机关、测量机关）通告。于何种程度上登记备注之可能变更应一并通知由负责掌管土地登记簿之人酌定，《土地登记簿法》第 55 条之规定不受影响。登记事项当前编号之变更（第 30 条第 1 款字母 c 第 3 句）在任何情况下均应通告所有权人，对于登记之物权人，于当前编号改变其权利或者当前编号之变更对其具有其他意义之情形下通告之。就抵押权、土地债务或者定期土地债务发行了证书的，于通告中应对债权人进行催告，为证书更正之目的，尤其是土地登记簿页编号之更正，应尽快向土地登记局提交该证书。

§40

(1) Geht die Zuständigkeit für die Führung des Grundbuchblatts infolge einer Bezirksänderung oder auf sonstige Weise auf ein anderes Grundbuchamt über (§§25, 26), so hat dieses hiervon den eingetragenen Eigentümer und die aus dem Grundbuch ersichtlichen dinglich Berechtigten unter Mitteilung der künftigen Aufschrift des Grundbuchblatts zu benachrichtigen. Die Vorschriften des §39 Satz 3 und 4 sind entsprechend anzuwenden. Die vorstehenden Bestimmungen gelten nicht, wenn die Änderung der Zuständigkeit sich auf sämtliche Grundstücke eines Grundbuchbezirks erstreckt und die Bezeichnung des Grundbuchbezirks sowie die Band- und Blattnummern unverändert bleiben.

(2) Die Vorschriften des Absatzes 1 Satz 1 und des §39 Satz 3 und 4 sind entsprechend anzuwenden, wenn ein Grundstück in einen anderen Grundbuchbezirk desselben Grundbuchamts übergeht (§27).

第 40 条

(1) 因为行政区划之变更或者以其他方式土地登记簿页之管辖权转归另一土地登记局的，应将此情形通知登记之所有权人以及土地登记簿上可见之物权人，并于通知中告知其登记簿页将来之标题。准用第 39 条第 3 句、第 4 句。如果管辖权之变更涉及登记簿辖区之全部土地而登记簿辖区之名称以及卷本及簿页编号无改变，则上述规定不适用。

(2) 一宗土地转入同一土地登记局之另一土地登记簿辖区的（第 27 条），准用第 1 款第 1 句和第 39 条第 3 句及第 4 句之规定。

§41

(weggefallen)

第 41 条

(已删除)

§ 42

Erforderliche maschinell erstellte Zwischenverfügungen und die nach den §§ 55 bis 55b der Grundbuchordnung vorzunehmenden Mitteilungen müssen nicht unterschrieben werden. In diesem Fall soll auf dem Schreiben der Vermerk "Dieses Schreiben ist maschinell erstellt und auch ohne Unterschrift wirksam" angebracht sein.

第 42 条

必要的由机器制作之中间处分以及按照《土地登记簿法》第 55 条至第 55b 条所作之通知无需签名。于此情形应于信函上备注 "该信函系机器制作（虽）无签名亦有效"。

X. Grundbucheinsicht und -abschriften
第十章 土地登记簿之查阅与复制

§ 43

（1）Beauftragte inländischer öffentlicher Behörden sind befugt, das Grundbuch einzusehen und eine Abschrift zu verlangen, ohne daß es der Darlegung eines berechtigten Interesses bedarf.

（2）Dasselbe gilt für Notare sowie für Rechtsanwälte, die im nachgewiesenen Auftrag eines Notars das Grundbuch einsehen wollen, für öffentlich bestellte Vermessungsingenieure und dinglich Berechtigte, soweit Gegenstand der Einsicht das betreffende Grundstück ist. Unbeschadet dessen ist die Einsicht in das Grundbuch und die Erteilung von Abschriften hieraus zulässig, wenn die für den Einzelfall erklärte Zustimmung des eingetragenen Eigentümers dargelegt wird.

第 43 条

（1）国内公共机构之受托人（代理人）有权查阅和复制土地登记簿，无需为此说明存在正当利益。

（2）该规定同样适用于应由一位公证人证明其系受托查询土地登记簿之公证人及律师，（亦同样适用于）官方委任的测量工程师和物权人，只要其查询对象系相关之土地。（上述规定）不影响于说明登记所有权人为此个别情形表示同意之情形下，允许查阅和复制土地登记簿。

§ 44

（1）Grundbuchabschriften sind auf Antrag zu beglaubigen.

（2）Auf einfachen Abschriften ist der Tag anzugeben, an dem sie gefertigt sind. Der Vermerk ist jedoch nicht zu unterzeichnen.

第 44 条

（1）应申请予土地登记簿之复制件以认证。

（2）于简单复制件上记载其完成之日。备注无需签名。

§ 45

（1）Die Erteilung einer beglaubigten Abschrift eines Teils des Grundbuchblatts ist zulässig.

（2）In diesem Fall sind in die Abschrift die Eintragungen aufzunehmen, welche den Gegenstand betreffen, auf den sich die Abschrift beziehen soll. In dem Beglaubigungsvermerk ist der Gegenstand anzugeben und zu bezeugen, daß weitere ihn betreffende Eintragungen in dem Grundbuch nicht enthalten sind.

（3）Im übrigen ist das Grundbuchamt den Beteiligten gegenüber zur Auskunftserteilung nur auf Grund besonderer gesetzlicher Vorschrift verpflichtet.

第 45 条

（1）允许提供经认证之土地登记簿页之部分。

（2）于此情形下，于复制件中仅纳入与其制作目的、对象有关之登记事项。于认证备注中记载并且确认，没有包含土地登记簿中其他与此有关之登记事项。

（3）此外，土地登记局仅负担就法律之特别规定为当事人提供咨询。

§ 46

（1）Die Einsicht von Grundakten ist jedem gestattet, der ein berechtigtes Interesse darlegt, auch soweit es sich nicht um die in § 12 Abs. 1 Satz 2 der Grundbuchordnung bezeichneten Urkunden handelt.

（2）Die Vorschrift des § 43 ist auf die Einsicht von Grundakten entsprechend anzuwenden.

（3）Soweit die Einsicht gestattet ist, kann eine Abschrift verlangt werden, die auf Antrag auch zu beglaubigen ist. Die Abschrift kann dem Antragsteller auch elektronisch übermittelt werden.

第 46 条

（1）任何人于说明存在正当利益之前提下均可查阅登记基础文件，即使其无关乎《土地登记簿法》第 12 条第 1 款第 2 句所指称之文件。

（2）第 43 条之规定准用于登记基础文件之查阅。

（3）只要允许查阅，即可要求复制，应申请亦予以认证。复制件亦可以电子形式传送于申请人。

§ 46a

（1）Das Protokoll, das nach § 12 Absatz 4 der Grundbuchordnung über Einsichten in das Grundbuch zu führen ist, muss enthalten:

1. das Datum der Einsicht,

2. die Bezeichnung des Grundbuchblatts,

3. die Bezeichnung der Einsicht nehmenden Person und gegebenenfalls die Bezeichnung der von dieser vertretenen Person oder Stelle,

4. Angaben über den Umfang der Einsichtsgewährung sowie

5. eine Beschreibung des der Einsicht zugrunde liegenden berechtigten Interesses; dies gilt nicht in den Fällen des § 43.

Erfolgt die Einsicht durch einen Bevollmächtigten des Eigentümers oder des Inhabers eines grundstücksgleichen Rechts, sind nur die Angaben nach Satz 1 Nummer 1 bis 3 in das Protokoll aufzunehmen.

（2）Dem Eigentümer des jeweils betroffenen Grundstücks oder dem Inhaber des grundstücksgleichen Rechts wird die Auskunft darüber, wer Einsicht in das Grundbuch genommen hat, auf der Grundlage der Protokolldaten nach Absatz 1 erteilt. Eine darüber hinausgehende Verwendung der Daten ist nicht zulässig. Diese sind durch geeignete Vorkehrungen gegen zweckfremde Nutzung und gegen sonstigen Missbrauch zu schützen.

（3）Die Grundbucheinsicht durch eine Strafverfolgungsbehörde ist im Rahmen einer solchen Auskunft nicht mitzuteilen, wenn

1. die Einsicht zum Zeitpunkt der Auskunftserteilung weniger als sechs Monate zurückliegt und

2. die Strafverfolgungsbehörde erklärt hat, dass die Bekanntgabe der Einsicht den Erfolg strafrechtlicher Ermittlungen gefährden würde.

Durch die Abgabe einer erneuten Erklärung nach Satz 1 Nummer 2 verlängert sich die Sperrfrist um sechs Monate; mehrmalige Fristverlängerung ist zulässig. Wurde dem Grundstückseigentümer oder dem Inhaber eines grundstücksgleichen Rechts eine Grundbucheinsicht nicht mitgeteilt und wird die Einsicht nach Ablauf der Sperrfrist auf Grund eines neuerlichen Auskunftsbegehrens bekanntgegeben, so sind die Gründe für die abweichende Auskunft mitzuteilen.

（3a）Die Grundbucheinsicht durch eine Verfassungsschutzbehörde, den Bundesnachrichtendienst oder den Militärischen Abschirmdienst ist im Rahmen einer Auskunft nach Absatz 2 Satz 1 nicht mitzuteilen, wenn die Behörde erklärt hat, dass die Bekanntgabe der Einsicht ihre Aufgabenwahrnehmung gefährden würde. Die Auskunftssperre endet, wenn die Behörde mitteilt, dass die Aufgabengefährdung entfallen ist, spätestens zwei Jahre nach Zugang der Erklärung nach Satz 1. Sie verlängert sich um weitere zwei Jahre, wenn die Behörde erklärt, dass die Aufgabengefährdung fortbesteht; mehrmalige Fristverlängerung ist zulässig. Absatz 3 Satz 3 giltentsprechend.

（4）Nach Ablauf des zweiten auf die Erstellung der Protokolle folgenden Kalenderjahres werden die nach Absatz 1 gefertigten Protokolle gelöscht. Die Protokolldaten zu Grundbucheinsichten nach Absatz 3 Satz 1 und Absatz 3a Satz 1 werden für die Dauer von zwei Jahren nach Ablauf der Frist, in der eine Bekanntgabe nicht erfolgen darf, für Auskünfte an den Grundstückseigentümer oder den Inhaber eines grundstücksgleichen Rechts aufbewahrt; danach werden sie gelöscht.

（5）Zuständig für die Führung des Protokolls nach Absatz 1 und die Erteilung von Auskünften nach Absatz 2 ist der Urkundsbeamte der Geschäftsstelle des Grundbuchamts, das das betroffene Grundbuchblatt führt.

（6）Für die Erteilung von Grundbuchabschriften, die Einsicht in die Grundakte sowie die Erteilung von Abschriften aus der Grundakte gelten die Absätze 1 bis 5 entsprechend. Das Gleiche gilt für die Einsicht in ein Verzeichnis nach § 12a Absatz 1 der Grundbuchordnung und die Erteilung von Auskünften aus einem solchen

Verzeichnis, wenn hierdurch personenbezogene Daten bekanntgegeben werden.

第 46a 条

（1）按照《土地登记簿法》第 12 条第 4 款所制作之土地登记簿查阅记录，必须包含：

1. 查阅日期；

2. 土地登记簿页之名称，

3. 查阅人姓名以及必要情形下由其所代理之人姓名或者机构名称，

4. 允许查阅范围之说明以及

5. 查阅系基于存在正当利益之说明；该规定不适用于第 43 条所规定之情形。

查阅系因受所有权人或者类似土地权利持有人之委托，查阅记录中只应记载第 1 句数字 1 至数字 3 所规定之内容。

（2）根据第 1 款的查阅记录，给予有关的土地所有权人或者类似土地权利持有人何人查阅了土地登记簿之答复。不允许超越此范围使用该资料。针对不合目的之利用以及其他滥用行为，应以适当之预防措施保护该资料。

（3）刑事执法机构之查阅不给予于此范围内之答复，如果：

1. 答复之时间点距离查阅少于 6 个月的；

2. 刑事执法机构业已表示，公开（其）查阅可能妨害刑事司法调查成果。

按照第 1 句数字 2 再次表示的，冻结期延长 6 个月；允许多次延长冻结期。不告知土地所有权人或者类似土地权利持有人土地登记簿查阅情形的，基于新问询告知其冻结期结束后之查阅的，一并告知其（先前）不予答复之理由。

（3a）宪法保卫机构、联邦情报机构及军事防卫机构之查阅，不给予第 2 款第 1 句范围内之答复，如果该机构业已表明公开（其）查阅可能妨害其履职行为。无需考虑履职妨害的，于上述机构通知时冻结期结束，至迟于按照第 1 句所作意思表示到达之后 2 年结束。如上述机构表示履职妨害继续存在的，冻结期延长 2 年；允许多次延长冻结期。准用第 3 款第 3 句。

（4）按照第 1 款制作之查阅记录于其所遵照之历法满 2 年后销毁。按照第 3 款第 1 句以及第 3a 款第 1 句所制作之土地登记簿查阅记录资料，于不可公开（冻结期）期满之后为答复土地所有权人或者类似土地权利持有人保存2年；2年期满后销毁。

（5）按照第1款制作查阅记录以及按照第2款给予答复，由负责掌管有关土地登记簿页之土地登记局登记处之文书负责。

（6）给予土地登记簿复印件，查阅土地登记基础文件以及给予土地登记基础文件之复印件，准用第1款至第5款之规定。该规定同样适用于按照《土地登记簿法》第12a条第1款登记目录之查阅以及就该目录所给予之答复，如果由此而公开与人身有关之资料。

XI. Hypotheken, Grundschuld und Rentenschuldbriefe

第十一章　抵押、土地债务及定期土地债务证券

§ 47

Die Hypothekenbriefe sind mit einer Überschrift zu versehen, welche die Worte "Deutscher Hypothekenbrief" und die Bezeichnung der Hypothek (§ 56 Abs. 1 der Grundbuchordnung) enthält, über die der Brief erteilt wird. Die laufende Nummer, unter der die Hypothek in der dritten Abteilung des Grundbuchs eingetragen ist, ist dabei in Buchstaben zu wiederholen.

第 47 条

抵押证券应配以包含"德国抵押证券"字样以及为此而发行该证券之抵押名称（《土地登记簿法》第 56 条第 1 款）之标题。抵押权登记于土地登记簿第三分区之当前编号，应以字母重复。

§ 48

（1）Wird eine Hypothek im Grundbuch teilweise gelöscht, so ist auf dem Brief der Betrag, für den die Hypothek noch besteht, neben der in der Überschrift enthaltenen Bezeichnung des Rechts durch den Vermerk ersichtlich zu machen: "Noch gültig für (Angabe des Betrags)." Der alte Betrag ist rot zu unterstreichen.

（2）In derselben Weise ist bei der Herstellung von Teilhypothekenbriefen auf dem bisherigen Brief der Betrag ersichtlich zu machen, auf den sich der Brief noch bezieht.

第 48 条

（1）抵押权于土地登记簿上部分消灭的，于抵押证券标题所含权利名称

一旁清楚备注抵押证券为其仍然存在之金额："对——仍然有效（写明金额）。"原来金额下方以红线划之。

（2）以同样方式制作部分抵押证券，于原来证券上清楚记载其仍然有效之金额。

§ 49

Vermerke über Eintragungen, die nachträglich bei der Hypothek erfolgen, sowie Vermerke über Änderungen der im § 57 der Grundbuchordnung genannten Angaben werden auf dem Brief im Anschluß an den letzten vorhandenen Vermerk oder, wenn hierfür auf dem Brief kein Raum mehr vorhanden ist, auf einen mit dem Brief zu verbindenden besonderen Bogen gesetzt.

第 49 条

对于抵押权设立后所完成登记事项之备注，以及对于《土地登记簿法》第57条所称内容变更之备注，应紧随抵押证券最后所作备注之后，如果抵押证券没有（可供记载之）空间，备注于连接之特定纸张上。

§ 49a

Wird der Grundpfandrechtsbrief nicht ausgehändigt, soll er durch die Post mit Zustellungsurkunde oder durch Einschreiben versandt werden. Die Landesjustizverwaltungen können durch Geschäftsanweisung oder Erlaß ein anderes Versendungsverfahren bestimmen. Bestehende Anweisungen oder Erlasse bleiben unberührt.

第 49a 条

土地质押证券尚未交付的，应该通过邮局以送达回执或者挂号方式寄送。州司法行政部门可通过交易指示或者通告规定其他的寄送程序。现有之指示或者规定不受影响。

§ 50

Die in § 58 Abs. 1 und § 59 Abs. 2 der Grundbuchordnung sowie in § 49 dieser Verfügung vorgeschriebene Verbindung erfolgt durch Schnur und Siegel.

第 50 条

《土地登记簿法》第 58 条第 1 款和第 59 条第 2 款以及本规定第 49 条所规定之连接通过细绳和火漆印记实现。

§ 51

Die Vorschriften der §§ 47 bis 50 sind auf Grundschuld- und Rentenschuldbriefe entsprechend anzuwenden. In der Überschrift eines Rentenschuldbriefes ist der Betrag der einzelnen Jahresleistung, nicht der Betrag der Ablösungssumme, anzugeben.

第 51 条

第 47 条至第 50 条之规定准用于土地债务证券和定期土地债务证券。于定期土地债务证券之标题内记载逐年应给付之金额，而非销除金额。

§ 52

(1) Für die Hypotheken-, Grundschuld- und Rentenschuldbriefe dienen die Anlagen 3 bis 8 als Muster.

(2) Für die Ausfertigung der Hypotheken-, Grundschuld- und Rentenschuldbriefe sind die amtlich ausgegebenen, mit laufenden Nummern versehenen Vordrucke nach näherer Anweisung der Landesjustizverwaltung zu verwenden.

第 52 条

(1) 附件 3 至附件 8 作为抵押证券、土地债务证券和定期土地债务证券之样本。

(2) 对于抵押证券、土地债务证券和定期土地债务证券之签发，按照州司法行政部门之更详细指示应使用政府机构发行的配有当前编号之表格。

§ 53

(1) Ist nach dem Gesetz ein Hypotheken-, Grundschuld- oder Rentenschuldbrief unbrauchbar zu machen, so wird, nachdem die bei dem Recht

bewirkte Grundbucheintragung auf dem Brief vermerkt ist, der Vermerk über die erste Eintragung des Rechts durchstrichen und der Brief mit Einschnitten versehen.

（2）Ist verfügt worden, daß der Brief unbrauchbar zu machen ist, und ist in den Grundakten ersichtlich gemacht, daß die Verfügung ausgeführt ist, so ist der Brief mit anderen unbrauchbar gemachten Briefen zu Sammelakten zu nehmen. Die Sammelakten sind für das Kalenderjahr anzulegen und am Schluß des folgenden Kalenderjahres zu vernichten. In der Verfügung kann angeordnet werden, daß ein unbrauchbar gemachter Brief während bestimmter Zeit bei den Grundakten aufzubewahren ist.

第 53 条

（1）按照法律抵押证券、土地债务证券和定期土地债务证券失效的，应对于由此权利引发之土地登记簿对于该证券之登记事项予以备注，然后于该权利首次登记之备注上打叉且于券面上打上缺口。

（2）按照指令，证券应失效且于登记基础文件中清楚显示该指令被执行的，该证券与其他失效证券归入基础文件集当中。基础文件集按照日历年设置，于下一日历年结束时销毁。于指令中可以指示，已作失效处理之证券应于一定期间内保存于基础文件中。

XII. Das Erbbaugrundbuch
第十二章　地上权土地登记簿

§ 54

Auf das für ein Erbbaurecht anzulegende besondere Grundbuchblatt（§ 14 Abs. 1 des Erbbaurechtsgesetzes sind die vorstehenden Vorschriften entsprechend anzuwenden, soweit sich nicht aus den § § 55 bis 59 Abweichendes ergibt.

第 54 条

上述规定准用于为地上权所设置之特别土地登记簿页（《地上权法》第 14 条第 1 款），如果（下列）第 55 条至第 59 条没有不同规定。

§ 55

（1）Das Erbbaugrundbuchblatt erhält die nächste fortlaufende Nummer des Grundbuchs, in dem das belastete Grundstück verzeichnet ist.

（2）In der Aufschrift ist unter die Blattnummer in Klammern das Wort "Erbbaugrundbuch" zu setzen.

第 55 条

（1）地上权土地登记簿页取得紧挨着土地当前编号之当前编号（连号），于该土地当前编号内登记着设立（地上权）负担之土地。

（2）于标题内登记簿页编号下方括号内写上"地上权土地登记簿"字样。

§ 56

（1）Im Bestandsverzeichnis sind in dem durch die Spalten 2 bis 4 gebildeten

Raum einzutragen: a) die Bezeichnung "Erbbaurecht" sowie die Bezeichnung des belasteten Grundstücks, wobei der Inhalt der Spalten 3 und 4 des Bestandsverzeichnisses des belasteten Grundstücks in die Spalten 3 und 4 des Erbbaugrundbuchs zu übernehmen ist;

b) der Inhalt des Erbbaurechts;

c) im unmittelbaren Anschluß an die Eintragung unter Buchstabe b der Eigentümer des belasteten Grundstücks;

d) Veränderungen der unter den Buchstaben a bis c genannten Vermerke.

(2) Bei Eintragung des Inhalts des Erbbaurechts (Absatz 1 Buchstabe b) ist die Bezugnahme auf die Eintragungsbewilligung zulässig; jedoch sind Beschränkungen des Erbbaurechts durch Bedingungen, Befristungen oder Verfügungsbeschränkungen (§ 5 des Erbbaurechtsgesetzes) ausdrücklich einzutragen.

(3) In der Spalte 1 ist die laufende Nummer der Eintragung anzugeben.

(4) In der Spalte 6 sind die Vermerke über die Berichtigungen des Bestandes des belasteten Grundstücks, die auf dem Blatt dieses Grundstücks zur Eintragung gelangen (§ 6 Abs. 6 Buchstabe e), einzutragen. In der Spalte 5 ist hierbei auf die laufende Nummer hinzuweisen, unter der die Berichtigung in den Spalten 3 und 4 eingetragen wird.

(5) Verliert durch die Eintragung einer Veränderung nach ihrem aus dem Grundbuch ersichtlichen Inhalt ein früherer Vermerk ganz oder teilweise seine Bedeutung, so ist er insoweit rot zu unterstreichen.

(6) Die Löschung des Erbbaurechts ist in der Spalte 8 zu vermerken.

第 56 条

（1） 于状态目录由第 2 栏和第 4 栏所组成之空间内登记：

a） 标记"地上权"字样以及标记设立（地上权）负担之土地，于此将设立负担之土地（所在土地登记簿）状态目录第 3 栏和第 4 栏之内容承继到地上权土地登记簿之第 3 栏和第 4 栏；

b） 地上权之内容；

c） 直接与字母 b 登记内容相连（记载）设立负担土地之所有权人；

d） 字母 a 至字母 c 所称备注之变更。

（2）登记地上权之内容（第1款字母b）允许参考登记之许可；由条件、期限或者处分限制（《地上权法》第5条）对地上权进行限制的，应明确予以登记。

（3）于第1栏记载登记事项之当前编号。

（4）于第6栏登记备注，该备注针对业已登记在（第6条第6款字母e）设立负担土地登记簿页上存量登记事项之更正。于第5栏提示当前编号，于该当前编号下第3栏和第4栏登记更正事项。

（5）登记某一变更后按照土地登记簿上清晰可见之内容使得一个先前之备注部分或者全部丧失其意义的，在此范围内于其下方以红线划之。

（6）地上权之消灭于第8栏备注之。

§ 57

（1）Die erste Abteilung dient zur Eintragung des Erbbauberechtigten.

（2）Im übrigen sind auf die Eintragungen im Bestandsverzeichnis sowie in den drei Abteilungen die für die Grundbuchblätter über Grundstücke geltenden Vorschriften（Abschnitte II, III）entsprechend anzuwenden.

第57条

（1）第一分区用于登记地上权权利人。

（2）此外，对于状态目录以及三个分区之登记事项，就土地之土地登记簿页所适用之规定应予准用（第二章、第三章）。

§ 58

Die nähere Einrichtung und die Ausfüllung des für ein Erbbaurecht anzulegenden besonderen Grundbuchblatts ergibt sich aus dem in der Anlage 9 beigefügten Muster. § 22 Satz 2 ist entsprechend anzuwenden.

第58条

本指令附件9所附样本提供了就地上权特别设立之登记簿页之更详细的制式及填制（方法）。准用第22条第2句。

§ 59

Bei der Bildung von Hypotheken-, Grundschuld- und Rentenschuldbriefen ist kenntlich zu machen, daß der belastete Gegenstand ein Erbbaurecht ist.

第 59 条

于制作抵押证券、土地债务证券和定期土地债务证券时应显著标记，设立负担之对象系属地上权。

§ 60

Die vorstehenden Vorschriften sind auf die nach § 8 der Grundbuchordnung anzulegenden Grundbuchblätter mit folgenden Maßgaben entsprechend anzuwenden：

a）In der Aufschrift ist an Stelle des Wortes "Erbbaugrundbuch"（§ 55 Abs. 2）das Wort "Erbbaurecht" zu setzen；

b）bei der Eintragung des Inhalts des Erbbaurechts ist die Bezugnahme auf die Eintragungsbewilligung（§ 56 Abs. 2）unzulässig.

第 60 条

上述规定与下列规定应准用于按照《土地登记簿法》第 8 条所设立之登记簿页：

a）于标题内"地上权土地登记簿"之位置写上"地上权"字样；

b）登记地上权之内容允许参考登记之许可（第 56 条第 2 款）。

XIII. Vorschriften über das Maschinell Geführte Grundbuch
第十三章　机器编制土地登记簿之规定

1. Das maschinell geführte Grundbuch
第一节　机器编制之土地登记簿

§ 61 Grundsatz

Für das maschinell geführte Grundbuch und das maschinell geführte Erbbaugrundbuch gelten die Bestimmungen dieser Verordnung und, wenn es sich um Wohnungsgrundbuchblätter handelt, auch die Wohnungsgrundbuchverfügung und die sonstigen allgemeinen Ausführungsvorschriften, soweit im folgenden nichts abweichendes bestimmt wird.

第61条　原则

对于由机器编制土地登记簿以及地上权土地登记簿适用本指令之规定，涉及住宅土地登记簿页的，亦适用住宅土地登记簿指令以及其他通常制作方式之规定，但以下列（本指令）未作其他不同规定为限。

§ 62 Begriff des maschinell geführten Grundbuchs

（1）Bei dem maschinell geführten Grundbuch ist der in den dafür bestimmten Datenspeicher aufgenommene und auf Dauer unverändert in lesbarer Form wiedergabefähige Inhalt des Grundbuchblatts（§ 3 Abs. 1 Satz 1 der Grundbuchordnung）das Grundbuch. Die Bestimmung des Datenspeichers nach Satz 1 kann durch Verfügung der zuständigen Stelle geändert werden, wenn dies dazu dient, die Erhaltung und die Abrufbarkeit der Daten sicherzustellen oder zu verbessern, und die Daten dabei nicht verändert werden. Die Verfügung kann auch in allgemeiner

Form und vor Eintritt eines Änderungsfalls getroffen werden.

(2) Nach Anordnung der Landesjustizverwaltung kann der Grundbuchinhalt in ein anderes Dateiformat übertragen oder der Datenbestand eines Grundbuchblatts zerlegt und in einzelnen Fragmenten in den Datenspeicher übernommen werden. Eine Übertragung nicht codierter Informationen in codierte Informationen ist dabei nicht zulässig. Durch geeignete Vorkehrungen ist sicherzustellen, dass der Informationsgehalt und die Wiedergabefähigkeit der Daten sowie die Prüfbarkeit der Integrität und der Authentizität der Grundbucheintragungen auch nach der Übertragung erhalten bleiben. § 128 Absatz 3 der Grundbuchordnung gilt entsprechend.

第 62 条 机器编制土地登记簿之概念

(1) 机器编制土地登记簿是指录入为此而规定之数据存储器，长期保持不变，以可读方式再现其登记簿内容（《土地登记簿法》第 3 条第 1 款第 1 句）之土地登记簿。第 1 句对于数据存储器之规定可以通过主管机构之指令予以改变，如果这样做有助于确保或者改进数据之保存和提取，并且不会由此而改变数据。指令亦可以一般形式于变故发生前作出。

(2) 按照州司法行政部门之指令，土地登记簿之内容可以转化为其他数据格式，或者将登记簿页之数据存量分解为各别之片段存入数据存储器。不允许将未经编码之信息改写为编码信息。通过适当的预防措施以确保数据的信息内容及其可再现能力，以及土地登记簿于转换后仍然保持其登记事项完整性、真实性之可验证。准用《土地登记簿法》第 128 条第 3 款。

§ 63 Gestaltung des maschinell geführten Grundbuchs ; Verordnungsermächtigung

Der Inhalt des maschinell geführten Grundbuchs muß auf dem Bildschirm und in Ausdrucken so sichtbar gemacht werden können, wie es den durch diese Verordnung und dieWohnungsgrundbuchverfügung vorgeschriebenen Mustern entspricht. Wird das Grundbuch als Datenbankgrundbuch geführt, soll unter Verwendung dieser Muster die Darstellung auch auf den aktuellen Grundbuchinhalt beschränkt werden können ; nicht betroffene Teile des Grundbuchblatts müssen dabei nicht dargestellt werden. Die Landesregierungen werden ermächtigt, durch Rechtsverordnung weitere Darstellungsformen für die Anzeige des Grundbuchinhalts und für Grundbuchausdrucke zuzulassen; sie können diese Ermächtigung durch Rechtsverordnung auf die Landesjustizverwaltungen übertragen.

第63条　机器编制土地登记簿之形态；指令之授权

机器编制土地登记簿之内容必须在屏幕上以及打印件上能够清晰呈现，与本指令以及住宅土地登记簿指令所规定之样本一致。土地登记簿作为数据库土地登记簿编制的，对于该样本之使用应该亦可以限于展示当前关注之土地登记簿之内容；无关土地登记簿页之部分应不予展示。授权州政府通过行政规章规定其他显示土地登记簿内容之展示形式以及土地登记簿之打印；州政府可以通过行政规章将此授权转由州司法行政部门行使。

§ 64 Anforderungen an Anlagen und Programme

（1）Für das maschinell geführte Grundbuch dürfen nur Anlagen und Programme verwendet werden, die den bestehenden inländischen oder international anerkannten technischen Anforderungen an die maschinell geführte Verarbeitung geschützter Daten entsprechen. Sie sollen über die in Absatz 2 bezeichneten Grundfunktionen verfügen. Das Vorliegen dieser Voraussetzungen ist, soweit es nicht durch ein inländisches oder ausländisches Prüfzeugnis bescheinigt wird, durch die zuständige Landesjustizverwaltung in geeigneter Weise festzustellen.

（2）Das eingesetzte Datenverarbeitungssystem soll gewährleisten, daß

1. seine Funktionen nur genutzt werden können, wenn sich der Benutzter dem System gegenüber identifiziert und authentisiert（Identifikation und Authentisierung），

2. die eingeräumten Benutzungsrechte im System verwaltet werden（Berechtigungsverwaltung），

3. die eingeräumten Benutzungsrechte von dem System geprüft werden（Berechtigungsprüfung），

4. die Vornahme von Veränderungen und Ergänzungen des maschinell geführten Grundbuchs im System protokolliert wird（Beweissicherung），

5. eingesetzte Subsysteme ohne Sicherheitsrisiken wiederhergestellt werden können（Wiederaufbereitung），

6. etwaige Verfälschungen der gespeicherten Daten durch Fehlfunktionen des Systems durch geeignete technische Prüfmechanismen rechtzeitig bemerkt werden können（Unverfälschtheit），

7. die Funktionen des Systems fehlerfrei ablaufen und auftretende Fehlfunktionen unverzüglich gemeldet werden（Verläßlichkeit der Dienstleistung），

8. der Austausch von Daten aus dem oder für das Grundbuch im System und bei Einsatz öffentlicher Netze sicher erfolgen kann（Übertragungssicherheit）.

Das System soll nach Möglichkeit Grundbuchdaten übernehmen können，die in Systemen gespeichert sind，die die Führung des Grundbuchs in Papierform unterstützen.

第 64 条　对于装置和程序之要求

（1）对于机器编制土地登记簿只允许使用（这样的）装置和程序，该装置和程序符合现有国内或者国际公认的对于由机器加工受保护数据于技术上之要求。它们应具有第 2 款所规定之基本功能。（是否）具备上述前提条件，如果不能通过国内或者外国测试证书予以证明，由主管之州司法行政部门以适当之方式予以确定。

（2）投入使用之数据处理系统应该保证：

1. 相对于该系统，只有在使用人完成了身份认证以及真实性识别之后才可以使用其功能（识别和认证）；

2. 于系统中受到管理之使用授权（资格管理）；

3. 使用授权受到系统审核（资格审核）；

4. 于系统中记录变更和补充机器编制土地登记簿所采取之措施（证据安全）；

5. 投入运行之子系统无安全风险可以被回复（可回复）；

6. 通过适当的技术上的机械检查装置可以及时发现由于系统功能错误导致储存数据可能之篡改（无法篡改）；

7. 程序之功能（能够）无错误运行以及出现功能错误不迟延被报告（服务之可靠性）；

8. 使用公共网络可以安全完成数据交换，调出或者调入系统内之土地登记簿（数据交换安全）。

系统应尽可能接受土地登记簿数据，系统储存之数据应支持纸质土地登记簿之制表。

§ 65 Sicherung der Anlagen und Programme

（1） Die Datenverarbeitungsanlage ist so aufzustellen, daß sie keinen schädlichen Witterungseinwirkungen ausgesetzt ist, kein Unbefugter Zugang zu ihr hat und ein Datenverlust bei Stromausfall vermieden wird. In dem Verfahren ist durch geeignete systemtechnische Vorkehrungen sicherzustellen, daß nur die hierzu ermächtigten Personen Zugriff auf die Programme und den Inhalt der maschinell geführten Grundbuchblätter haben. Die Anwendung der Zugangssicherungen und Datensicherungsverfahren ist durch Dienstanweisungen sicherzustellen.

（2） Ist die Datenverarbeitungsanlage an ein öffentliches Telekommunikations-netz angeschlossen, müssen Sicherungen gegen ein Eindringen unbefugter Personen oder Stellen in das Verarbeitungssystem (Hacking) getroffen werden.

第 65 条　装置和程序之保证

（1） 数据处理之装置应如此设置，不能将其暴露于有害天气影响之下，未经授权者与之无法接近并且避免由于断电导致数据丢失。于程序中以适当的系统化的技术性预防措施加以确保，只有为此经过授权之人才可以动用该程序并且得到机器编制土地登记簿页之内容。说明书应对于进入安全和数据防护程序之使用予以确保。

（2） 数据处理装置与公共电信网络相连接的，必须采取措施防止未经授权的人或者机构侵入该数据处理系统（黑客攻击）。

§ 66 Sicherung der Daten

（1） Das Datenverarbeitungssystem soll so angelegt werden, daß die eingegebenen Eintragungen auch dann gesichert sind, wenn sie noch nicht auf Dauer unverändert in lesbarer Form wiedergegeben werden können.

（2） Das Grundbuchamt bewahrt mindestens eine vollständige Sicherungskopie aller bei ihm maschinell geführten Grundbuchblätter auf. Sie ist mindestens am Ende eines jeden Arbeitstages auf den Stand zu bringen, den die Daten der maschinell geführten Grundbuchblätter (§ 62) dann erreicht haben.

(3) Die Kopie ist so aufzubewahren, daß sie bei einer Beschädigung der maschinell geführten Grundbuchblätter nicht in Mitleidenschaft gezogen und unverzüglich zugänglich gemacht werden kann. Im übrigen gilt § 65 Abs. 1 sinngemäß.

第 66 条　数据安全

（1）数据处理系统应该如此设置，被录入登记事项之安全，即使其尚未以长期不可更改之可读取形式予以再现，也能够得以保证。

（2）土地登记局对于其经管之全部机器编制土地登记簿页应至少保存一份完整之安全复印件。至少于每一工作日结束时将其送至该地点，即机器编制土地登记簿页数据（第 62 条）随后抵达之地点。

（3）复印件应如此保存，（如若）机器编制土地登记簿页受到损坏其不会受牵连，并且立即可供使用。余者按其意义适用第 65 条第 1 款之规定。

2. Anlegung des maschinell geführten Grundbuchs
第二节　机器编制土地登记簿之设置

§ 67 Festlegung der Anlegungsverfahren

Das Grundbuchamt entscheidet nach pflichtgemäßen Ermessen, ob es das maschinell geführte Grundbuch durch Umschreibung nach § 68, durch Neufassung nach § 69 oder durch Umstellung nach § 70 anlegt. Die Landesregierungen oder die von diesen ermächtigen Landesjustizverwaltungen können in der Verordnung nach § 126 Abs. 1 Satz 1 der Grundbuchordnung die Anwendung eines der genannten Verfahren ganz oder teilweise vorschreiben. Sie können hierbei auch unterschiedliche Bestimmungen treffen. Der in dem Muster der Anlage 2b zu dieser Verordnung vorgesehene Vermerk in der Aufschrift des neu anzulegenden Blattes wird durch den Freigabevermerk, der in dem Muster der Anlage 2a zu dieser Verordnung vorgesehene Vermerk in der Aufschrift des abgeschriebenen Blattes wird durch den Abschreibevermerk nach § 71 ersetzt.

第 67 条　设置程序之规定

土地登记局有义务酌定，是否按照第 68 条置换之规定、第 69 条新版之规定以及第 70 条转换之规定设置机器编制之土地登记簿。州政府或者经其授权之州司法行政部门可于行政规章中按照《土地登记簿法》第 126 条第 1 款第 1 句对于使用其中之一该条例所谓之程序全部或者部分作出规定。于此亦可以作出不同之规定。附件 2b 所附样本预定用于本指令之备注，于新设置簿页标题中以推出备注取代，附件 2a 所附样本预定用于本指令之备注于划出簿页标题中按照第 71 条之规定以划出备注取代。

§ 68 Anlegung des maschinell geführten Grundbuchs durch Umschreibung

(1)　Ein bisher in Papierform geführtes Grundbuchblatt kann auch umgeschrieben werden, wenn es maschinell geführt werden soll. Die Umschreibung setzt nicht voraus, daß für neue Eintragungen in dem bisherigen Grundbuchblatt kein Raum mehr ist oder daß dieses unübersichtlich geworden ist.

(2)　Für die Durchführung der Umschreibung nach Absatz 1 gelten § 44 Abs. 3 der Grundbuchordnung und im übrigen die Vorschriften des Abschnitts VI sowie § 39 mit der Maßgabe, daß die zu übernehmenden Angaben des umzuschreibenden Grundbuchblatts in den für das neue Grundbuchblatt bestimmten Datenspeicher durch Übertragung dieser Angaben in elektronische Zeichen aufzunehmen sind. § 32 Abs. 1 Satz 2 und 3 und § 33 finden keine Anwendung.

(3)　(weggefallen)

第 68 条　以置换形式设置机器编制之土地登记簿

(1)　此前以纸质形式编制之土地登记簿可以置换，如果想要以机器编制（登记簿）。该置换不以目前之登记簿页不再有容纳新登记事项之空间或者登记簿变得混乱不清为前提。

(2)　按照第 1 款置换之执行适用《土地登记簿法》第 44 条第 3 款，此外适用本指令第六章以及第 39 条之规定，拟置换之登记簿页拟承继之信息，在为了新簿页而规定之数据存储器中，经由转换该信息以电子符号形式接收之。第 32 条第 1 款第 2 句和第 3 句以及第 33 条不适用。

（3）已删除。

§ 69 Anlegung des maschinell geführten Grundbuchs durch Neufassung

（1） Das maschinell geführte Grundbuch kann durch Neufassung angelegt werden. Für die Neufassung gilt §68, soweit hier nicht etwas abweichendes bestimmt wird.

（2） Das neugefaßte Grundbuchblatt erhält keine neue Nummer. Im Bestandsverzeichnis soll, soweit zweckmäßig, nur der aktuelle Bestand, in den einzelnen Abteilungen nur der aktuelle Stand der eingetragenen Rechtsverhältnisse dargestellt werden. Soweit Belastungen des Grundstücks in einer einheitlichen Abteilung eingetragen sind, sollen sie, soweit tunlich, getrennt in einer zweiten und dritten Abteilung dargestellt werden. §39 gilt nicht. Änderungen der laufenden Nummern von Eintragungen im Bestandsverzeichnis und in der ersten Abteilung sind der Katasterbehörde bekanntzugeben. Liegt ein von der Neufassung betroffenes Grundstück im Plangebiet eines Bodenordnungsverfahrens, sind Änderungen der laufenden Nummern von Eintragungen, auch in der zweiten und dritten Abteilung, der zuständigen Bodenordnungsbehörde bekanntzugeben.

（3） In Spalte 6 des Bestandsverzeichnisses ist der Vermerk "Bei Neufassung der Abteilung 0/des Bestandsverzeichnisses als Bestand eingetragen am …" und in Spalte 4 der ersten Abteilung der Vermerk "Bei Neufassung der Abteilung ohne Eigentumswechsel eingetragen am …" einzutragen. Wird eine andere Abteilung neu gefaßt, so ist in dem neugefaßten Blatt der Vermerk "Bei Neufassung der Abteilung eingetragen am …" einzutragen. In den Fällen der Sätze 1 und 2 ist der entsprechende Teil des bisherigen Grundbuchblatts durch einen Vermerk "Neu gefaßt am …" abzuschließen. Die für Eintragungen in die neugefaßten Abteilungen bestimmten Seiten oder Bögen sind deutlich sichtbar als geschlossen kenntlich zu machen. Der übrige Teil des Grundbuchblatts ist nach §68 oder §70 zu übernehmen. §30 Abs. 1 Buchstabe h Nr. 1 ist nicht anzuwenden.

（4） die Durchführung der Neufassung im einzelnen ergibt sich aus den in den

Anlagen 10a und 10b beigefügten Mustern. Die darin enthaltenen Probeeintragungen sind als Beispiele nicht Teil dieser Verordnung.

第69条 以新版形式设置机器编制之土地登记簿

（1）机器编制之土地登记簿可以通过新版形式设置。对于新版形式适用第68条之规定，如果本条不存在不同之规定。

（2）新版之土地登记簿页不取得新编号。只要合于目的，于状态目录中只应展示当前存量，于其他各别分区只应展示登记法律关系之当前状态。如果成立于土地之负担被登记于一个相同分区，应该尽可能分别于第二分区和第三分区内予以说明。第39条不适用。登记于状态目录及第一分区登记事项之当前编号变更的，应通告地籍册机关。新版土地登记簿页所涉土地位于土地整理程序之规划区内的，应将登记事项当前编号之变更，亦包括于第二分区和第三分区所作之登记，通告主管之土地整理机关。

（3）于状态目录第6栏登记以下备注"分区之新版／状态目录之新版，作为存量登记于……"于第一分区第4栏登记以下备注"分区之新版无所有权变更登记于……"其他分区改为新版的，应于新版登记簿页上登记以下备注"因分区采用新版登记于……"对于第1句和第2句所规定之情形，应于以前土地登记簿页之相应部分以以下之备注收尾"新版于……（时间）"。应于为新版分区登记事项所规定之纸页上清晰标记已关闭。土地登记簿页的其他部分按照第68条或者第70条之规定承继。第30条第1款字母h数字1不适用。

（4）本指令附件10a和10b所附样本提供了新版登记簿页实施之细节。其中的登记样品作为示例并非本指令之组成部分。

§ 70 Anlegung des maschinell geführten Grundbuchs durch Umstellung

（1）Die Anlegung eines maschinell geführten Grundbuchs kann auch durch Umstellung erfolgen. Dazu ist der Inhalt des bisherigen Blattes elektronisch in den für das maschinell geführte Grundbuch bestimmten Datenspeicher aufzunehmen. Die Umstellung kann auch dadurch erfolgen, daß ein Datenspeicher mit dem Grundbuchinhalt zum Datenspeicher des maschinell geführten Grundbuchs bestimmt wird（§ 62 Absatz 1）. Die Speicherung des Schriftzugs von Unterschriften ist dabei nicht notwendig.

（2） § 108 Abs. 2 Satz 1, Abs. 4, Abs. 5 Satz 1, Abs. 7 und § 36 Buchstabe b gelten entsprechend. Das geschlossene Grundbuch muß deutlich sichtbar als geschlossen kenntlich gemacht werden. Sämtliche Grundbuchblätter eines Grundbuchbandes oder eines Grundbuchamtes können durch einen gemeinsamen Schließungsvermerk geschlossen werden, wenn die Blätter eines jeden Bandes in mißbrauchssicherer Weise verbunden werden. Der Schließungsvermerk oder eine Abschrift des Schließungsvermerks ist in diesem Fall auf der vorderen Außenseite eines jeden Bandes oder an vergleichbarer Stelle anzubringen. Die Schließung muß nicht in unmittelbarem zeitlichen Zusammenhang mit der Freigabe erfolgen; das Grundbuchamt stellt in diesem Fall sicher, daß in das bisherige Grundbuchblatt keine Eintragungen vorgenommen werden und bei der Gewährung von Einsicht und der Erteilung von Abschriften aus dem bisherigen Grundbuchblatt in geeigneter Weise auf die Schließung hingewiesen wird.

第 70 条　以转换形式设置机器编制之土地登记簿

（1）机器编制之土地登记簿亦可以转换形式实现。为此，应将以前簿页之内容以电子（文本）形式纳入为机器编制之土地登记簿所指定之数据存储器。转换亦可以由此实现，即将保存有土地登记簿内容之数据存储器指定并入机器编制之土地登记簿之数据存储器（第 62 条第 1 款）。同时保存签名之笔迹没有必要。

（2）准用第 108 条第 2 款第 1 句、第 4 款、第 5 款第 1 句、第 7 款以及第 36 条字母 b。被关闭之土地登记簿必须清楚标记为已经关闭。某一卷土地登记簿之全部登记簿页或者某一土地登记局之全部登记簿页可以通过共同之关闭备注予以关闭，如果每一卷土地登记簿所含登记簿页均以防止滥用之方式连接。于此情形关闭备注或者关闭备注之复印件应置于每一卷前面之外页或者（其他）可比较之位置。关闭（旧簿页）与推出（新簿页）之完成于时间上不必直接关联；于此情形下，土地登记局应确保，以前土地登记簿页没有登记事项正在进行，根据以前土地登记簿页所作之允许查阅及提供复制件应以适当方式指出其已关闭。

§ 71 Freigabe des maschinell geführten Grundbuchs

Das nach den § § 68 bis 70 angelegte maschinell geführte Grundbuch tritt mit seiner Freigabe an die Stelle des bisherigen Grundbuchblatts. Die Freigabe erfolgt, wenn die Vollständigkeit und Richtigkeit des angelegten maschinell geführten Grundbuchs und seine Abrufbarkeit aus dem Datenspeicher gesichert sind. In der Wiedergabe des Grundbuchs auf dem Bildschirm oder bei Ausdrucken soll in der Aufschrift anstelle des in Anlage 2b vorgesehenen Vermerks der Freigabevermerk erscheinen. Der Freigabevermerk lautet:

1. in den Fällen der § § 69 und 70: "Dieses Blatt ist zur Fortführung auf EDV umgestellt/neu gefaßt worden und dabei an die Stelle des bisherigen Blattes getreten. In dem Blatt enthaltene Rötungen sind schwarz sichtbar. Freigegeben am/zum …

Name (n)",

2. in den Fällen des § 68: "Dieses Blatt ist zur Fortführung auf EDV umgeschrieben worden und an die Stelle des Blattes (nähere Bezeichnung) getreten. In dem Blatt enthaltene Rötungen sind schwarz sichtbar. Freigegeben am/zum …

Name (n)".

In der Aufschrift des bisherigen Blattes ist anstelle des in Anlage 2a zu dieser Verordnung vorgesehenen Vermerks folgender Abschreibevermerk einzutragen:

1. in den Fällen der § § 69 und 70: "Zur Fortführung auf EDV umgestellt/neu gefaßt und geschlossen am/zum …

Unterschrift (en)",

2. in den Fällen des § 68: "Zur Fortführung auf EDV auf das Blatt … umgeschrieben und geschlossen am/zum …

Unterschrift (en)".

第71条 机器编制土地登记簿之推出

按照第68条至第70条所设置机器编制之土地登记簿于其推出时取代以前之土地登记簿页。机器编制之土地登记簿于其完整性和正确性以及数据可由数据存储器调出得到保证时完成推出。于屏幕上再现土地登记簿或者于打印时，应该于标题内显示推出备注以此取代本指令附件 2b 预定之备注。推出备注内容是：

1. 于第 69 条和第 70 条之情形下：

"该簿页之继续系以电子数据处理之方法完成其转换形式 /新版形式，以此取代以前登记簿页。登记簿页所包含之红色部分以黑色显示。推出于 /为了……

姓名"。

2. 于第 68 条之情形下：

"该簿页之继续系以电子数据处理之方法完成其置换，以此取代（此处详细描写被置换簿页）。登记簿页所包含之红色部分以黑色显示。推出于 /为了……

姓名"。

于以前登记簿页之标题内登记如下划出备注，以此取代本指令附件 2a 预定之备注：

1. 于第 69 条和第 70 条之情形下：

"为了继续（登记）以电子数据处理之方法完成其转换形式 /新版形式并且关闭于 /为了……

签名"。

2. 于第 68 条之情形下：

"为了继续（登记）以电子数据处理之方法置换于...簿页并且关闭于 /为了……

签名"。

§71a Anlegung des Datenbankgrundbuchs

（1） Die Anlegung des Datenbankgrundbuchs erfolgt durch Neufassung. Die §§69 und 71 gelten sinngemäß, soweit nachfolgend nichts Abweichendes bestimmt ist.

（2） Bei der Anlegung des Datenbankgrundbuchs gilt §69 Absatz 2 Satz 2 mit folgenden Maßgaben：

1. Text und Form der Eintragungen sind an die für Eintragungen in das

Datenbankgrundbuch geltenden Vorgaben anzupassen;

2. Änderungen der tatsächlichen Beschreibung des Grundstücks, die von der für die Führung des Liegenschaftskatasters zuständigen Stelle mitgeteilt wurden, sollen übernommen werden;

3. in Eintragungen in der zweiten und dritten Abteilung des Grundbuchs sollen die Angaben zu den betroffenen Grundstücken und sonstigen Belastungsgegenständen aktualisiert werden; bei Rechten, die dem jeweiligen Eigentümer eines Grundstücks zustehen, sollen zudem die Angaben zum herrschenden Grundstück und in Vermerken nach § 9 der Grundbuchordnung die Angaben zum belasteten Grundstück aktualisiert werden;

4. die Bezugnahme auf die Eintragungsbewilligung oder andere Unterlagen kann um die Angaben nach § 44 Absatz 2 Satz 2 der Grundbuchordnung ergänzt werden;

5. Geldbeträge in Rechten und sonstigen Vermerken, die in einer früheren Währung eines Staates bezeichnet sind, der an der einheitlichen europäischen Währung teilnimmt, sollen auf Euro umgestellt werden;

6. die aus der Teilung von Grundpfandrechten entstandenen Rechte sollen jeweils gesondert in die Hauptspalte der dritten Abteilung übernommen werden; für die Nummerierung der Rechte gilt § 17 Absatz 4 entsprechend.

Betrifft die Neufassung ein Grundpfandrecht, für das ein Brief erteilt wurde, bedarf es nicht der Vorlage des Briefs; die Neufassung wird auf dem Brief nicht vermerkt, es sei denn, der Vermerk wird ausdrücklich beantragt.

(3) Die §§ 29 und 69 Absatz 4 sind nicht anzuwenden.

(4) Der Freigabevermerk lautet wie folgt: „ Dieses Blatt ist zur Fortführung als Datenbankgrundbuch neu gefasst worden und an die Stelle des bisherigen Blattes getreten. Freigegeben am/zum ··· ". In der Aufschrift des bisherigen Blattes ist folgender Vermerk anzubringen: „ Zur Fortführung als Datenbankgrundbuch neu gefasst und geschlossen am/zum ··· ". Den Vermerken ist jeweils der Name der veranlassenden Person hinzuzufügen. Werden nur einzelne Teile des Grundbuchblatts neu gefasst, ist dies bei den betroffenen Eintragungen zu vermerken.

第71a 条　　数据库土地登记簿之设置

（1）以新版形式设置数据库土地登记簿。按其意义适用第 69 条和第 71 条，如果以下未作其他不同规定。

（2）设置数据库土地登记簿，按照下列规定适用第 69 条第 2 款第 2 句：

1. 登记事项之文本和形式应与数据库土地登记簿登记事项所适用之规定相适应；

2. 对于土地事实表述之变更，应该按照不动产地籍册主管机关之通知予以承继；

3. 于第二分区和第三分区登记事项中，对于涉及之土地及其他设立负担之对象之说明应予现实化；对于归属于土地当时所有权人之权利，应该对于需役地予以说明以及按照《土地登记簿法》第 9 条之规定通过备注对承役地予以现实化；

4. 按照《土地登记簿法》第 44 条第 2 款第 2 句（所作）之说明，可通过关联登记之许可或者其他证明材料予以补充；

5. 以加入欧洲统一货币之一国以前货币表示之权利金额以及其他备注，应该换算成欧元；

6. 土地质权分割所产生之权利应该逐个承继于第三分区之主栏；于其权利编号准用第 17 条第 4 款之规定。

新版涉及已发行证券之土地质权的，无需出示证券；新版不对证券进行备注，除非（权利人）对于备注明确提出申请。

（3）第 29 条和第 69 条第 4 款不适用。

（4）推出备注内容如下："为了继续（登记），该簿页作为数据库土地登记簿而新版并取代以前土地登记簿页。推出于 /为了⋯⋯"于以前土地登记簿页之标题内作如下备注："为了继续（登记），作为数据库土地登记簿而新版并关闭于 /为了⋯⋯"于备注中应加入经办人姓名。仅土地登记簿页之部分改为新版的，于关联之登记事项中予以备注。

§72 Umschreibung, Neufassung und Schließung des maschinell geführten Grundbuchs

(1) Für die Umschreibung, Neufassung und Schließung des maschinell geführten Grundbuchs gelten die Vorschriften der Abschnitte VI und VII sowie §39 sinngemäß, soweit in diesem Abschnitt nichts Abweichendes bestimmt ist. Anstelle von §39 ist bei der Neufassung §69 Absatz 2 Satz 5 und 6 anzuwenden.

(2) Der Inhalt der geschlossenen maschinell geführten Grundbuchblätter soll weiterhin wiedergabefähig oder lesbar bleiben.

(3) Wird das Grundbuch als Datenbankgrundbuch geführt, ist

1. §33 nicht anzuwenden;

2. im Fall der Schließung des Grundbuchblatts (§36) in Spalte 8 des Bestandsverzeichnisses ein Hinweis auf die neue Buchungsstelle der von der Schließung betroffenen Grundstücke aufzunehmen, soweit nicht bereits ein Abschreibevermerk nach §13 Absatz 3 Satz 1 eingetragen wurde.

第72条 机器编制之土地登记簿之置换、新版及关闭

(1) 机器编制之土地登记簿之置换、新版及关闭按其意义适用第六章和第七章以及第39条之规定，如果本章未有不同之规定。对于新版不适用第39条，而是适用第69条第2款第5句和第6句。

(2) 机器编制之土地登记簿于关闭后其内容仍应继续具有再现能力或者可读。

(3) 土地登记簿作为数据库土地登记簿编制的：

1. 第33条不适用；

2. 对于土地登记簿页关闭之情形（第36条），于状态目录第8栏就关闭所涉土地之新登记机构予以提示，如果未按照第13条第3款第1句业已进行划出备注之登记。

§73 Grundakten

Auch nach Anlegung des maschinell geführten Grundbuchs sind die Grundakten gemäß §24 Abs. 1 bis 3 zu führen. Das bisher geführte Handblatt kann ausgesondert und auch vernichtet werden; dies ist in den Grundakten zu vermerken. Wird das bisher geführte Handblatt bei den Grundakten verwahrt, gilt §32 Abs. 1 Satz 3 Halbsatz 2 entsprechend.

第 73 条　基础文件

机器编制土地登记簿设置之后，仍应按照第 24 条第 1 款至第 3 款之规定保存基础文件。至此，保存之手册可以挑出亦可销毁；对此应于基础文件中备注。至此保存之手册与基础文件一道保存的，准用第 32 条第 1 款第 3 句之第 2 半句。

3. Eintragungen in das maschinell geführte Grundbuch
第三节　机器编制土地登记簿之登簿

§74 Veranlassung der Eintragung

（1）Die Eintragung in das maschinell geführte Grundbuch wird, vorbehaltlich der Fälle des §127 Absatz 1 Satz 1 Nummer 1 der Grundbuchordnung sowie des §76a Absatz 1 Nummer 3 und Absatz 2 dieser Verordnung und des §14 Absatz 4 des Erbbaurechtsgesetzes, von der für die Führung des maschinell geführten Grundbuchs zuständigen Person veranlaßt. Einer besonderen Verfügung hierzu bedarf es in diesem Fall nicht. Die Landesregierung oder die von ihr ermächtigte Landesjustizverwaltung kann in der Rechtsverordnung nach §126 der Grundbuchordnung oder durch gesonderte Rechtsverordnung bestimmen, daß auch bei dem maschinell geführten Grundbuch die Eintragung von dem Urkundsbeamten der Geschäftsstelle auf Verfügung der für die Führung des Grundbuchs zuständigen Person veranlaßt wird.

（2）Die veranlassende Person soll die Eintragung auf ihre Richtigkeit und Vollständigkeit prüfen; die Aufnahme in den Datenspeicher（§62 Absatz 1）ist zu verifizieren.

第74条 登记之发动

（1）机器编制土地登记簿登记之发动，于保留《土地登记簿法》第127条第1款第1句数字1以及本指令第76a条第1款数字3和第2款以及《地上权法》第14条第4款之前提下，由掌管机器编制土地登记簿之人负责。于此情形无需为此特别指令。州政府或者经其授权之州司法行政部门可于行政规章中按照《土地登记簿法》第126条或者通过特别行政规章规定，于机器编制土地登记簿之登记，经负责掌管机器编制土地登记簿之人指示，亦可由登记处文书负责发动。

（2）发动者应该对登记事项之正确性和完整性予以审核；纳入数据存储器（第62条第1款）应进行验证。

§ 75 Elektronische Unterschrift

Bei dem maschinell geführten Grundbuch soll eine Eintragung nur möglich sein, wenn die für die Führung des Grundbuchs zuständige Person oder, in den Fällen des § 74 Abs. 1 Satz 3, der Urkundsbeamte der Geschäftsstelle der Eintragung ihren oder seinen Nachnamen hinzusetzt und beides elektronisch unterschreibt. Die elektronische Unterschrift soll in einem allgemein als sicher anerkannten automatisierten kryptographischen Verfahren textabhängig und unterzeichnerabhängig hergestellt werden. Die unterschriebene Eintragung und die elektronische Unterschrift werden Bestandteil des maschinell geführten Grundbuchs. Die elektronische Unterschrift soll durch die zuständige Stelle überprüft werden können.

第75条 电子签名

机器编制土地登记簿之登记，应由负责掌管机器编制土地登记簿之人或者于第74条第1款第3句之情形下由登记处文书于登记中嵌入其名——他的或者她的，两种情形均应电子签名，方可进行。电子签名应采用基于文本和签名之普遍公认其为安全之自动编码程序制作。签名之登记事项和电子签名构成机器编制土地登记簿之组成部分。主管机构应对电子签名予以审核。

§ 76 Äußere Form der Eintragung

Die äußere Form der Wiedergabe einer Eintragung bestimmt sich nach dem Abschnitt III. § 63 Satz 3 bleibt unberührt.

第 76 条　登记之外在形式

登记内容再现之外在形式按照第三章之规定。第 63 条第 3 句不受影响。

§ 76a Eintragungen in das Datenbankgrundbuch；Verordnungsermächtigung

（1）Wird das Grundbuch als Datenbankgrundbuch geführt, gelten bei Eintragungen in das Grundbuch folgende Besonderheiten：

1. wird ein Grundstück ganz oder teilweise abgeschrieben, ist in Spalte 8 des Bestandsverzeichnisses neben der Nummer des aufnehmenden Grundbuchblatts auch die laufende Nummer anzugeben, die das Grundstück im dortigen Bestandsverzeichnis erhält；in Spalte 6 des Bestandsverzeichnisses des aufnehmenden Grundbuchblatts ist die bisherige Buchungsstelle in entsprechender Anwendung des Satzes 1 anzugeben；

2. ändert sich die laufende Nummer, unter der ein Grundstück im Bestandsverzeichnis eingetragen ist, sollen die Angaben in Spalte 2 der zweiten und dritten Abteilung, die dieses Grundstück betreffen, aktualisiert werden；die bisherige laufende Nummer ist rot zu unterstreichen；ist von einer Eintragung lediglich ein Grundstücksteil oder der Anteil eines Miteigentümers betroffen, soll bezüglich der Angaben zum betroffenen Gegenstand, auch in anderen Spalten der zweiten und dritten Abteilung, entsprechend verfahren werden；Aktualisierung und Rötung sollen automatisiert erfolgen；die diesbezügliche Zuständigkeit der für die Führung des Grundbuchs zuständigen Person bleibt jedoch unberührt；

3. die Löschung eines Rechts soll nicht dadurch ersetzt werden, dass das Recht bei der Übertragung eines Grundstücks oder eines Grundstücksteils auf ein anderes Grundbuchblatt nicht mitübertragen wird.

（2）Die Landesregierungen werden ermächtigt, durch Rechtsverordnung zu bestimmen, dass Vermerke nach § 48 der Grundbuchordnung über das Bestehen und das Erlöschen einer Mitbelastung automatisiert angebracht werden können. Die Anordnungen können auf einzelne Grundbuchämter beschränkt werden. Die Landesregierungen können die Ermächtigung durch Rechtsverordnung auf die Landesjustizverwaltungen übertragen. Automatisiert angebrachte Vermerke nach Satz 1 gelten als von dem Grundbuchamt angebracht, das die Eintragung vollzogen hat, die dem Vermerk zugrunde liegt.

第 76a 条　数据库土地登记簿之登簿；行政规章授权

（1）土地登记簿作为数据库土地登记簿编制的，对于土地登记簿之登簿适用下列特别规定：

1. 一宗土地全部或者部分划出的，于状态目录第 8 栏除了记载接纳其划入之土地登记簿页编号外，亦应记载（被划出）土地于彼状态目录所取得之当前编号；于接纳该土地之登记簿页状态目录第 6 栏准用第 1 句，记载以前之登记机构；

2. 状态目录所登记土地之当前编号变更的，第二分区和第三分区第 2 栏与该土地有关之记录应予现实化；此前当前编号之下方以红线划之；某一登记仅涉及土地之部分或者共有所有权之份额，就涉及对象之记录而言，于第二分区和第三分区之其他栏，亦应作相应处理；现实化和红色显示应该自动完成；负责掌管土地登记簿之人与此有关之管辖权不受影响；

3. 权利之消灭不应该以此（方法）取代，即某一土地或者某一土地之部分被移转至另一土地登记簿页而该权利未随之一同移转。

（2）授权州政府以行政规章加以规定，按照《土地登记簿法》第 48 条对于共同设立负担之产生和消灭之备注可以自动插入。指令可限于个别之土地登记局。州政府可通过行政规章将此授权移转给州司法行政部门。按照第 1 句自动插入之备注视为由土地登记局插入，作为备注基础之登记业已完成。

4. Einsicht in das maschinell geführte Grundbuch
und Abschriften hieraus
第四节　机器编制土地登记簿之查阅及由此复制

§ 77 Grundsatz

Für die Einsicht in das maschinell geführte Grundbuch und die Erteilung von Abschriften hieraus gelten die Vorschriften des Abschnitts X entsprechend, soweit im folgenden nichts Abweichendes bestimmt ist.

第 77 条　基本原则

对于机器编制土地登记簿之查阅及由此而提供复制件准用第十章之规定，如果以下没有不同之规定。

§ 78 Ausdrucke aus dem maschinell geführten Grundbuch

（1）Der Ausdruck aus dem maschinell geführten Grundbuch ist mit der Aufschrift "Ausdruck" und dem Hinweis auf das Datum des Abrufs der Grundbuchdaten zu versehen. Der Ausdruck kann dem Antragsteller auch elektronisch übermittelt werden.

（2）Der Ausdruck gilt als beglaubigte Abschrift, wenn er gesiegelt ist und die Kennzeichnung "Amtlicher Ausdruck" sowie den Vermerk "beglaubigt" mit dem Namen der Person trägt, die den Ausdruck veranlaßt oder die ordnungsgemäße drucktechnische Herstellung des Ausdrucks allgemein zu überwachen hat. Anstelle der Siegelung kann in dem Vordruck maschinell ein Abdruck des Dienstsiegels eingedruckt sein oder aufgedruckt werden; in beiden Fällen muß auf dem Ausdruck "Amtlicher Ausdruck" und der Vermerk "Dieser Ausdruck wird nicht unterschrieben und gilt als beglaubigte Abschrift" aufgedruckt sein oder werden. Absatz 1 Satz 2 gilt nicht.

（3）Auf dem Ausdruck oder dem amtlichen Ausdruck kann angegeben werden, welchen Eintragungsstand er wiedergibt.

第78条 机器编制土地登记簿之打印

（1）于机器编制土地登记簿之打印件标题内标记"打印件"字样并且就土地登记簿数据调出日期加以提示。打印件亦可以电子形式传送于申请人。

（2）打印件视为已认证复印件，如果该打印件已加盖公章且标记"官方打印件"及备注"已认证"字样，同时载有受委派打印人姓名或者对于符合规定打印技术制作打印件负有一般监督责任者之姓名。可以机器将政府部门公章印迹压入或者加盖于有关表格中，以此取代加盖印章；上述两种情形下必须在打印件上压入或者加盖"官方打印件"以及"无签名打印件视为已认证复印件"之备注。第1款第2句不适用。

（3）于打印件内或者官方打印件内可以说明其再现了何种登记状况。

§ 79 Einsicht

（1）Die Einsicht erfolgt durch Wiedergabe des betreffenden Grundbuchblatts auf einem Bildschirm. Der Einsicht nehmenden Person kann gestattet werden, das Grundbuchblatt selbst auf dem Bildschirm aufzurufen, wenn technisch sichergestellt ist, daß der Umfang der nach § 12 oder § 12b der Grundbuchordnung oder den Vorschriften dieser Verordnung zulässigen Einsicht nicht überschritten wird und Veränderungen des Grundbuchinhalts nicht vorgenommen werden können.

（2）Anstelle der Wiedergabe auf einem Bildschirm kann auch die Einsicht in einen Ausdruck gewährt werden.

（3）Die Einsicht nach Absatz 1 oder 2 kann auch durch ein anderes als das Grundbuchamt bewilligt und gewährt werden, das das Grundbuchblatt führt. Die für diese Aufgabe zuständigen Bediensteten sind besonders zu bestimmen. Sie dürfen Zugang zu den maschinell geführten Grundbuchblättern des anderen Grundbuchamts nur haben, wenn sie eine Kennung verwenden, die ihnen von der Leitung des Amtsgerichts zugeteilt wird. Diese Form der Einsichtnahme ist auch über die Grenzen des betreffenden Landes hinweg zulässig, wenn die Landesjustizverwaltungen dies vereinbaren.

（4）Die Gewährung der Einsicht schließt die Erteilung von Abschriften mit ein.

第 79 条　查阅

（1）查阅通过有关登记簿页于屏幕上再现实现。可以允许查阅人自己调取土地登记簿页于屏幕，如果技术上能够确保，按照《土地登记簿法》第 12 条或者第 12b 条或者本指令之规定所允许之查阅范围不被逾越以及不可能进行土地登记簿内容之变更。

（2）亦可以提供查阅打印件之方式取代屏幕再现。

（3）按照第 1 款和第 2 款之查阅亦可由其他土地登记局批准或者提供，而不是由掌管该土地登记簿页之土地登记局批准或者提供。负责该项任务之公务员应特别决定之。仅于他们使用地方法院领导委派之标识时，才允许见到其他土地登记局掌管之土地登记簿页。采取该形式之查阅允许跨越有关州之边界（跨州），如果州司法行政部门对此具有约定。

（4）提供查阅包含提供复印件。

5. Automatisierter Abruf von Daten
第五节　自动调出数据

§ 80 Abruf von Daten

（1）Die Gewährung des Abrufs von Daten im automatisierten Verfahren nach § 133 der Grundbuchordnung berechtigt insbesondere zur Einsichtnahme in das Grundbuch in dem durch die §§ 12 und 12b der Grundbuchordnung und in dieser Verordnung bestimmten Umfang sowie zur Fertigung von Abdrucken des Grundbuchblatts. Wird die Abrufberechtigung einer nicht–öffentlichen Stelle gewährt, ist diese in der Genehmigung oder dem Vertrag（§ 133 der Grundbuchordnung）darauf hinzuweisen, daß sie die abgerufenen Daten nach § 133 Abs. 6 der Grundbuchordnung nur zu dem Zweck verwenden darf, für den sie ihr übermittelt worden sind.

（2）Die Grundbuchdaten können auch für Darstellungsformen bereitgestellt werden, die von den in dieser Verordnung und in der Wohnungsgrundbuchverfügung vorgeschriebenen Mustern abweichen, oder in strukturierter maschinenlesbarer Form bereitgestellt werden. Insbesondere sind auszugsweise Darstellungen, Hervorhebungen von Teilen des Grundbuchinhalts sowie Zusammenstellungen aus verschiedenen Grundbuchblättern zulässig. Im Abrufverfahren können auch Informationen über den Zeitpunkt der jüngsten Eintragung in einem Grundbuchblatt bereitgestellt werden.

第 80 条　调出数据

（1）按照《土地登记簿法》第 133 条于自动程序中允许调出数据，特别是使人有权按照《土地登记簿法》第 12 条和第 12b 条及本指令所规定之范围进行查阅以及制作土地登记簿页打印件。给予非政府机关以调出数据之权利的，应于批准书或者契约（《土地登记簿法》第 133 条）中就此指明，按照《土地登记簿法》第 133 条第 6 款，其只可就该文件传送于其之目的予以使用。

（2）土地登记簿数据亦可以再现形式提供，该形式与本指令以及住宅土地登记簿指令所附示范样本不同，或者以结构化的机器可读之形式提供。尤其允许摘录方式之再现、土地登记簿内容之部分强调以及不同土地登记簿页之排列。于调出程序中亦可逾越最近登记时点而提供土地登记簿页登记之信息。

§ 81 Genehmigungsverfahren, Einrichtungsvertrag

（1）Die Einrichtung eines automatisierten Abrufverfahrens bedarf bei Gerichten, Behörden und der Staatsbank Berlin einer Verwaltungsvereinbarung. Im übrigen, soweit nicht ein öffentlich – rechtlicher Vertrag geschlossen wird, einer Genehmigung durch die dazu bestimmte Behörde der Landesjustizverwaltung.

（2）Eine Genehmigung wird nur auf Antrag erteilt. Zuständig ist die Behörde, in deren Bezirk das betreffende Grundbuchamt liegt. In der Rechtsverordnung nach § 93 kann die Zuständigkeit abweichend geregelt werden. Für das Verfahren gelten im übrigen das Verwaltungsverfahrens – und das Verwaltungszustellungsgesetz des betreffenden Landes entsprechend.

（3）Die Genehmigung kann auf entsprechenden Antrag hin auch für die Grundbuchämter des Landes erteilt werden, bei denen die gesetzlichen Voraussetzungen dafür gegeben sind. In der Genehmigung ist in jedem Fall das Vorliegen der Voraussetzungen nach § 133 Abs. 2 Satz 2 und 3 Nr. 1 und 2 der

Grundbuchordnung besonders festzustellen.

（4）Der Widerruf einer Genehmigung erfolgt durch die genehmigende Stelle. Ist eine Gefährdung von Grundbüchern zu befürchten, kann in den Fällen des Absatzes 3 Satz 1 die Genehmigung für einzelne Grundbuchämter auch durch die für diese jeweils zuständige Stelle ausgesetzt werden. Der Widerruf und die Aussetzung einer Genehmigung sind den übrigen Landesjustizverwaltungen unverzüglich mitzuteilen.

第 81 条　批准程序、设置契约

（1）自动调出程序之设置需由法院、行政当局和柏林国家银行订立行政协议。此外，如果没有缔结公法契约，需要州司法行政部门为此指定之政府机构批准。

（2）批准只可基于申请而作出。由有关土地登记局所在行政区之行政当局管辖。按照（本指令）第 93 条于行政规章中可以对管辖作不同之规定。此外，对于（批准）程序准用有关州之行政程序法和行政送达法。

（3）州所辖土地登记局于符合法定条件时亦可以相应提出申请并予以批准。任何情形下于批准书中均应特别载明按照《土地登记簿法》第 133 条第 2 款第 2 句和第 3 句数字 1 和数字 2 所存在之前提条件。

（4）批准之撤销由批准机构为之。土地登记簿有发生损害之虞者，于第 3 款第 1 句对于个别土地登记局之批准亦可由各主管机构予以中断。批准之撤销和中断应不迟延地通知其余州司法行政部门。

§ 82 Einrichtung der Verfahren

（1）Wird ein Abrufverfahren eingerichtet, so ist systemtechnisch sicherzustellen, daß Abrufe nur unter Verwendung eines geeigneten Codezeichens erfolgen können. Der berechtigten Stelle ist in der Genehmigung zur Auflage zu machen, dafür zu sorgen, daß das Codezeichen nur durch deren Leitung und berechtigte Mitarbeiter verwendet und mißbrauchssicher verwahrt wird. Die Genehmigungsbehörde kann geeignete Maßnahmen anordnen, wenn dies notwendig erscheint, um einen unbefugten Zugriff auf die Grundbuchdaten zu verhindern.

（2）Wird ein Abrufverfahren für den Fall eigener Berechtigung an einem Grundstück, einem grundstücksgleichen Recht oder einem Recht an einem solchen

Recht, für den Fall der Zustimmung des Eigentümers oder für Maßnahmen der Zwangsvollstreckung eingerichtet (eingeschränktes Abrufverfahren), so ist der berechtigten Stelle in der Genehmigung zusätzlich zur Auflage zu machen, daß der einzelne Abruf nur unter Verwendung eines Codezeichens erfolgen darf, das die Art des Abrufs bezeichnet. Das zusätzliche Codezeichen kann mit dem Codezeichen für die Abrufberechtigung verbunden werden.

第82条 程序之设置

（1）设置调出程序应于系统技术上确保，调出仅于使用适当代码之前提下方可进行。应于批准书中明确有权调出（数据）之机构应对此负责，仅其领导人以及具有合法权限之同事可以使用及保管该代码并防止其滥用。以必要为限，批准机构可以指示适当措施，以阻止对于土地登记簿数据之不正当获取。

（2）为自身具合法性之情形所设置之调出程序，即应取得所有权人同意或者依照强制执行所采取之措施（受限之调出程序），调出一宗土地、类似土地之权利或者此类权利之上所建立之权利（数据），对此应于批准书中明确有权调出之机构应对此负责，个别调出仅于使用指定调出方式之适当代码前提下方可进行。为了合法调出附加代码可与代码结合使用。

§ 83 Abrufprotokollierung

(1) Die Rechtmäßigkeit der Abrufe durch einzelne Abrufberechtigte prüft das Grundbuchamt nur, wenn es dazu nach den konkreten Umständen Anlaß hat. Für die Kontrolle der Rechtmäßigkeit der Abrufe, für die Sicherstellung der ordnungsgemäßen Datenverarbeitung und für die Erhebung der Kosten durch die Justizverwaltung protokolliert das Grundbuchamt alle Abrufe. Das Grundbuchamt hält das Protokoll für Stichprobenverfahren durch die aufsichtsführenden Stellen bereit. Das Protokoll muß jeweils das Grundbuchamt, die Bezeichnung des Grundbuchblatts, die abrufende Person oder Stelle, deren Geschäfts- oder Aktenzeichen, den Zeitpunkt des Abrufs, die für die Durchführung des Abrufs verwendeten Daten sowie bei eingeschränktem Abrufverfahren auch eine Angabe über die Art der Abrufe ausweisen.

(2) Die protokollierten Daten dürfen nur für die in Absatz 1 Satz 2 genannten

Zwecke verwendet werden. Ferner kann der Eigentümer des jeweils betroffenen Grundstücks oder der Inhaber des grundstücksgleichen Rechts auf der Grundlage der Protokolldaten Auskunft darüber verlangen, wer Daten abgerufen hat; bei eingeschränktem Abruf auch über die Art des Abrufs. Der Abruf durch eine Strafverfolgungsbehörde ist im Rahmen einer solchen Auskunft nicht mitzuteilen, wenn

1. der Abruf zum Zeitpunkt der Auskunftserteilung weniger als sechs Monate zurückliegt und

2. die Strafverfolgungsbehörde erklärt, dass die Bekanntgabe des Abrufs den Erfolg strafrechtlicher Ermittlungen gefährden würde; die Landesjustizverwaltungen können bestimmen, dass die Erklärung durch die Verwendung eines Codezeichens abzugeben ist.

Durch die Abgabe einer erneuten Erklärung nach Satz 3 Nummer 2 verlängert sich die Sperrfrist um sechs Monate; mehrmalige Fristverlängerung ist zulässig. Wurde dem Grundstückseigentümer oder dem Inhaber eines grundstücksgleichen Rechts nach den Sätzen 3 und 4 ein Abruf nicht mitgeteilt und wird der Abruf nach Ablauf der Sperrfrist auf Grund eines neuerlichen Auskunftsbegehrens bekannt gegeben, so sind die Gründe für die abweichende Auskunft mitzuteilen. Die protokollierten Daten sind durch geeignete Vorkehrungen gegen zweckfremde Nutzung und gegen sonstigen Mißbrauch zu schützen.

(2a) Für die Mitteilung des Abrufs durch eine Verfassungsschutzbehörde, den Bundesnachrichtendienst oder den Militärischen Abschirmdienst im Rahmen einer Auskunft nach Absatz 2 Satz 2 gilt § 46a Absatz 3a entsprechend.

(3) Nach Ablauf des zweiten auf die Erstellung der Protokolle folgenden Kalenderjahres werden die nach Absatz 1 Satz 2 gefertigten Protokolle vernichtet. Die Protokolldaten zu Abrufen nach Absatz 2 Satz 3 und Absatz 2a Satz 1 werden für die Dauer von zwei Jahren nach Ablauf der Frist, in der eine Bekanntgabe nicht erfolgen darf, für Auskünfte an den Grundstückseigentümer oder den Inhaber eines grundstücksgleichen Rechts aufbewahrt; danach werden sie gelöscht. Protokolle, die im Rahmen eines Stichprobenverfahrens den aufsichtsführenden Stellen zur Verfügung gestellt wurden, sind dort spätestens ein Jahr nach ihrem Eingang zu vernichten, sofern sie nicht für weitere bereits eingeleitete Prüfungen benötigt

werden.

第83条　调出记录

（1）按照具体情形仅于对此具有理由时，土地登记局对通过单个的调出权利人调出数据之合法性进行审核。为了调出合法性之控制，为了保证合法之数据处理以及为了司法局调查成本，土地登记局应对全部调出予以记录。土地登记局应保管调出记录以备监督机构抽查。调出记录应该始终标记土地登记局、土地登记簿页之名称、调出人或者机构、业务或者文件编号、调出时间、为执行调出所使用之数据以及于受限之调出程序对于调出方式之说明。

（2）记录之数据只允许以合于第1款第2句所称之目的使用。此外，有关之土地所有权人或者类似土地权利之持有人可基于记录数据对此请求答复，何人调出了数据；对于受限之调出程序亦（有权）针对调出之方式（请求答复）。刑事执法机构之调出不给予于此范围内之答复，如果

1. 调出之时间点距离调出少于6个月的。

2. 刑事执法机构业已表示，公开其调出可能妨害刑事司法调查成果的；州司法行政部门可以规定，应使用代码作出（上述）表示。

按照第3句数字2再次表示的，冻结期延长6个月；允许多次延长冻结期。按照第3句和第4句不告知土地所有权人或者类似土地权利持有人调出情形的，基于新问询告知其冻结期结束后之调出的，一并告知其（先前）不予答复之理由。针对不合目的之利用以及其他滥用行为，应以适当之预防措施保护该记录数据。

（2a）按照第2款第2句规定框架内之答复，对于宪法保卫机构、联邦情报机构及军事防卫机构之调出，准用第46a条第3a款。

（3）按照第1款第2句制作之调出记录于其所遵照之历法满2年后销毁。按照第2款第3句以及第2a款第1句所制作之调出记录，于不可公开（冻结期）期满之后为答复土地所有权人或者类似土地权利持有人保存2年；此后销毁之。于抽查程序框架内置于监督机构支配下之记录，至迟于其进入后1年于彼处销毁，如其不为更详细业已开始之审核所需。

§ 84 Kontrolle

Die berechtigte Person oder Stelle, die einer allgemeinen Aufsicht nicht unterliegt oder die zum eingeschränkten Abrufverfahren berechtigt ist, muß sich schriftlich bereit erklären, eine Kontrolle der Anlage und ihrer Benutzung durch die genehmigende Stelle zu dulden, auch wenn diese keinen konkreten Anlaß dafür hat. § 133 Abs. 5 der Grundbuchordnung bleibt unberührt.

第 84 条　控制

不受一般监督有（调出）权之个人或者机构，或者受限调出程序之权利人，必须以书面形式作出表示，对于附件之控制及其使用为批准机构所容许，即使上述个人或者机构对此没有具体之动因。《土地登记簿法》第 133 条第 5 款不受影响。

§ 85 Erteilung von Grundbuchabdrucken durch Notare

Der von dem Notar erteilte Grundbuchabdruck（§ 133a Absatz 1 Satz 2 der Grundbuchordnung）ist mit der Aufschrift „ Abdruck “ und dem Hinweis auf das Datum des Abrufs der Grundbuchdaten zu versehen. Der Abdruck steht einem amtlichen Ausdruck gleich, wenn er die Kennzeichnung „ beglaubigter Ausdruck “ trägt, einen vom Notar unterschriebenen Beglaubigungsvermerk enthält und mit dem Amtssiegel des Notars versehen ist. Der Ausdruck nach Satz 1 kann dem Antragsteller auch elektronisch übermittelt werden.

第 85 条　通过公证人获取土地登记簿印制件

通过公证人获取之土地登记簿印制件应于标题内标记"印制件"字样并且提示土地登记簿数据调出之日期。印制件与官方打印件具有同样效力，如果其上载有"已认证"标记且包含有公证员签名之认证备注并加盖公证人公章。按照第 1 句（规定之）印制件亦可以电子形式传送于申请人。

§ 85a Protokollierung der Mitteilung des Grundbuchinhalts durch den Notar

（1）Das Protokoll, das nach § 133a Absatz 3 Satz 1 der Grundbuchordnung über die Mitteilung des Grundbuchinhalts durch den Notar zu führen ist, muss enthalten：

1. das Datum der Mitteilung,

2. die Bezeichnung des Grundbuchblatts,

3. die Bezeichnung der Person，der der Grundbuchinhalt mitgeteilt wurde，und gegebenenfalls die Bezeichnung der von dieser vertretenen Person oder Stelle und

4. die Angabe，ob ein Grundbuchabdruck erteilt wurde.

（2） Das Protokoll darf nur für die Überprüfung der Rechtmäßigkeit der Mitteilung sowie die Unterrichtung des Eigentümers des Grundstücks oder des Inhabers eines grundstücksgleichen Rechts nach §133a Absatz 3 Satz 2 der Grundbuchordnung verwendet werden. §83 Absatz 2 Satz 6 und Absatz 3 gilt entsprechend.

第 85a 条　由公证员告知土地登记簿内容之记录

（1） 按照《土地登记簿法》第 133a 条第 3 款第 1 句对于由公证员负责告知土地登记簿内容之记录，必须包含：

1. 告知之日期；

2. 土地登记簿页之名称；

3. 被告知土地登记簿内容之人，必要情形下之被代理人或者被代理机构；

4. 是否提供了土地登记簿印制件之说明。

（2） 该记录只可以用作审核告知之合法性以及用作按照《土地登记簿法》第 133a 条第 3 款第 2 句答复土地所有权人或者类似土地权利之持有人。准用第 83 条第 2 款第 6 句以及第 3 款。

6. Zusammenarbeit mit den katasterführenden Stellen und Versorgungsunternehmen
第六节　与地籍册负责机关及供应商之合作

§86 Zusammenarbeit mit den katasterführenden Stellen

（1） Soweit das amtliche Verzeichnis （§2 Abs. 2 der Grundbuchordnung） maschinell geführt wird und durch Rechtsverordnung nach §127 Absatz 1 Satz 1

Nummer 1 der Grundbuchordnung nichts anderes bestimmt ist, kann das Grundbuchamt die aus dem amtlichen Verzeichnis für die Führung des Grundbuchs benötigten Daten aus dem Liegenschaftskataster anfordern, soweit dies nach den katasterrechtlichen Vorschriften zulässig ist.

（2）Soweit das Grundbuch maschinell geführt wird, dürfen die für die Führung des amtlichen Verzeichnisses zuständigen Behörden die für die Führung des automatisierten amtlichen Verzeichnisses benötigten Angaben aus dem Bestandsverzeichnis und der ersten Abteilung anfordern.

（3）Die Anforderung nach den Absätzen 1 und 2 bedarf keiner besonderen Genehmigung oder Vereinbarung. Auf Ersuchen der Flurbereinigungsbehörde, der Umlegungsstelle, der Bodensonderungsbehörde, der nach § 53 Abs. 3 und 4 des Landwirtschaftsanpassungsgesetzes zuständigen Stelle oder des Amtes oder Landesamtes zur Regelung offener Vermögensfragen übermittelt das Grundbuchamt diesen Behörden die für die Durchführung eines Bodenordnungsverfahrens erforderlichen Daten aus dem Grundbuch der im Plangebiet belegenen Grundstücke, Erbbaurechte und dinglichen Nutzungsrechte. Bei Fortführungen der Pläne durch diese Behörden gelten Absatz 1 und Satz 1 entsprechend.

（4）Die Übermittlung der Daten kann in den Fällen der vorstehenden Absätze auch im automatisierten Verfahren erfolgen.

第86条　与地籍册负责机关之合作

（1）只要官方目录（《土地登记簿法》第2条第2款）由机器编制并且行政规章中按照《土地登记簿法》第127条第1款第1句数字1没有其他规定，土地登记局可以请求提供源于不动产地籍册及官方目录对于编制土地登记簿所需之数据，只要按照地籍册法律规定允许提供之。

（2）只要土地登记簿由机器编制，负责官方目录编制之主管机构可以请求提供对于编制自动化官方目录所需源自状态目录及第一分区之信息。

（3）按照第1款和第2款请求提供无需特别批准或者协议。应农田整治机构、土地开发整治机构、勘界（勘测）机构、按照《农业调整法》第53条第3款和第4款之主管机构、机关或者州机关为了调整悬而未决财产问题之请求，土地登记局应向上述机构传送其执行土地管理程序所需，源自土地登记簿、位于计划区内之土地、地上权以及物权性利用权数据。对由上述机构继续进行之计划，准用第 1 款以及（本款）第 1 句。

（4）上述各款情形下数据之传送亦可以自动化程序完成。

§ 86a Zusammenarbeit mit Versorgungsunternehmen

（1）Unternehmen, die Anlagen zur Fortleitung von Elektrizität, Gas, Fernwärme, Wasser oder Abwasser oder Telekommunikationsanlagen betreiben (Versorgungsunternehmen), kann die Einsicht in das Grundbuch in allgemeiner Form auch für sämtliche Grundstücke eines Grundbuchamtsbezirks durch das Grundbuchamt gestattet werden, wenn sie ein berechtigtes Interesse an der Einsicht darlegen.

（2）Soweit die Grundbuchblätter, in die ein Versorgungsunternehmen auf Grund einer Genehmigung nach Absatz 1 Einsicht nehmen darf, maschinell geführt werden, darf das Unternehmen die benötigten Angaben aus dem Grundbuch anfordern. Die Übermittlung kann auch im automatisierten Verfahren erfolgen. Die Einzelheiten dieses Verfahrens legt die in § 81 Abs. 2 bestimmte Stelle fest.

第 86a 条　与公用企业之合作

（1）运营设备以输送电力、煤气、远程热能、（自来）水和废水以及运营电信设备之企业（公用企业），经土地登记局允许亦可就该土地登记局辖区之全部土地查阅一般形式之土地登记簿，如果他们对于查阅说明具有正当利益。

（2）公用企业基于第 1 款之批准可以查阅之土地登记簿页，如其系由机器编制，该公用企业可以就土地登记簿请求提供必要之说明。传送亦可以自动化程序完成。该程序之细节由第 81 条第 2 款所规定之机构确定。

7. Hypotheken, Grundschuld und Rentenschuldbriefe
第七节　抵押、土地债务、以及定期土地债务证券

§ 87 Erteilung von Briefen

Hypotheken, Grundschuld und Rentenschuldbriefe für Rechte, die im maschinell geführten Grundbuch eingetragen werden, sollen mit Hilfe eines maschinellen Verfahrens gefertigt werden; eine Nachbearbeitung der aus dem Grundbuch auf den Brief zu übertragenden Angaben ist dabei zulässig. Die Person, die die Herstellung veranlasst hat, soll den Wortlaut des auf dem Brief anzubringenden Vermerks auf seine Richtigkeit und Vollständigkeit prüfen. Der Brief soll abweichend von § 56 Absatz 1 Satz 2 der Grundbuchordnung weder unterschrieben noch mit einem Siegel oder Stempel versehen werden. Er trägt anstelle der Unterschrift den Namen der Person, die die Herstellung veranlasst hat, sowie den Vermerk „ Maschinell hergestellt und ohne Unterschrift gültig “. Der Brief muß mit dem Aufdruck des Siegels oder Stempels des Grundbuchamts versehen sein oder werden. § 50 ist nicht anzuwenden; die Zusammengehörigkeit der Blätter des Briefs oder der Briefe ist in geeigneter Weise sichtbar zu machen.

第 87 条　证券之发行

为机器编制土地登记簿上所登记之权利（而发行）抵押、土地债务及定期土地债务证券的，应该借助于机器程序完成；允许嗣后依据土地登记簿于证券上作转换记载。（证券）制作之发动者应该对券面备注字句之正确性和完整性予以审核。证券不必遵照《土地登记簿法》第 56 条第 1 款第 2 句之规定，无需签名或者加盖印章。于券面上载明其制作发动人姓名以取代签名，并且备注"由机器制作无签名有效"。证券必须盖有或者加盖土地登记局之印鉴或者公章。第 50 条不适用；一页或多页证券作为整体应以适当之方式使其可见。

§ 88 Verfahren bei Schuldurkunden

Abweichend von § 58 und § 61 Abs. 2 Satz 3 der Grundbuchordnung muß ein Brief nicht mit einer für die Forderung ausgestellten Urkunde, Ausfertigung oder einem Auszug der Urkunde verbunden werden, wenn er maschinell hergestellt wird. In diesem Fall muß er den Aufdruck "Nicht ohne Vorlage der Urkunde für die Forderung gültig" enthalten.

第 88 条　债务证书之程序

不必遵照《土地登记簿法》第 58 条和第 61 条第 2 款第 3 句之规定，证券不必与为债权所出具之证书、填发证书或者出具证书之摘录结合一起，如其系由机器制作。于此情形应于证券之上加盖"未经出示证书之付款请求无效"。

§ 89 Ergänzungen des Briefes

Bei einem maschinell hergestellten Brief für ein im maschinell geführten Grundbuch eingetragenes Recht können die in den § § 48 und 49 vorgesehenen Ergänzungen auch in der Weise erfolgen, daß ein entsprechend ergänzter neuer Brief erteilt wird. Dies gilt auch, wenn der zu ergänzende Brief nicht nach den Vorschriften dieses Abschnitts hergestellt worden ist. Der bisherige Brief ist einzuziehen und unbrauchbar zu machen. Sofern mit dem Brief eine Urkunde verbunden ist, ist diese zu lösen und dem Antragsteller zurückzugeben.

第 89 条　证券之补充

为机器编制土地登记簿登记之权利而由机器制作证券的，第 48 条和第 49 条所规定之补充可以发行作了相应补充之新证券之方式实现。该规定亦适用于非依本节规定制作之有待补充之证券。以前之证券应收回并作作废处理。如有证书与该证券结合在一起的，应将证书分离并交还申请人。

8. Schlußbestimmungen
第八节　最后规定

§ 90 Datenverarbeitung im Auftrag

Die Bestimmungen dieser Verordnung gelten für die Verarbeitung von Grundbuchdaten durch eine andere Stelle im Auftrag des Grundbuchamts sinngemäß. Hierbei soll sichergestellt sein, daß die Eintragung in das maschinell geführte Grundbuch und die Auskunft hieraus nur erfolgt, wenn sie von dem zuständigen Grundbuchamt verfügt wurde nach §133 der Grundbuchordnung und den Unterabschnitten 5 und 6 zulässig ist.

第 90 条　受托之数据处理

本指令之规定按其意义适用于其他机构按照土地登记局之委托对于土地登记簿数据之处理。对此应确保，机器编制土地登记簿之登记及信息发布只能于土地登记局之支配下并且为《土地登记簿法》第 133 条以及（本章）第 5 节及第 6 节所许可之情形下实现。

§91 Behandlung von Verweisungen, Löschungen

Sonderregelungen in den §§54 bis 60 dieser Verordnung, in der Wohnungsgrundbuchverfügung und in der Gebäudegrundbuchverfügung gehen auch dann den allgemeinen Regelungen vor, wenn auf die §§1 bis 53 in den §§61 bis 89 verwiesen wird. Soweit nach den in Satz 1 genannten Vorschriften Unterstreichungen, Durchkreuzungen oder ähnliche Kennzeichnungen in rot vorzunehmen sind, können sie in dem maschinell geführten Grundbuch schwarz dargestellt werden.

第 91 条　对于备注之处理、消灭

本指令第 54 条至第 60 条、住宅土地登记簿以及建筑土地登记簿之特别规定优先于一般规定适用，如果第 61 条至第 89 条提示了第 1 条至第 53 条之（一般）规定。如果按照第 1 句所称规定下划线、打叉或者类似标记以红色显示的，于机器编制土地登记簿中其可以黑色显示。

§92 Ersetzung von Grundbuchdaten, Ersatzgrundbuch

（1）Kann das maschinell geführte Grundbuch ganz oder teilweise auf Dauer nicht mehr in lesbarer Form wiedergegeben werden, so ist es wiederherzustellen. Sein Inhalt kann unter Zuhilfenahme aller geeigneten Unterlagen ermittelt werden. Für das Verfahren gilt im übrigen die Verordnung über die Wiederherstellung zerstörter oder abhanden gekommener Grundbücher und Urkunden in der jeweils geltenden Fassung.

（2）Für die Anlegung und Führung des Ersatzgrundbuchs（§148 Abs. 2 Satz 1 der Grundbuchordnung) gelten die Bestimmungen dieser Verordnung, die Wohnungsgrundbuchverfügung und die in § 150 Abs. 1 Nr. 4 der Grundbuchordnung bezeichneten Vorschriften sinngemäß. Das Ersatzgrundbuch entspricht dem Muster der Anlage 2b dieser Verordnung, jedoch lautet der in der Aufschrift anzubringende Vermerk "Dieses Blatt ist als Ersatzgrundbuch an die Stelle des maschinell geführten Blattes von … Band … Blatt … getreten. Eingetragen am … ". Dies gilt für Erbbaugrundbücher, Wohnungs- und Teileigentumsgrundbücher sowie Gebäudegrundbücher entsprechend.

第 92 条　土地登记簿数据之替代，替代土地登记簿

（1）机器编制土地登记簿全部或者部分长期不再可以以可读形式再现时，应予以重建。其内容可借助所有适当之证明材料予以查明。其程序此外适用损毁丢失土地登记簿及证书之重建规定，该规定各依其现行有效之版本。

（2）对于替代土地登记簿（《土地登记簿法》第 148 条第 2 款第 1 句）之设置及编制按其意义适用本指令、住宅土地登记簿指令和《土地登记簿法》第 150 条第 1 款数字 4 所作之规定。替代土地登记簿应与本指令附件 2b 所附样本相符，但其标题内所加备注内容（却）是"该簿页作为替代土地登记簿取代机器编制土地登记簿之……卷……簿页……。登记于……"该规定准用于地上权土地登记簿、住宅及区分所有权土地登记簿以及建筑土地登记簿。

§ 92a Zuständigkeitswechsel

（1）Geht die Zuständigkeit für die Führung eines Grundbuchblatts auf ein anderes Grundbuchamt desselben Landes über, ist das betroffene Blatt nicht zu schließen, sondern im Datenverarbeitungssystem dem übernehmenden Grundbuchamt zuzuordnen, wenn die technischen Voraussetzungen für eine Übernahme der Daten gegeben sind. Die Zuordnung im System bedarf der Bestätigung durch das abgebende und das übernehmende Grundbuchamt.

（2）Geht die Zuständigkeit für die Führung eines Grundbuchblatts auf ein Grundbuchamt eines anderen Landes über und sind die technischen Voraussetzungen für eine Übernahme der Daten in das dortige Datenverarbeitungssystem gegeben, sind die Grundbuchdaten dem übernehmenden Grundbuchamt nach Anordnung der

Landesjustizverwaltung in elektronischer Form zu übermitteln.

(3) In den Fällen der Absätze 1 und 2 ist §26 Absatz 3, 4, 6 und 7 entsprechend anzuwenden. Sind die technischen Voraussetzungen für eine Übernahme der Daten nicht gegeben, erfolgt der Zuständigkeitswechsel in sinngemäßer Anwendung der Vorschriften des Abschnitts V dieser Verordnung.

第 92a 条　管辖之变更

（1）一州之内土地登记簿之管辖权由一土地登记局转归他土地登记局的，有关之簿页不关闭，而是将其归入接收之土地登记局之数据处理系统中，如果于技术条件上允许数据之承继。归入系统须由移送之土地登记局和接收之土地登记局确认。

（2）土地登记簿之管辖权由一州之土地登记局转归他州之土地登记局的，如彼地之数据处理系统于技术条件上允许数据之承继，按照州司法行政部门之规定土地登记簿数据以电子形式传送于接收之土地登记局。

（3）于第 1 款和第 2 款之情形准用第 26 条第 3 款、第 4 款、第 6 款和第 7 款。于技术条件上不允许数据之承继的，管辖权变更之实现按其意义适用本指令第五章之规定。

§ 93 Ausführungsvorschriften; Verordnungsermächtigung

Die Landesregierungen werden ermächtigt, durch Rechtsverordnung

1. in der Grundbuchordnung oder in dieser Verordnung nicht geregelte weitere Einzelheiten des Verfahrens nach diesem Abschnitt zu regeln und

2. die Anlegung des maschinell geführten Grundbuchs einschließlich seiner Freigabe ganz oder teilweise dem Urkundsbeamten der Geschäftsstelle zu übertragen.

Die Landesregierungen können die Ermächtigungen durch Rechtsverordnung auf die Landesjustizverwaltungen übertragen. Die Ermächtigung nach Satz 1 Nummer 2 gilt nicht für die Freigabe eines Datenbankgrundbuchs.

第 93 条　实施规定；授权

授权州政府，以行政规章：

1. 对于《土地登记簿法》或者本指令所没有规定更详细之程序上细节按

照本章予以处理；

2. 机器编制土地登记簿之设置包括其推出全部或者部分委托给登记处文书。

州政府可通过行政规章将此授权转归州司法行政部门。按照第 1 句数字 2 之授权不适用于数据库土地登记簿之推出。

XIV. Vermerke über öffentliche Lasten
第十四章 公共负担之备注

§ 93a Eintragung öffentlicher Lasten

Öffentliche Lasten auf einem Grundstück, die im Grundbuch einzutragen sind oder eingetragen werden können, werden nach Maßgabe des § 10 in der zweiten Abteilung eingetragen.

第93a 条 公共负担之登记

土地之公共负担，应登入土地登记簿或者可登入土地登记簿的，按照第10 条之规定于第二分区登记。

§ 93b Eintragung des Bodenschutzlastvermerks

（1）Auf den Ausgleichsbetrag nach § 25 des Bundes – Bodenschutzgesetzes wird durch einen Vermerk über die Bodenschutzlast hingewiesen. Der Bodenschutzlastvermerk lautet wie folgt: "Bodenschutzlast. Auf dem Grundstück ruht ein Ausgleichsbetrag nach § 25 des Bundes – Bodenschutzgesetzes als öffentliche Last."

（2）Der Bodenschutzlastvermerk wird auf Ersuchen der für die Festsetzung des Ausgleichsbetrags zuständigen Behörde eingetragen und gelöscht. Die zuständige Behörde stellt das Ersuchen auf Eintragung des Bodenschutzlastvermerks, sobald der Ausgleichsbetrag als öffentliche Last entstanden ist. Sie hat um Löschung des Vermerks zu ersuchen, sobald die Last erloschen ist. Die Einhaltung der in den Sätzen 2 und 3 bestimmten Zeitpunkte ist vom Grundbuchamt nicht zu prüfen. Eine Zustimmung des Grundstückseigentümers ist für die Eintragung und die Löschung des Vermerks nicht erforderlich.

第 93b 条　土地保护负担备注之登记

（1）对于《联邦土壤保护法》第 25 条规定之补偿金额应以备注提示土壤保护负担。土壤保护负担备注内容如下："土壤保护负担。该土地上存在按照《联邦土壤保护法》第 25 条作为公共负担之补偿金额。"

（2）土壤保护负担备注根据主管补偿金额确定机关之申请登记和消灭。补偿金额作为公共负担产生时，主管机关（即应）提出土壤保护负担备注登记之申请。该负担消灭时，主管机关（即应）提出备注消灭之申请。土地登记局无需对第 2 句和第 3 句所规定时限之遵守进行审核。对于备注之登记及其消灭无需土地所有权人之同意。

XV. Vorschriften über den Elektronischen
Rechtsverkehr und die Elektronische Grundakte
第十五章　电子交易和电子基础文件之规定

§ 94 Grundsatz

Die Vorschriften dieser Verordnung über die Grundakten gelten auch für die elektronischen Grundakten, soweit nachfolgend nichts anderes bestimmt ist.

第 94 条　原则

本指令关于基础文件之规定对于电子基础文件亦适用之，如果下列未作其他规定。

§ 95 Allgemeine technische und organisatorische Maßgaben

Für die Bestimmung des Datenspeichers für die elektronischen Grundakten, die Anforderungen an technische Anlagen und Programme, die Sicherung der Anlagen, Programme und Daten sowie die Datenverarbeitung im Auftrag gelten § 62 Absatz 1 Satz 2 und 3, § 64 Absatz 1 und 2 Satz 1 sowie die § § 65, 66 und 90 sinngemäß.

第 95 条　通常技术及组织之规定

对于电子基础文件存储器之规定，对于技术设备和程序之要求，对于设备、程序和数据之安全以及受托之数据处理按其意义适用第 62 条第 1 款第 2 句和第 3 句、第 64 条第 1 款和第 2 款第 1 句以及第 65 条、第 66 条和第 90 条。

§ 96 Anlegung und Führung der elektronischen Grundakte

（1） Die Grundakte kann vollständig oder teilweise elektronisch geführt werden. Bei teilweiser elektronischer Führung sind in die beiden Teile der Grundakte

Hinweise auf den jeweils anderen Teil aufzunehmen.

（2）Mit dem elektronischen Dokument ist in die Grundakte ein Protokoll darüber aufzunehmen

1. welches Ergebnis die Integritätsprüfung des Dokuments ausweist,

2. wen die Signaturprüfung als Inhaber der Signatur ausweist,

3. welchen Zeitpunkt die Signaturprüfung für die Anbringung der Signatur ausweist,

4. welche Zertifikate mit welchen Daten dieser Signatur zugrunde lagen und

5. wann die Feststellungen nach den Nummern 1 bis 4 getroffen wurden.

Dies gilt nicht für elektronische Dokumente des Grundbuchamts.

（3）Das Grundbuchamt entscheidet vorbehaltlich des Satzes 3 nach pflichtgemäßem Ermessen, ob und in welchem Umfang der in Papierform vorliegende Inhalt der Grundakte in elektronische Dokumente übertragen und in dieser Form zur Grundakte genommen wird. Das Gleiche gilt für Dokumente, die nach der Anlegung der elektronischen Grundakte in Papierform eingereicht werden. Die Landesregierungen oder die von diesen ermächtigten Landesjustizverwaltungen können in der Rechtsverordnung nach § 101 diesbezügliche Verfahrensweisen ganz oder teilweise vorschreiben.

（4）Abweichend von § 24 Absatz 1 bis 3 sind elektronische Dokumente, die nach § 10 der Grundbuchordnung vom Grundbuchamt aufzubewahren sind, so zu speichern, dass sie über die Grundakten aller beteiligten Grundbuchblätter eingesehen werden können. Satz 1 gilt nicht für Dokumente, die bereits in Papierform zu den Grundakten genommen wurden.

第96条　电子基础文件之设置及编制

（1）基础文件可以全部或者部分以电子形式编制。对于部分电子形式编制（之基础文件）应于两部分基础文件中相互提示现时之对方部分。

（2）应于与电子文件一道之基础文件中为此记录：

1. 文件完整性审查之结果；

2. 签名审查表明之签名人是谁；

3. 签名审查表明之加入签名时间；

4. 该签名基于何证书何数据；

5. 按照数字 1 至数字 4 之调查何时展开。

该规定对于土地登记局之电子文件不适用。

（3）于保留（上述）第 3 句之前提下，土地登记局按照与其义务相当之衡量后决定，是否以及于何种范围内将以纸质形式存在之基础文件内容转化为电子文件并以此形式纳入基础文件中。该规定同样适用于电子基础文件设置完成后所提交之纸质文件。州政府或者由其授权之州司法行政部门可于行政规章中按照第 101 条就与此有关之处理方式全部或者部分作出规定。

（4）按照《土地登记簿法》第 10 条土地登记局应保存之文件为电子文件的，可偏离第 24 条第 1 款至第 3 款之规定而应如此存储，通过所有有关土地登记簿页之基础文件均可查阅之。第 1 句对于业已以纸质形式纳入基础文件之文件不适用。

§ 97 Übertragung von Papierdokumenten in die elektronische Form

（1）Wird ein in Papierform vorliegendes Schriftstück in ein elektronisches Dokument übertragen und in dieser Form anstelle der Papierurkunde in die Grundakte übernommen, ist vorbehaltlich des Absatzes 2 durch geeignete Vorkehrungen sicherzustellen, dass die Wiedergabe auf dem Bildschirm mit dem Schriftstück inhaltlich und bildlich übereinstimmt. Bei dem elektronischen Dokument ist zu vermerken, wann und durch wen die Übertragung vorgenommen wurde; zuständig ist der Urkundsbeamte der Geschäftsstelle.

（2）Bei der Übertragung einer in Papierform eingereichten Urkunde, auf die eine aktuelle Grundbucheintragung Bezug nimmt, hat der Urkundsbeamte der Geschäftsstelle bei dem elektronischen Dokument zu vermerken, dass die Wiedergabe auf dem Bildschirm mit dem Schriftstück inhaltlich und bildlich übereinstimmt. Durchstreichungen, Änderungen, Einschaltungen, Radierungen oder andere Mängel des Schriftstücks sollen in dem Vermerk angegeben werden. Das elektronische Dokument ist von dem Urkundsbeamten der Geschäftsstelle mit seinem Namen und einer qualifizierten elektronischen Signatur zu versehen. Ein Vermerk kann unterbleiben, soweit die in Satz 2 genannten Tatsachen aus dem elektronischen Dokument eindeutig ersichtlich sind.

第 97 条　纸质文件转换为电子文件形式

（1）将纸质形式存在之文件转换为电子文件并以此形式取代纸质文件纳入基础文件中的，于保留第 2 款规定之前提下通过适当预防措施以确保，于屏幕上之再现和纸质文件在内容上和图解上相一致。应于电子文件上加以备注，何时及由何人进行了转化；由登记处文书负责。

（2）将纸质形式提交之证书转换为电子文件，该证书涉及当前登记事项的，登记处文书应于电子文件上备注，屏幕上之再现和纸质文件在内容上和图解上相一致。书面文件之删划、变更、补缀、擦除以及其他瑕疵应该于备注中写明。电子文件应附加登记处文书之姓名和一个合格之电子签名。第 2 句所称事实于电子文件中清晰可见的，可不予备注。

§ 98 Übertragung elektronischer Dokumente in die Papierform oder in andere Dateiformate

（1）Wird ein elektronisches Dokument zur Übernahme in die Grundakte in die Papierform übertragen, ist durch geeignete Vorkehrungen sicherzustellen, dass der Ausdruck inhaltlich und bildlich mit der Wiedergabe des elektronischen Dokuments auf dem Bildschirm übereinstimmt. Bei dem Ausdruck sind die in § 96 Absatz 2 Satz 1 genannten Feststellungen zu vermerken.

（2）Wird ein elektronisches Dokument zur Erhaltung der Lesbarkeit in ein anderes Dateiformat übertragen, ist durch geeignete Vorkehrungen sicherzustellen, dass die Wiedergabe der Zieldatei auf dem Bildschirm inhaltlich und bildlich mit der Wiedergabe der Ausgangsdatei übereinstimmt. Protokolle nach § 96 Absatz 2, Vermerke nach § 97 sowie Eingangsvermerke nach § 136 Absatz 1 und 2 der Grundbuchordnung sind ebenfalls in lesbarer Form zu erhalten; für sie gilt Satz 1 entsprechend mit der Maßgabe, dass die inhaltliche Übereinstimmung sicherzustellen ist.

（3）Im Fall einer Beschwerde hat das Grundbuchamt von den in der elektronischen Grundakte gespeicherten Dokumenten Ausdrucke gemäß Absatz 1 für das Beschwerdegericht zu fertigen, soweit dies zur Durchführung des Beschwerdeverfahrens notwendig ist. Die Ausdrucke sind mindestens bis zum rechtskräftigen Abschluss des Beschwerdeverfahrens aufzubewahren.

第 98 条　电子文件转化为纸质形式或者其他数据格式

（1）电子文件转化为纸质形式收入基础文件的，应通过适当预防措施以确保，打印件在内容上和图解上与屏幕上再现之电子文件相一致。应于打印件上备注第 96 条第 2 款第 1 句所称之调查。

（2）为了保持可读将电子文件转化为其他数据格式的，应通过适当预防措施以确保，于屏幕上目标数据之再现和源数据之再现在内容上和图解上相一致。按照第 96 条第 2 款之记录、第 97 条之备注以及《土地登记簿法》第 136 条第 1 款和第 2 款之到达备注同样应以可读方式保存；于确保其内容一致之前提下，准用第 1 句。

（3）于起诉之情形下，土地登记局应按照第 1 款基于电子基础文件中储存之文件为受诉法院制作打印件，如其为诉讼程序之进行所必要。打印件至少应被保存至诉讼程序有效结束之时。

§ 99 Aktenausdruck, Akteneinsicht und Datenabruf

（1）Für die Erteilung von Ausdrucken aus der elektronischen Grundakte gilt § 78 Absatz 1 und 2 entsprechend. In den amtlichen Ausdruck sind auch die zugehörigen Protokolle nach § 96 Absatz 2 und Vermerke nach § 97 aufzunehmen.

（2）Für die Einsicht in die elektronischen Grundakten gilt § 79 entsprechend.

（3）Für den Abruf von Daten aus der elektronischen Grundakte im automatisierten Verfahren nach § 139 Absatz 3 der Grundbuchordnung gelten die §§ 80 bis 84 entsprechend.

第 99 条　文件打印、文件查阅和数据调出

（1）电子基础文件打印件之提供准用第 78 条第 1 款和第 2 款。于官方（留存）打印件中应收入按照第 96 条第 2 款附属之记录以及按照第 97 条之备注。

（2）对于电子基础文件之查阅准用第 79 条之规定。

（3）按照《土地登记簿法》第 139 条第 3 款在自动化程序中调出电子基

础文件的准用第 80 条至第 84 条。

§ 100 Wiederherstellung des Grundakteninhalts

Kann der Inhalt der elektronischen Grundakte ganz oder teilweise auf Dauer nicht mehr in lesbarer Form wiedergegeben werden, so ist er wiederherzustellen. Für die Wiederherstellung gilt § 92 Absatz 1 Satz 2 und 3 entsprechend.

第 100 条 基础文件内容之重建

电子基础文件全部或者部分长期不再可以可读形式再现时，应予以重建。对于重建准用第 92 条第 1 款第 2 句和第 3 句。

§ 100a Zuständigkeitswechsel

（1） Für die Abgabe elektronischer Akten an ein anderes Grundbuchamt gilt § 92a sinngemäß.

（2） Geht die Zuständigkeit für die Führung des Grundbuchs über eines von mehreren Grundstücken, die auf einem gemeinschaftlichen Blatt eingetragen sind, oder über einen Grundstücksteil auf ein anderes Grundbuchamt über, sind dem anderen Grundbuchamt die das abgeschriebene Grundstück betreffenden Akteninhalte in elektronischer Form zu übermitteln.

第 100a 条 管辖权之变更

（1） 电子基础文件由一土地登记局移交另一土地登记局的，其意义适用第 92a 条。

（2） 对于登入同一登记簿若干土地之一宗或者一宗土地之部分，其登记管辖权由一土地登记局转归另一土地登记局的，与划出土地有关之电子形式文件内容应传送于另一土地登记局。

§ 101 Ausführungsvorschriften

Die Landesregierungen werden ermächtigt, in der Grundbuchordnung oder in dieser Verordnung nicht geregelte weitere Einzelheiten der Verfahren nach diesem Abschnitt durch Rechtsverordnung zu regeln. Sie können diese Ermächtigung durch

Rechtsverordnung auf die Landesjustizverwaltungen übertragen.

第 101 条　实施之规定

授权州政府，对于《土地登记簿法》以及本指令所没有规定程序上之更详细细节，按照本章以行政规章予以规定。可以行政规章将此授权转归州司法行政部门。

XVI. Übergangs- und Schlußvorschriften
第十六章　过渡和最终规定

§ 102

Soweit die Grundbücher bisher für andere Bezirke als die in § 1 Abs. 1 Satz 1 und 2 genannten angelegt sind, behält es bis zur Auflösung dieser Bezirke bei dieser Einrichtung sein Bewenden; jedoch bedarf es zur Änderung dieser Bezirke einer Anordnung der Landesjustizverwaltung.

第 102 条

如果土地登记簿为不同于第1条第1款第1句和第2句所称辖区之其他辖区设置的，于该辖区解散前保留该设施之使用；然而该辖区之变更应取得州司法行政部门之指令。

§ 103

Soweit bisher jedes Grundbuchblatt in einem besonderen Grundbuchheft geführt worden ist, bedarf es der Zusammenfassung zu festen, mehrere Blätter umfassenden Bänden (§ 2) nicht, solange die bisherigen Blätter fortgeführt werden (§ § 104 bis 106).

第 103 条

如果迄今为止每个土地登记簿页均于特别之土地登记册内编制，该簿页应装订成合订本，包含若干土地登记簿页之土地登记卷册（第2条）则否，如果迄今之簿页继续使用（第104条至第106条）。

§ 104

（1） Vom Zeitpunkt des Inkrafttretens dieser Verfügung an sind neue Grundbuchblätter nur unter Verwendung des hier vorgeschriebenen Vordrucks （§§ 4 bis 12, 22） anzulegen, soweit nicht für eine Übergangszeit die Weiterverwendung des alten Vordrucks besonders zugelassen wird.

（2） Sämtliche Grundbuchblätter sind nach näherer Anordnung der Landesjustizverwaltung unter Verwendung des neuen Vordrucks umzuschreiben, sofern nicht ihre Weiterführung besonders zugelassen wird.

第 104 条

（1） 自本指令生效时起，新登记簿页仅使用本指令所规定之登记表册设置，如果未就继续使用旧登记表册特别允许过渡期。

（2） 应按照州司法行政部门更详细之指令使用新登记表册对全部土地登记簿页予以置换，如果其继续使用未获特别之许可。

§ 105

Die bestehenden Vorschriften über die Nummernbezeichnung und die Eintragung im Grundbuch bleiben unberührt, solange die alten Vordrucke weder umgeschrieben sind, noch ihre Weiterführung nach § 104 Abs. 2 besonders zugelassen ist. Jedoch ist ein Grundbuchblatt, das für Neueintragungen keinen Raum mehr bietet, in jedem Fall unter Verwendung des neuen Vordrucks umzuschreiben.

第 105 条

现存之编号及登簿规定不受影响，如果旧登记表册既未被置换，又没有按照第 104 条第 2 款继续使用获得特别许可。然而，某一登记簿页无法为新登记事项提供空间的，无论如何均应使用新登记表册予以置换。

§ 106

Bei der Umschreibung der bereits angelegten Grundbuchblätter auf den neuen Vordruck sind die §§ 29, 30 sinngemäß anzuwenden. Weitere Anordnungen zur

Behebung von hierbei etwa entstehenden Zweifeln bleiben vorbehalten.

第 106 条

对于业已设置之土地登记簿页置换为新登记表册的，其意义适用第 29 条和第 30 条。保留以更详细之指令消除由此可能产生之疑问。

§ 107

（1） Die bisher für jedes Grundbuchblatt geführten Grundakten können weitergeführt werden.

（2） Sofern bisher Grundakten nicht geführt sind, sind sie für jedes Grundbuchblatt spätestens bei der Neuanlegung（§ 104 Absatz 1）oder bei der Umschreibung des bisherigen Blattes（§ 104 Absatz 2，§ 105 Satz 2）anzulegen, und zwar aus sämtlichen das Grundbuchblatt betreffenden Schriftstücken, die nach den für die Führung von Grundakten geltenden allgemeinen Vorschriften zu diesen gehören, auch sofern sie schon vor der Anlegung der Grundakten bei dem Grundbuchamt eingegangen sind. Das gleiche gilt für das Handblatt（§ 24 Absatz 4）.

第 107 条

（1） 迄今为每一土地登记簿页所使用之基础材料可继续使用之。

（2） 如果迄今基础材料没有建档的，每一土地登记簿页之基础材料至迟应于设置新登记表册时（第 104 条第 1 款）或者于旧簿页置换时（第 104 条第 2 款、第 105 条第 2 句）建档，确切地说，是基于所有的与土地登记簿页有关之书面文件，只要按照基础材料建档适用之一般规定属于该基础材料，即使其于基础材料建档之前业已到达土地登记局。该规定同样适用于（基础材料之）表册（手册）。

§ 108

（1） Grundbuchblätter in festen Bänden können nach näherer Anordnung der Landesjustizverwaltung durch die Verwendung von Ablichtungen der bisherigen Blätter auf Bände mit herausnehmbaren Einlegebogen umgestellt werden.

（2）Das neue Blatt behält seine bisherige Bezeichnung；ein Zusatz unterbleibt. In der Aufschrift ist zu vermerken，daß das Blatt bei der Umstellung an die Stelle des bisherigen Blattes getreten ist und daß im bisherigen Blatt enthaltende Rötungen schwarz sichtbar sind.

（3）Die Übereinstimmung des Inhalts des neuen Blattes mit dem bisherigen Blatt ist im Bestandsverzeichnis und in jeder Abteilung zu bescheinigen. § 25 Abs. 2 Buchstabe c gilt entsprechend.

（4）Enthält die zweite oder dritte Abteilung nur gelöschte Eintragungen，kann von der Ablichtung der betreffenden Abteilung abgesehen werden，wenn nicht die Übernahme zum Verständnis noch gültiger Eintragungen erforderlich ist. Auf dem für die jeweilige Abteilung einzufügenden Einlegebogen sind die laufenden Nummern der nicht übernommenen Eintragungen mit dem Vermerk "Gelöscht" anzugeben. Die Bescheinigung nach Absatz 3 lautet in diesem Falle inhaltlich："Bei Umstellung des Blattes neu gefaßt". Enthält die zweite oder dritte Abteilung keine Eintragungen，so braucht für die betreffende Abteilung lediglich ein neuer Einlegebogen eingefügt zu werden；Absatz 3 ist anzuwenden.

（5）Das bisherige Blatt ist zu schließen. § 30 Abs. 2 Satz 2 und § 36 gelten entsprechend.

（6）Für Grundbuchblätter in einem festen Band，die vor der Umstellung geschlossen wurden，können in den Band mit herausnehmbaren Einlegebogen neue Blätter zur Wiederverwendung eingefügt werden. Das neue Blatt erhält die Nummer des alten Blattes unter Hinzufügung des Buchstabens A. Tritt das neue Blatt an die Stelle eines Blattes，das bereits mit einem solchen Zusatz versehen ist，ist an Stelle dieses Zusatzes der Buchstabe B hinzuzufügen.

（7）Die Umstellung braucht dem Eigentümer，den eingetragenen dinglich Berechtigten und der Katasterbehörde nicht mitgeteilt zu werden.

第 108 条

（1）按照州司法行政部门更详细之指令，固定卷册之土地登记簿页可通过将现有卷册内登记簿页之照相复制与可拆卸插页结合而改装。

（2）新簿页保留其原来名称；附录省略。于标题内备注，经由改装后取代原先登记簿页，原先簿页所包含红色显示部分以黑色显示。

（3）于状态目录以及各分区内应签字确认新簿页登记之内容与原先簿页一致。准用第 25 条第 2 款字母 c。

（4）第二分区第三分区所包含登记事项均已消灭的，有关分区可不予照相复制，如果纳入（该内容）不为理解仍然有效之登记事项所必需。应于拟拆入各分区之插页上对于未被纳入登记事项之当前编号以备注告知"已消灭"。于此情形按照第 3 款之证明其内容是："因为簿页改装而新版。"第二分区或者第三分区没有包含登记事项的，只需为有关分区插入一新插页；适用第 3 款。

（5）原先之簿页予以关闭。准用第 30 条第 2 款第 2 句以及第 36 条。

（6）对于改装前业已封闭之固定卷册土地登记簿页，可于包含可拆卸插页之卷册内插入新簿页而重新使用。新簿页补加字母 A 并取得旧簿页之编号。新簿页取代之簿页业已附加此标记的，于标记处插入字母 B。

（7）改装无需通知所有权人、登记之物权人以及地籍册机关。

§ 109

Die noch vorhandenen Vordrucke für Hypotheken –, Grundschuld – und Rentenschuldbriefe können nach näherer Anordnung der Landesjustizverwaltung oder der von ihr bestimmten Stelle weiterverwendet werden. Jedoch ist die etwa am Kopfe des Briefes befindliche Angabe des Landes, in dem der Brief ausgegeben wird, zu durchstreichen und durch die Überschrift " Deutscher Hypothekenbrief " （ "Grundschuldbrief" o. ä.) zu ersetzen.

第 109 条

按照州司法行政部门或者其指定机构之更详细指令，现存之抵押权、土地债务和定期土地债务证券（旧）表册可继续使用之。然而应将位于该证券表头部分对于发行该证券州名之记载删划并以标题"德国抵押证券"（德国土地债务证券、德国定期土地债务证券）取代之。

§ 110

In den Fällen des § 143 der Grundbuchordnung behält es bei den landesrechtlichen Vorschriften über Einrichtung und Führung von Grundbüchern sein Bewenden.

第 110 条

于《土地登记簿法》第 143 条（所规定之）情形保留州法律关于土地登记簿之设置及其保管之处理。

§ 111

Soweit auf die in den Artikeln 63 und 68 des Einführungsgesetzes zum Bürgerlichen Gesetzbuch bezeichneten Rechte nach den Landesgesetzen die § § 14 bis 17 des Erbbaurechtsgesetzes für entsprechend anwendbar erklärt worden sind (§ 144 Abs. 3 der Grundbuchordnung), sind die Vorschriften über das Erbbaugrundbuch (Abschnitt XII) entsprechend anzuwenden.

第 111 条

如果《民法典施行法》第 63 条和第 68 条所指称之权利按照州法律表明准用《地上权法》第 14 条至第 17 条的（《土地登记簿法》第 144 条第 3 款），则应准用地上权土地登记簿之规定（第十二章）。

§ 112

Zum Nachweis der Rechtsinhaberschaft ausländischer staatlicher oder öffentlicher Stellen genügt gegenüber dem Grundbuchamt eine mit dem Dienstsiegel oder Dienststempel versehene und unterschriebene Bestätigung des Auswärtigen Amtes. § 39 der Grundbuchordnung findet in diesem Fall keine Anwendung.

第 112 条

对于土地登记局而言，自外国国家或者公共机构对于权利持有人之证明，以加盖外事机构印章或者公章并签名之认证为已足。《土地登记簿法》第 39 条于此情形不适用。

§ 113

(1) In dem in Artikel 3 des Einigungsvertrages genannten Gebiet gilt diese Verordnung mit folgenden Maßgaben:

1. Die §§ 43 bis 53 sind stets anzuwenden.

2. Die Einrichtung der Grundbücher richtet sich bis auf weiteres nach den am Tag vor dem Wirksamwerden des Beitritts bestehenden oder von dem jeweiligen Lande erlassenen späteren Bestimmungen. Im übrigen ist für die Führung der Grundbücher diese Verordnung entsprechend anzuwenden, soweit sich nicht aus einer abweichenden Einrichtung des Grundbuchs etwas anderes ergibt oder aus besonderen Gründen Abweichungen erforderlich sind; solche Abweichungen sind insbesondere dann als erforderlich anzusehen, wenn sonst die Rechtsverhältnisse nicht zutreffend dargestellt werden können oder Verwirrung zu besorgen ist.

3. Soweit nach Nummer 2 Bestimmungen diese Verordnung nicht herangezogen werden können, sind stattdessen die am Tag vor dem Wirksamwerden des Beitritts geltenden oder von dem jeweiligen Lande erlassenen späteren Bestimmungen anzuwenden. Jedoch sind Regelungen, die mit dem in Kraft tretenden Bundesrecht nicht vereinbar sind, nicht mehr anzuwenden. Dies gilt insbesondere auch für derartige Regelungen über die Voraussetzungen und den Inhalt von Eintragungen. Am Tag vor dem Wirksamwerden des Beitritts nicht vorgesehene Rechte oder Vermerke sind in entsprechender Anwendung dieser Verordnung einzutragen.

4. Im Falle der Nummer 3 sind auf die Einrichtung und Führung der Erbbaugrundbücher sowie auf die Bildung von Hypotheken −, Grundschuld − und Rentenschuldbriefen bei Erbbaurechten die §§ 56, 57 und 59 mit der Maßgabe entsprechend anzuwenden, daß die in § 56 vorgesehenen Angaben in die entsprechenden Spalten für den Bestand einzutragen sind. Ist eine Aufschrift mit Blattnummer nicht vorhanden, ist die in § 55 Abs. 2 vorgesehene Bezeichnung "Erbbaugrundbuch" an vergleichbarer Stelle im Kopf der ersten Seite des Grundbuchblatts anzubringen. Soweit in den oben bezeichneten Vorschriften auf andere Vorschriften dieser Verordnung verwiesen wird, deren Bestimmungen nicht anzuwenden sind, treten an die Stelle der in Bezug genommenen Vorschriften dieser

Verordnung die entsprechend anzuwendenden Regelungen über die Einrichtung und Führung der Grundbücher.

5. Für die Anlegung von Grundbuchblättern für ehemals volkseigene Grundstücke ist ein Verfahren nach dem Sechsten Abschnitt der Grundbuchordnung nicht erforderlich, soweit für solche Grundstücke Bestandsblätter im Sinne der Nummer 160 Abs. 1 der Anweisung Nr. 4/87 des Ministers des Innern und Chefs der Deutschen Volkspolizei über Grundbuch und Grundbuchverfahren unter Colidobedingungen Colido-Grundbuchanweisung – vom 27. Oktober 1987 vorhanden sind oder das Grundstück bereits gebucht war und sich nach der Schließung des Grundbuchs seine Bezeichnung nicht verändert hat.

6. Gegenüber dem Grundbuchamt genügt es zum Nachweis der Befugnis, über beschränkte dingliche Rechte an einem Grundstück, Gebäude oder sonstigen grundstücksgleichen Rechten oder über Vormerkungen zu verfügen, deren Eintragung vor dem 1. Juli 1990 beantragt worden ist und als deren Gläubiger oder sonstiger Berechtigter im Grundbuch

a) eine Sparkasse oder Volkseigentum in Rechtsträgerschaft einer Sparkasse,

b) ein anderes Kreditinstitut, Volkseigentum in Rechtsträgerschaft eines Kreditinstituts, eine Versicherung oder eine bergrechtliche Gewerkschaft,

c) Volkseigentum in Rechtsträgerschaft des Staatshaushalts oder eines zentralen Organs der Deutschen Demokratischen Republik, des Magistrats von Berlin, des Rates eines Bezirks, Kreises oder Stadtbezirks, des Rates einer Stadt oder sonstiger Verwaltungsstellen oder staatlicher Einrichtungen,

d) eine juristische Person des öffentlichen Rechts oder ein Sondervermögen einer solchen Person, mit Ausnahme jedoch des Reichseisenbahnvermögens und des Sondervermögens Deutsche Post,

eingetragen ist, wenn die grundbuchmäßigen Erklärungen von der Bewilligungsstelle abgegeben werden; § 27 der Grundbuchordnung bleibt unberührt. Bewilligungsstelle ist in den Fällen des Satzes 1 Buchstabe a die Sparkasse, in deren Geschäftsgebiet das Grundstück, Gebäude oder sonstige grundstücksgleiche Recht liegt, und in Berlin die Landesbank, in den übrigen Fällen des Satzes 1 jede Dienststelle des Bundes oder einer bundesunmittelbaren Körperschaft oder Anstalt des öffentlichen Rechts. Für die Löschung

a) von Vermerken über die Entschuldung der Klein- und Mittelbauern beim Eintritt in Landwirtschaftliche Produktionsgenossenschaften auf Grund des Gesetzes vom 17. Februar 1954 (GBl. Nr. 23 S. 224),

b) von Verfügungsbeschränkungen zugunsten juristischer Personen des öffentlichen Rechts, ihrer Behörden oder von Rechtsträgern sowie

c) von Schürf- und Abbauberechtigungen

gilt Satz 1 entsprechend; Bewilligungsstelle ist in den Fällen des Buchstabens a die Staatsbank Berlin, im übrigen jede Dienststelle des Bundes. Die Bewilligungsstellen können durch dem Grundbuchamt nachzuweisende Erklärung sich wechselseitig oder andere öffentliche Stellen zur Abgabe von Erklärungen nach Satz 1 ermächtigen. In den vorgenannten Fällen findet § 39 der Grundbuchordnung keine Anwendung. Der Vorlage eines Hypotheken-, Grundschuld- oder Rentenschuldbriefes bedarf es nicht; dies gilt auch bei Eintragung eines Zustimmungsvorbehalts nach § 11c des Vermögensgesetzes. In den Fällen des Satzes 1 Buchstabe c und d soll der Bund oder die von ihm ermächtigte Stelle die Bewilligung im Benehmen mit der obersten Finanzbehörde des Landes erteilen, in dem das Grundstück, Gebäude oder sonstige grundstücksgleiche Recht belegen ist; dies ist vom Grundbuchamt nicht zu prüfen.

(2) Als Grundbuch im Sinne der Grundbuchordnung gilt ein Grundbuchblatt, das unter den in Absatz 1 Nr. 5 genannten Voraussetzungen vor Inkrafttreten dieser Verordnung ohne ein Verfahren nach dem Sechsten Abschnitt der Grundbuchordnung oder den §§ 7 bis 17 der Verordnung zur Ausführung der Grundbuchordnung in ihrer im Bundesgesetzblatt Teil Ⅲ, Gliederungsnummer 315-11-2, veröffentlichen bereinigten Fassung vom 8. August 1935 (RGBl. Ⅰ S. 1089), die durch Artikel 4 Abs. 1 Nr. 1 des Gesetzes vom 20. Dezember 1993 (BGBl. Ⅰ S. 2182) aufgehoben worden ist, angelegt worden ist.

(3) Bei Eintragungen, die in den Fällen des Absatzes 1 Nr. 6 vor dessen Inkrafttreten erfolgt oder beantragt worden sind, gilt für das Grundbuchamt der Nachweis der Verfügungsbefugnis als erbracht, wenn die Bewilligung von einer der in Absatz 1 Nr. 6 genannten Bewilligungsstellen oder von der Staatsbank Berlin

erklärt worden ist. Auf die in Absatz 1 Nr. 6 Satz 2 und 3 bestimmten Zuständigkeiten kommt es hierfür nicht an. Absatz 1 Nummer 6 tritt mit Ablauf des 31. Dezember 2020 außer Kraft.

第 113 条

（1）于《两德统一条约》第 3 条所指定之地区按照下列规定适用本指令：

1. 第 43 条至第 53 条任何情形下均应适用。

2. 土地登记簿之设置非有另行通知应以加入（民主德国加入联邦德国）生效前一日现存之法律或者各州此后颁行之规定为准。此外，对于土地登记簿之设置准用本指令，如无出于设置不同土地登记簿之其他规定或者出于特别理由不同设置属必要；该不同设置尤其视为必要，舍此则法律关系可能无法准确呈现或者存在混乱之嫌。

3. 如果按照数字 2 本指令之规定不可适用，应适用加入生效前一日之现行法或者各州此后颁行之规定。然而，与业已生效之联邦法律不一致之规定不再适用。该规定尤其也适用于事涉登记事项之前提条件及内容之此类规定。加入生效前一日未规定之权利或者备注之登记准用本指令。

4. 对于数字 3 情形下地上权土地登记簿之设置及保管以及设立于地上权之抵押证券、土地债务证券及定期土地债务证券之制作按此要求准用第 56 条、第 57 条和第 59 条，应将第 56 条所规定之信息为了（登记）存量登入相应栏。标记登记簿页编号之标题不存在的，应于土地登记簿页第一页之开头部分相应位置添加第 55 条第 2 款所规定之名称"地上权土地登记簿"。对于土地登记簿之设置及保管，如果上述指称之规定提示本指令其他规定，该其他规定不能适用的，以准用之规定取代本指令有关之规定。

5. 对于以前全民所有土地其土地登记簿之设置无需依照《土地登记簿法》第六章所规定之程序，如果对于此类土地其存量登记簿页按照 1987 年 10 月 27 日（民主）德国内政部长和警察总长关于土地登记簿和土地登记簿程序之 4 /87 号指示第 160 条第 1 款之意义业已存在，或者该土地业已登簿且于土地登记簿关闭之后其名称未有改变。

6. 相对于土地登记局，对于行使土地、建筑物或者其他类似土地之权利上之限制物权或者利用预告登记的，对其权限之证明为已足，其登记申请于 1990 年 7 月 1 日之前提出以及作为其债权人或者其他权利人于土地登记簿中

a）储蓄银行或者储蓄银行中法律实体之全民所有权；

b）其他信贷机构，信贷机构中法律实体之全民所有权，保险或者矿业法工会，

c）国家预算或者德意志民主共和国中央机关，柏林市行政机构，地区、县或者市辖区之参议会，市参议会或者其他行政机关或者国家机构，上述机构中法律实体之全民所有权，

d）公法法人或者此类法人之特别财产，然而帝国铁道财产和德意志邮政特别财产除外，

业已登簿，如果批准机构作出符合土地登记簿要求之意思表示；《土地登记簿法》第 27 条不受影响。第 1 句字母 a 情形下批准机构为土地、建筑物或者其他类似土地之权利位于其营业范围内之储蓄银行，在柏林市（批准机构）为州银行，在第 1 句其他情形下（批准机构）为联邦或者联邦直属实体各公务机构或者公法机构。对于消灭：

a）按照 1954 年 2 月 17 号之法律（《法律公报》第 23 卷第 224 页）对于加入农业生产合作社之小农和中农债务免除之备注，

b）有利于公法法人及其主管机构之处分限制，法律实体以及

c）探矿和采矿权，

准用第 1 句；于字母 a 情形下批准机构为柏林国家银行，其他情形下（批准机构）为联邦各公务机构。对于土地登记局各批准机构可通过需证明之意思表示相互授权或者授权其他公法机构作出按照第 1 句之意思表示。上述情形下《土地登记簿法》第 39 条不适用。无需出示抵押权、土地债务和定期土地债务证券；该规定亦适用于按照《财产法》第 11c 条同意保留之登记。对于第 1 句字母 c 和 d 之情形联邦或者其授权机构应该将其批准通知该土地、建筑物或者其他类似土地之权利位于其境内之州最高财政局；土地登记局无需对此进行审核。

（2）于第 1 款数字 5 规定之前提条件下设置之土地登记簿页视为《土地登记簿法》意义上之土地登记簿，（该登记簿）于本指令生效前未按照《土地登记簿法》第六章规定之程序或者按照 1935 年 8 月 8 号生效、载于《联邦法律公报》第三部分分类号为 315-11-2 之《土地登记簿法施行指令》第 7 条至第 17 条公布之清理版设置（《帝国法律公报》第 1 卷第 1089 页），该清理版已于 1993 年 12 月 20 号通过该法第 4 条第 1 款数字 1 废除（《联邦法律公

报》第 1 卷第 2182 页）。

（3）对于第 1 款数字 6 本指令生效前已完成之登记事项或者已申请之登记事项，相对于土地登记局处分权之证明视为已提供，如果第 1 款数字 6 规定之批准机构或者柏林国家银行已表示批准。对此不取决于第 1 款数字 6 第 2 句和第 3 句所规定之管辖权。第 1 款数字 6 于 2020 年 12 月 31 日之后失效。

§ 114

Die §§6, 9, 13, 15 und 17 in der seit dem 9. Oktober 2013 geltenden Fassung sind auch auf Eintragungen anzuwenden, die vor diesem Zeitpunkt beantragt, aber zu diesem Zeitpunkt noch nicht vorgenommen worden sind.

第 114 条

第 6 条、第 9 条、第 13 条、第 15 条和第 17 条对于迄自 2013 年 10 月 9 号生效之版本于该时刻之前提出申请但是尚未进行之登记事项亦适用。